云阳盐文化

周茂全 —— 编著

出品单位

中共云阳县委宣传部

云阳县文学艺术界联合会

台海出版社

图书在版编目（CIP）数据

云阳盐文化 / 周茂全编著 . -- 北京：台海出版社，
2025. 4. -- ISBN 978-7-5168-4173-0

Ⅰ . F426.82

中国国家版本馆 CIP 数据核字第 20259YZ587 号

云阳盐文化

编　　著：周茂全

责任编辑：俞滟荣

出版发行：台海出版社

地　　址：北京市东城区景山东街 20 号　　邮政编码：100009

电　　话：010-64041652（发行，邮购）

传　　真：010-84045799（总编室）

网　　址：www.taimeng.org.cn/thcbs/default.htm

E-mail：thcbs@126.com

经　　销：全国各地新华书店

印　　刷：北京一鑫印务有限责任公司

本书如有破损、缺页、装订错误，请与本社联系调换

开　　本：787 毫米 × 1092 毫米　　1/16

字　　数：238 千字　　　　　印　　张：17.5

版　　次：2025 年 4 月第 1 版　　印　　次：2025 年 4 月第 1 次印刷

书　　号：ISBN 978-7-5168-4173-0

定　　价：78.00 元

前　言

在历史传统上，盐文化一直都是云阳这片土地的主体文化，它根植于深厚的地下，跨越数千年时空，在物质和非物质层面，深深地影响着生于斯、长于斯的云阳人民。

云阳盐文化，涵盖了物质文化、精神文化、制度文化和行为文化。

云阳所在的三峡地区，是人类文明的发源地之一。两百多万年前，被命名为"巫山人"的远古人类即在这一带生存、繁衍。

这里能够成为人类文明的摇篮，除了温润的气候、丰茂的植被，还有一个十分重要的原因：这里有丰沛的盐泉。

盐，是推动人类进化的重要条件，也是维系人类生存必须且不可替代的物质。早期人类在峡江河谷地带逐盐而居，与生活在这里的各类哺乳动物自由竞争、相依相存，度过了漫长的史前时代。

到新石器时期，早期巴人成为这里的先民，他们在生活实践中发明了陶器，把食盐制作推进到陶器"煮盐"时期。这是一个划时代的进步。整个夏商周三代，峡江地区的制盐工业以及相应的商贸运输业，成为长江三峡及其周边地域范围内社会经济活动的重要支撑。这是一种相对自由的原始经济状态。先民们"不绩不经，服也；不稼不穑，食也。爰有歌舞之鸟，鸾鸟自歌，凤鸟自舞。爰有百兽，相群爰处。百谷所聚。"（《山海经·大荒南经》）永岁不竭的盐泉资源，让峡江两岸宽阔的河谷地带成为先民们繁衍生息的自由乐园。

为了争夺珍贵的盐泉资源，云阳这片古老的土地上曾经上演过无数次的血腥械斗。从部落间的纷争，到巴楚相互攻伐，再到秦灭巴，置朐忍县，这里的盐业生产从此结束原始的自由经济状态，被纳入整个国家的管理体制，成为国之重宝。汉武帝设立盐官，推行官营专卖政策，更是将食盐生产经营纳入了具体而严厉的国家工商管理体系之中，以资军、国之用。两千多年来，王朝的更迭，战乱的袭扰，给云阳盐业生产带来过无数次深重的灾难。这里遭受过张献忠的大刀屠戮，也遭受过日本人的飞机轰炸。但是，"野火烧不尽，春风吹又生"，云阳人以其顽强的生命力，一次又一次从灾难之中站立起来，推动云阳盐业不断向前发展。在长长的历史走廊里，云安古镇的盐泉始终如故，任尔赵钱孙李，我自渗涌不息。所有的帝国，无论刘家政权还是李氏王朝，都不过是峡江盐都缓缓经过的路边店。这期间，楚人、秦人、中原人，一拨一拨不断涌向这里。不同的禀性在这里交汇，不同的文化在这里融合。这里的每一寸土地，都浸透了先民们的汗水和血泪，经过数千年的时光窖藏，积淀成浓郁醇厚、丰富多元的文明汁液，滋养着一代又一代云阳人。早期巴人忠勇好义、刚烈不屈的品质，不断与外来文化的交融，形成了今天云阳独特的历史文化特色：坚韧质朴、刚直旷达；英勇不屈、舍生取义；积极进取、勇于开拓；开放包容、兼收并蓄。正是经过这些文化特质的千年熔铸，形成了如今云阳独有的人文禀赋和丰富多彩的文化特色。而所有的文化特质之中，都浸润着一股浓浓的盐味。

所以，我们把根植在云阳这片古老土地中最深厚的传统文化，称之为"盐文化"。这是镌刻在云阳人灵魂深处的乡音乡愁，是经过数千年沉淀而积累起来的宝贵财富，不但需要去认真探索、挖掘，我们更应该将其展示出来，发扬下去。

目　录

下篇：凤凰涅槃

上篇：峡江盐都

解放初期的云安镇

因地质构造和地貌特征的巧妙结合，致使盐泉从三峡地区长江两岸各条支流岸边渗涌而出，众多盐泉分布于渝东各地。因此，三峡地区不但是我国井盐的发源之地，而且自古以来就一直是我国井盐的重要产区。

考古工作者和历史学家在结束对三峡库区135米水位线下的文物发掘和保护任务后，特别指出盐是古代三峡地区的经济命脉。无论是文献记载还是考古发掘，都充分证实，峡江地区制盐业非常发达，历史悠久。在渝东地区十七八个区县范围内，均有盐泉分布，据不完全统计，各地叫得上名字，且记录在案的古盐井就多达400余口。其中，巫溪大宁盐场只有一口大流量的龙井，其余各地均为零散小井，唯云安一地，盐井多达195口，占全区近半，产量超过全区产量的半数以上，居全区之首，是渝东地区卤源最多、最集中的地方。尤其是两次"湖广填四川"，两次"川盐济楚"，更是给古老云安的制盐产业带来勃勃生机。一业带动百业兴。随着产能扩大，人口增加，与盐业生产相关的各行各业兴旺发达。峡江盐都云安，承袭着古老的荣光与辉煌，傲然于世千百年，风流不减。

盐文化，曾经是云阳这片特殊地域的主体文化。无论是物质形态的文化显现，还是非物质性的文化事象，都与"盐"密切相关。从物质文化层面上看，经过数千年的不断演变进步，在采卤方式上，由原始的采集自然盐泉，到人工开凿大口浅井拽水取卤，再到当代机械深井电动灌汲浓卤；在制盐方式上，由"烧盐"到"煮盐"到"真空制盐"，由"柴灶"到"炭灶"到"火管灶""塔炉灶"，再到"真空制盐"；在制盐工具上，由"陶罐"到"铁盆""铁锅"，再到现代真空制盐全套设备。此外，还有包装、贮存、运输等方面的不断发展演变。这些，并不只是单纯的生产技术，而是云阳盐文化的基本内核，是物质形态的文化显现。

第一章 源远流长——云阳盐业的苍茫远古

（一）沧海桑田——三峡地区盐矿资源的形成

1. 遥远的地质年代

盐，是人类生存必不可少且无可代替的物质。人类之所以能够在地球上进化繁衍，就是因为地球上有盐。

从颜色看，地球是美丽的蓝色；从味道品尝，地球则带有可口的咸味。广袤无际的蓝色海洋包裹着地球，占到地球面积的71%，从外太空看地球，呈现在眼前的，是一颗蔚蓝色星球；除浩瀚无垠的海水外，仅占地球面积29%的陆地上，还分布着大大小小的盐湖，而且不少地区地层之下还蕴藏着厚厚的岩盐层。因此，地球的味道是咸的。

地质学家告诉我们说，地球已有60亿年的历史。这不是猜测，科学家用铀或者其他放射性元素来测定地壳的年龄。目前已经发现地球上最古老的地层同位素年龄值，约为46亿年左右。因此，一般以46亿年为界限，将地球历史分为两大阶段，46亿年以前阶段称为"天文时期"或"前地质时期"，46亿年以后阶段称为"地质时期"。在地球上大量出现生物之前，地球已经在浩瀚的宇宙中经历了极为漫长的时间。至于人类的出现，不过是距今200万年至300万年间的事情，相对于地球年龄，则仿佛近在眼前。

地质学家们按照地壳发展的历史和古生物发展阶段，把地质时期分为太古代、元古代、古生代、中生代、新生代五个不同的年代。其中，太古代和元古代合称为前占生代，占到全部地质时期的 80% 以上。

地质年代及其代号				同位素年龄（百万年）	构造运动		生物界开始繁殖的年代		生物空前繁荣的时代
宇(宙)	代(系)	纪(系)	世(统)		发生年代	阶段	植物	动物	
显生宙	新生代 K_z	第四纪 Q	全新世 Q_4	—.01—		喜山阶段			被子植物
			更新世 Q_1、Q_2、Q_3	—2-3—					哺乳动物
		晚第三纪 N	上新世 N_2	10				—人类出现	
			中新世 N_1	25	喜山运动				
		早第三纪 E	渐新世 E_3	40	（Ⅱ）			—哺乳动物	
			始新世 E_2	60	喜山运动				
			古新世 E_1	70	（Ⅰ）				
	中生代 M_z	白垩纪 K	晚白垩世 K_2 早白垩世 K_1	140	晚期运动运动	燕山阶段	—被子植物		裸子植物
		侏罗纪 J	晚侏罗世 J_3 中侏罗世 J_2 早侏罗世 J_1	195	中期燕山运动 早期燕山运动			—爬行动物	爬行动物
		三叠纪 T	晚三叠世 T_3 中三叠世 T_2 早三叠世 T_1	230	印支运动		—裸子植物		
	古生代 P_z	晚古生代 PZ_2	二叠纪 P	晚二叠世 P_2 早二叠世 P_1	280	海西运动	印支海西阶段	蕨类	两栖动物
			石炭纪 P	晚石炭世 C_3 中石炭世 C_2 早石炭世 C_1	350				
			泥盆纪 D	晚泥盆世 D_3 中泥盆世 D_2 早泥盆世 D_1	400		裸蕨	鱼类	
		早古生代 PZ_1	志留纪 S	晚志留世 S_3 中志留世 S_2 早志留志 S_1	440	加里东运动	—陆生裸蕨	—鱼类	笔石
			奥陶纪 O	晚奥陶世 O_3 中奥陶世 O_2 早奥陶世 O_1	500		加里东运动		
			寒武纪 π	晚寒武世 π_3 中寒武世 π_2 早寒武世 π_1	600				三叶虫
隐生宙	元古代 P_T	震旦纪 Z		800	晋宁运动		—高级藻类	—小壳动物	藻类
				1800	吕梁运动			—裸露动物 —多细胞动物	
	太古代 A_T			2500	阜平运动				
	前太古代 A_NA_T			3800			—生物现象		

地质年代时间跨度示意图

中国这片辽阔的地域，古称"震旦"。因此，我国地质界将中国特有的地质构造年代命名为前震旦亚代和震旦亚代。在这一阶段，形成了地壳的最初形态和生物的生活环境，地球表面岩石圈（地壳）、水圈和大气圈已经形成，但陆地还很少，只有为数不多、规模不大的岛屿突出在蓝莹莹的海面上。不过，这为以后地质史的发展奠定了基础。

到距今约8亿年的震旦亚代后期，地球上出现了具有原始稳定地核的大片古陆。我国的华北古陆、扬子古陆，就是在这一时期出现的。这一时期，三峡地区第一次随着扬子古陆露出了海面。

但在三叠纪以前，三峡地区随着多次地壳运动，几经沉浮，直到印支运动前，仍然浸泡在一片浅海之中。

2. 几度陆海变迁

在遥远漫长的地质年代，地壳因为还处于成长发育阶段，性情不太稳定，不免年轻气盛，活力四射，躁动不安，时不时做出一些剧烈动作，因而发生了无数次大大小小的地壳运动，最终形成了地球如今的地貌格局。

根据地质学研究结果，在距今6亿~7亿年前，地球经历过一次最古老的大冰期。距今6亿年左右，冰期结束，海水上漫，我国华北古陆大部及扬子古陆全部，又重新沦为浅海。

直到4亿年前，一次全球性的构造运动，让四川大部重新隆起为"上扬子古陆"。但到距今2.8亿~2.3亿年前，又一次发生大规模海水浸漫，再次把上扬子古陆变为一片内海——"上扬子黔桂海"。今天的四川和重庆一带，包括三峡地区，又成为一片汪洋。

在距今约2.1亿年至2亿年前的中生代三叠纪晚期，一向稳定的太平洋板块突然发生地壳运动，向西俯冲而来，首当其冲的我国南方地区，随之发生了强烈的"印支运动"（因印度支那半岛得名）。印支运动是地壳运动的一个旋回，对中国古地理环境的发展影响很大，它改变了三叠纪中期以前"南海北陆"的局面。当时还处于海平面以下的四川西部、甘肃和青海南部的"雪山海槽"，在强大的压力之下，全部褶皱向上隆起，形成巍峨的崇山峻岭，举头向天。大片海水退到新疆南部、西藏和滇西一带。四川盆地被大海无情抛弃，遗落为一片孤零零的内陆湖泊。长江中下游和华南地区大部分，则由浅海转为陆地。三峡地区北部的万源、城口、巫溪一线，原本已在海平面以上的大巴山褶束地带这次也搭了"印支运动"的顺风车，借势进一步隆起，地位得到大大提升。

这次造山运动，是中国大陆形成的关键。从此，中国南北陆地连为一体，全国大部分地区从浩瀚海洋中冒露出来，形成陆地环境。古昆仑山、古秦岭进一步抬高，古地中海则再一次向西南退缩。

中国大陆形成之后，又经历了燕山运动（中生代，20500万年~13500万年前）和喜马拉雅运动（新生代，7000万年~300万年前）两次剧烈的地壳运动。上天就像捏泥人一样，对这片辽阔的大地随意揉搓，然后又碾平重塑，一次又一次的折腾，直到距今600万年至300万年前，第二次喜马拉雅运动一锤定音，才最终形成了中华大地现在的地貌格局：古地中海消失了，欧亚大陆连成一片，巨大的青藏高原站到了地球的制高点。在西部，喜马拉雅山、昆仑山、天山等巨型山脉横空出世；在东部，松辽平原、华北平原、江汉平原等众多盆地大幅下沉。于是，形成了我国西高东低三级台阶地貌的基本轮廓。

就是在这一时期，三峡地区隆起了铁峰山、方斗山、七曜山、巫山等一系列波浪形的褶皱山系。整个三峡地区现代地貌的基本骨架，包括渝东鄂西褶皱带、盆边中山地及鄂西山地等，就是在这次喜马拉雅运动中最后定形的。

在地质学中，岩层向上凸起的部分叫"背斜"，向下凹陷的部分叫"向斜"。背斜狭窄成"山"，向斜开阔为"谷"。由于三峡地区褶皱带在喜马拉雅构造运动中不断上升，而古长江及众多支流又不断向下深切，形成向北东倾斜的一道道山，夹着一川川谷。背斜狭窄，褶皱紧密；向斜宽缓，构造简单。两者相间排列，从而形成典型的川东平行岭谷地貌，地质学上称为隔挡式构造。

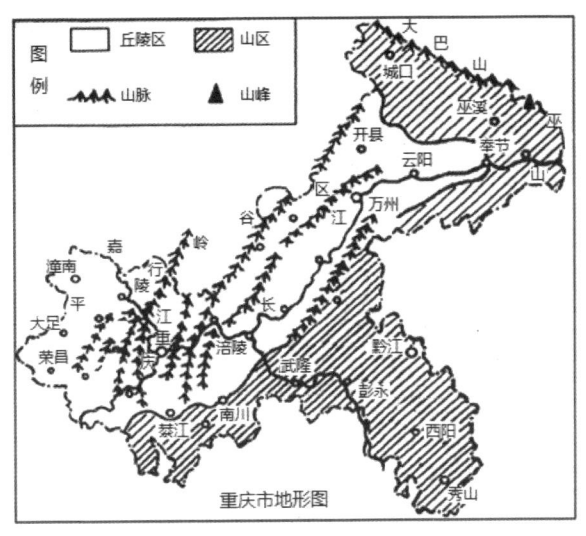

三峡地区发育时期地形地貌示意图

3. 盐岩层的形成

从 20 世纪 60 年代开始，国家地质、石油部门一直在渝东三峡地区从事四川盆地成盐条件分析及远景预测工作，结合该区域钾盐普查钻探及油、气探井综合成果表明，在总面积约 3700 平方公里范围内，盐矿总储量达到 2860 亿吨。而且，根据国家原地矿部第二地质大队获得的资料，其盐层总厚度达到 250 多米，见盐深度在 2095~3031 米之间，大部分盐层的埋深，在 2500 米之内。

然而，三峡地区崇山峻岭、沟壑纵横，山高谷深、水流湍急，如此深厚的盐矿层，是如何形成在坚岩巨石的地层之下的？又是在什么时候形成的？

地质学研究认为，广泛分布于世界各地的岩盐层，大致是从二叠纪末期开始到三叠纪晚期在海水分隔出来的水体中形成。而这些从海水中分隔出来的水体，在大海匆忙撤退时来不及携走，从而残留在地层之中。盐的沉积需要在海洋里有一个台地，台地必须具备两个条件，一是周围高中间低，且四周封闭；二是高度位于涨退潮之间。这样，涨潮时海水进入台地，退潮时海水留在台地，只进不出，经过长期蒸发至海水结晶，沉积成矿（如图）。

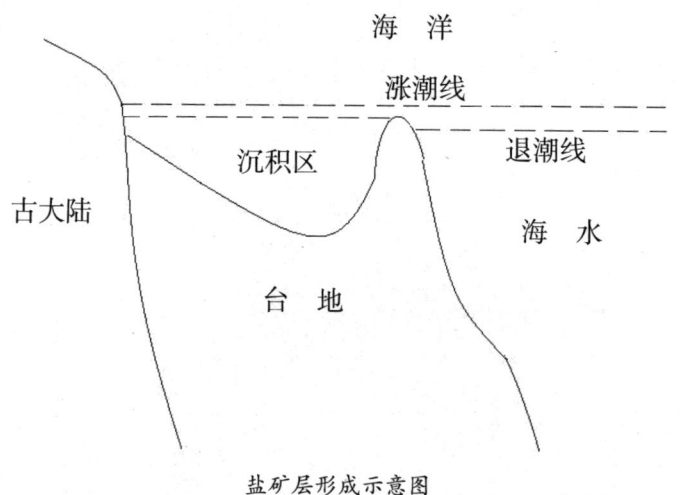

海 洋

涨潮线

退潮线

沉积区

古大陆

海 水

台 地

盐矿层形成示意图

在 2.2 亿年 ~2 亿年前的三叠纪时期,被大海遗落的四川盆地及三峡地区处于古赤道附近,降水很少,气候干燥,遗留在盆地中的大量海水(分隔水体)受到干热气候的长期蒸发,渗入地层中的盐分不断聚集,最终形成盐岩层。同时,由于凹陷不断下沉,积盐的速度很快,最终形成了巨厚的盐岩层。

三峡地区正处于上扬子台地聚盐中心地带,最早是深潜于蔚蓝的海水下面的。后来,在无数次剧烈的地壳运动中,几经沉浮,最终从距今 7000 万年 ~300 万年前的喜马拉雅运动中挺身而出,抖落一身咸咸的海水,岭谷相间,山水相依,形成一幅雄奇险峻的辽阔画卷。地底广泛而巨厚的盐岩层,是在中生代三叠纪后期形成的。到新生代地质时期,发生剧烈的喜马拉雅运动对三峡地带的岩层进行挤压、扭曲,形成一系列隆起的大小背斜,让绝大多数盐层发生了倾斜、弯曲和断裂。在这个过程中,形成了两种不同的储盐构造。

一种被称为"褶皱构造"。岩层和盐层在强大的外力作用下,产生弯曲,但还保持着连续完整。盐层本身具有可塑性,随着岩层向上拱起,往往在弯曲的位置(褶皱轴部)厚度增大,而在拉伸的地方(翼部)变薄。也就是说,因为造山运动造成的岩层挤压,盐层从高压部位被挤压到低压部位,导致高压部位的盐层变薄,甚至完全消失;低压部位盐层变厚。因此,盐层通常是富集在背斜发生弯曲的地方（轴部位置）。

还有一种被称为"断层构造"。岩层和盐层在强大的外力作用下，发生断裂，盐层在被挤压过程中，往往会沿着断层面上升，逐渐堆积成盐丘。

这样，完整的盐盆盐体，就分隔成了大小不等的小盐体。

根据地质部门20余年钻探普查的结果，渝东三峡地区已发现20个大小盐盆。位于三峡腹心地带的万县（今重庆万州区）——云阳盐盆，恰好位于四川盆地东部聚盐中心，是四川盆地中第二个大型盐盆。

盐泉的形成需有三个条件：一是含盐地层需要从地下抬升到地面以上；二是盐层出露地表或裂隙灌入到盐层，使雨水能进入到盐层，盐泉才有来源；三是在山麓有露头，盐水从露头处流出，形成盐泉。长江两岸高山的出露地层恰好是三叠纪，较平缓地带的出露地层是侏罗纪。这样，就把三叠纪的盐层抬升到了山上。雨水进入盐层后，顺着山麓流到长江的各条支流，形成盐泉面广点多的分布场景，盐泉分布在渝东地区十七八个县内，渝东地区的每一条长江支流，几乎都有盐泉分布。

这一特殊的地理环境奠定渝东成为中国井矿盐发源地的基础。

需要说明的是，渝东地区盐泉早在3500万年前就已经形成，而人类才出现200余万年。在漫长的3500万年时间长河里，盐泉的自然渗涌经历了一个由少到多、又由多到少的发展过程。

在盐泉形成的初期，地势不断升高、裂隙不断增多、河流不断切割，盐泉逐渐增多。后来，随着盐泉被雨水的长时间淋滤、溶蚀，盐泉又逐渐减少，浓度渐渐下降，进入衰减期。所以，姗姗来迟的人类，并没有赶上自然盐泉浓厚丰沛的大好时机。

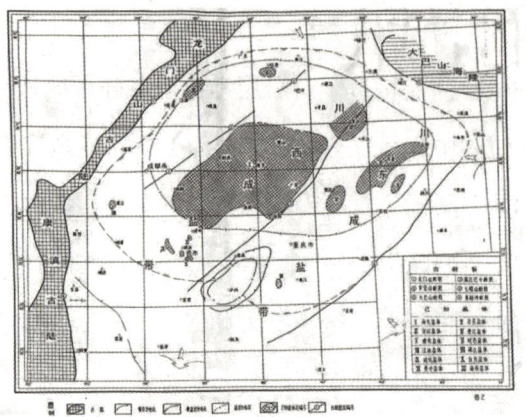

四川盆地三叠纪盐盆分布图

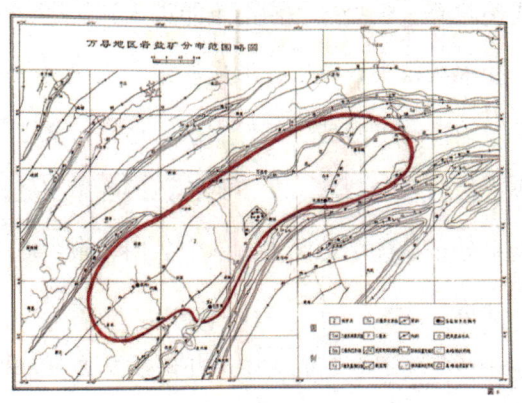

万县地区岩盐矿分布示意图

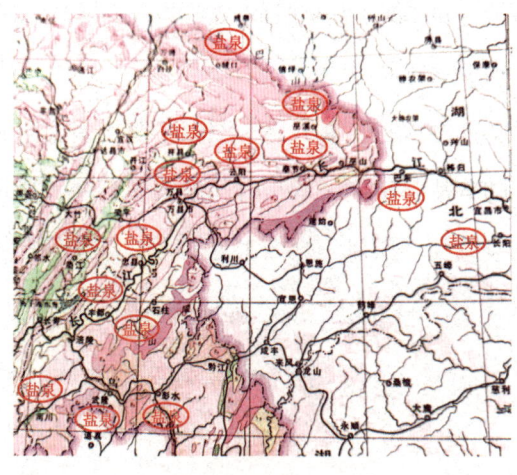

渝东地区有盐泉涌出的区县
（图中标注的并非盐泉具体位置。全区仅万县地区几个产盐县的盐井就多达 400 余眼）

（二）华夏始祖——三峡地区的最早人类

1. 龙骨坡遗址

在七千万年前的燕山运动中，长江终于切开巫山山脉，汹涌向东，咆哮而去。从而形成了山水壮丽的地质奇观——长江三峡。

青山遮不住，毕竟东流去。

唐代诗人张若虚在他的著名诗篇《春江花月夜》中，思荡八荒，神游万古，提出了一个当时无人能解的大问："江月何年初照人？"

最初，上天选中了三峡地区。他先是把悬浮在宇宙中的地球角度校正了一下，将长江三峡地区调整到北纬30度左右，然后让这里雨量充沛、有山有水，又让这里长出树木花草。他的一系列举动，就是要将这里打造成一片欣欣向荣的生命乐园。

隐藏在三峡地区地下深处的巨厚盐层，以及周边渗涌不绝的天然盐泉，就是上天在地质时期精心预埋的一个伏笔，为后来诞生在这里的人类先祖创造了必不可少的生存条件，也为古人类在这里的繁衍和人类社会文明的进一步发展，提供了极为重要的物质基础。

20世纪初，在美国自然历史博物馆中亚探险队，有一位古生物学家，人们称他为格兰阶博士，他于1921年秋来到中国，目的是在江南一带寻找远古人类遗迹。一则有关"龙骨"的消息，把他引到了四川万县盐井沟，在山下的谭家祠堂住下，论斤收购当地农民挖出的"龙骨"。

经过1921年、1922年、1925年三次收集，格兰阶博士获得了大量的哺乳动物化石，并全部运回美国。后来，经过古生物学家科尔伯特和艾豪进的充分研究，于1953年公布了他们的研究成果：《中国四川石灰岩裂隙中之更新世哺乳动物》，分目分科分种，详细描述了27种化石标本，包括东方剑齿象、大灵猫、苏门羚、长臂猿等。这些，都是与人类相伴而生的哺乳动物。

遗憾的是，由于格兰阶博士仅仅满足于坐地收购，最终与近在咫尺的中国人类最早祖先遗骨失之交臂。

后来，中国科学院古脊椎动物和古人类研究所、四川省重庆自然博物馆、万县博物馆和巫山县文物管理所等单位，组成长江三峡古生物联合考察队，从1984年至1988年，以万县盐井沟化石点为线索，沿长江对石灰岩山脉不同高度的裂隙进行了长达五年的调查和试掘。

考察组进行第一阶段的野外考察和系统发掘过程中，在巫山县大溪上游的龙骨坡遗址有了震惊世界的发现。龙骨坡遗址位于巫山庙宇镇龙坪村的西南坡上，北距巫山县城57千米，海拔830米，与盐井沟化石点的海拔高度基本一致。

1985年10月13日和1986年10月24日，是两个具有纪念意义的日子。在这两天，先后发现了属于更新世早期的古人类化石！

发掘出的化石材料，包括一段带有下第四前臼齿和下第一臼齿的左侧下牙床和一个右上内侧门齿。从牙齿的磨损情况推测，前一件标本为老年个体，后者为幼年个体。根据化石的古地磁测定数据，其年代距今204万年。化石显示出的古人类特点，属于直立人。经过初步研究，命名为直立人巫山亚种，一般称为"巫山人"。

张若虚的千年天问，现在得到了明确的解答：在204万年前，高天悬挂的朗朗明月，已经映照到了三峡地区最早的人类。

龙骨坡标本的种种特征，"突出地表现了它同东非早更新世能人处在同一水平上。"1995年，黄万波、石汉等史前考古学家经过重新研究，认为巫山直立人更像"能人"。

这是中华大地直立人属中的最早代表。

所谓"能人"，是指"手巧的人，有技能的劳动者"，是最早的人属成员，其脑量和牙齿尺寸介于南方古猿与直立人之间。

在龙骨坡同时发掘出的，还有大量与人类相伴生的哺乳动物化石，以及14

颗巨猿牙齿化石。

1997 年至 1998 年，中国科学院古脊椎动物与古人类研究所，与巫山县文物管理所组成考古队，对龙骨坡遗址进行第二阶段发掘。这一次最大的收获，是发掘采集到了数十件石制品，其中有人工打击痕迹或器形清楚的标本有十余件。

在出土的哺乳动物骨化石中，有相当一部分哺乳动物的碎骨上留有许多痕迹，经判断，这些痕迹是人工砍砸所致。

按照人类演化理论，从南方古猿向人类进化，这些远古的"旅行者"在漫长的进化过程中，要经过能人、直立人到智人（即现代人）这几个阶段。关于直立人，20 世纪 20 年代，我国著名的古人类学家裴文中教授最早在北京周口店发现了距今 50 万年的北京人。其后，陕西蓝田人、云南元谋人、安徽和县人、湖北长阳县（今长阳土家族自治县）人以及南京汤山人，也相继问世。

过去，由于东非大裂谷人类的发现，西方学者提出了人类起源于非洲的结论，他们认为，亚洲的直立人是从非洲一路迁徙过来的。我国学者对这一结论持怀疑态度，曾提出过"亚洲也可能是人类起源地之一"的看法，但一直缺少 200 万年 ~400 万年前人类化石材料的证明。当时中国甚至还没有发现 100 万年前的人类化石，有关中国人的祖先，最早也只能上溯到距今 115 万年的蓝田人。

此次"巫山人"的主要发现者、中国科学院古脊椎所的黄万波研究员，正是当年"蓝田猿人""和县猿人"的发现者。根据多年的研究，黄万波等人提出人类在 200 万年前就出现在亚洲长江三峡地区，这有可能揭开人类起源之谜。他的有关文章在国际上引起强烈反响，被认为"这个新的发现将动摇人类演化的理论"。

我们有理由相信，中华民族的祖先、黄种人的祖先，就是从三峡高地走出来的。200 多万年前，他们在适应长江三峡半封闭的森林、河流环境的过程中，开创了一套全新的技能，从依赖天然工具发展到了依赖自制的石器进行生产劳动，进而跨出猿类的门槛，进入了人类序列，从而成为华夏始祖，繁衍出具有独特人文传统的中华民族。

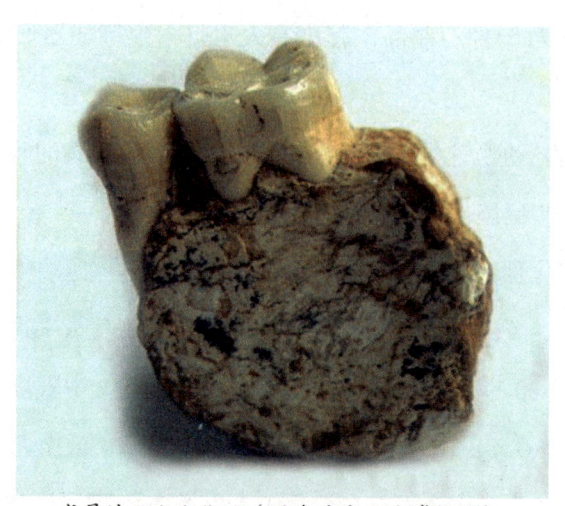

龙骨坡巫山人化石（现存重庆三峡博物馆）

2. 为什么是三峡地区

人类的"非洲起源说"，最早是由达尔文提出来的。后来，不少西方学者陆续在非洲大草原发现了一批非洲南方古猿的化石材料，证实了在距今400万年~100万年前，人类最早的祖先——南方古猿，曾在非洲大草原上生存、繁衍。

然而，从20世纪50年代开始，中国云南开远森林古猿、云南禄丰古猿和云南元谋古猿相继发现。接着，"巫山人"化石出土了。这充分证明非洲大草原并不是人类诞生的唯一摇篮，长江三峡地区美丽的大巫山地带同样是地球人类诞生的摇篮之一。

但为什么是三峡地区？

我国学者根据大量考古发现，对当时"巫山人"所在的三峡地区生态环境，进行了深入的分析和说明。概括而言：当时古长江由西向东奔涌而去的原始水道已初步形成，但整个地势依然低而平缓；由于气候温湿，水量丰沛，植被以常绿阔叶林为主，兼落叶阔叶林，构成郁郁葱葱的原始混交林，蕨类植物茂盛，有成片的灌丛、草甸。这些条件，为各类哺乳动物提供了一个天然的生存环境和相依相存、自由竞争的食物链，从而在三峡地区腹心地带形成一个"爰有百兽、相群爰处"的动物生态大乐园。

物竞天择，中国最早的人类祖先"巫山直立人"，就在这样的生态环境中脱颖而出了。

在长期与各种凶猛动物搏斗的过程中，不仅逐渐增大了脑量，增强了体能，还发明和制作出各种粗劣、简陋的石制工具，最后蜕去猿皮，直立为"人"。伟大的浪漫主义诗人毛泽东曾在一首词中幽默地写道："人猿相揖别。只几个石头磨过，小儿时节。"（见毛泽东诗词《贺新郎·读史》）

不可忽略的是，在构成人类进化的自然条件中，除了地形、气候、植被乃至充足的水量之外，还有一样至关重要的东西，那就是：食盐。

盐，是人或动物生理机能上不可或缺、不可替代的物质。所有新陈代谢的生理功能，都需要适当的盐分供给。越是高级的动物，需要的摄入的盐分也相应越多。明代宋应星在《天工开物》中说："口之于味也，辛酸甘苦，经年绝一无恙。独食盐，禁戒旬日，则缚鸡胜匹，倦怠恹然。"

剧烈的喜马拉雅造山运动，导致三峡地区地层发生一系列褶皱和断裂，让古老的盐岩层随之露出地面，并在漫长的岁月中，不断遭受风化剥蚀和地表水的溶滤破坏，深埋地下的盐岩层被地下水冲刷、溶解而成为盐泉，不断涌出地面。时至今日，这种自然渗涌的地下盐泉，在三峡地区仍有多处可见。比如，在奉节碛坝、巫溪宁厂、云阳云安和龙角、开县温汤峡谷、万县长滩及盐井沟、忠县罾井沟和涂井沟等地，都有丰富的盐泉分布。

由此可知，距今200多万年前的第四纪更新世初期及其以后相当漫长的一段时间内，在三峡地区的地表之上，具有十分丰富的盐泉、"咸石"，可供生活在这里的"巫山直立人"及其与之伴生的大量哺乳动物自由取食。可以说俯拾皆是。

或许有人会说，在古人类早期狩猎采集阶段，从动物肉食中摄取的盐分已经能够满足他们的生存需要了。但动物身体中的盐分又是从何而来呢？而且，作为更高等级的动物，古人类维系生存所需的盐分要比普通动物多得多。所以，早期古人类除了从动物身上摄取盐分，也不能排除和其他哺乳动物一样直接饮用天然盐泉的习惯。

无独有偶，在相隔遥远的非洲，那片被誉为"人类摇篮"的大草原，就位于肯尼亚北部巨大的咸水湖"图尔卡纳湖"的湖畔地带。两处"摇篮"，都具有一个共同特征：有丰富的天然盐卤。

（三）挟盐而居——巫咸部族的鱼盐经济

1. "巫咸国"

有关三峡地区最早的文字记载，是成书于周秦之间的《山海经》。

《山海经》与《易经》《黄帝内经》并称为上古三大奇书。但其内容，显然并非出于一人之手，荒诞不经，匪夷所思。内容包括当时南方民族、历史、地理、宗教、物产、风俗、神话、传说等方面，还有对生活在古长江流域的苗蛮、荆楚、巴蜀等部族的历史文化和神话传说的记载。堪称上古社会的百科全书。有学者认为，《山海经》"内容多与巴、蜀、楚有关，是南方古史系统不可多得的最重要的文献资料"。

在文字发明以前那一段极为漫长的历史时期，人类众多的历史故事，是靠古代先民们口口相授而流传下来的。但在传播过程中，由于年代久远，不免会添加一些人们的主观幻想，越传越玄，越说越神，以致后来会面目全非，但其核心仍是本于真实的历史事实。学者们通过仔细研究，并结合其他佐证，往往能从中发现丰富的历史文化信息。

据《山海经·海外西经》记载：

巫咸国在女丑北，右手操青蛇，左手操赤蛇，在登葆山，群巫所从上下也。

《山海经·大荒西经》载：

有灵山，巫咸、巫即、巫盼、巫彭、巫姑、巫真、巫礼、巫抵、巫谢、巫罗十巫，从此升降，百药爰在。

《山海经·海内西经》又说：

开明东有巫彭、巫抵、巫阳、巫履、巫凡、巫相，夹窫窳之尸，皆操不死之药以距之。

学者们研究认为，所谓"巫咸国"，并非"国家"之义，而是以"巫咸"命名的某一地域。"巫咸"是"灵山十巫"的首领，能"缘山升降，采天地神仙之药，上下于天，通达神意"。但这还不是关键。

关键在于，"巫咸"名字中的这个"咸"字。

"咸"字最原始的意义，是指"人人皆需的食盐之味"。"巫咸"和他的部落因为掌握了渗涌不绝的"登葆山"盐泉而称雄一方，成为众多部落联盟的首领。所谓"登葆山"，就是巫溪宁厂的宝源山盐泉。

晋代郭璞在《巫咸山赋》序中说："盖巫咸者，实以鸿术为帝尧医，生为上公，死为贵神，封于斯山，因以名之乎？"鸿术，就是十分高明的巫术。巫咸以鸿术成为尧的医师，地位显赫，死后就用他的名字称呼他生前统领的地方。而"巫咸国"，也成为三峡地区最早见于典籍的以盐称雄的远古部落。

到了春秋战国阶段，蜀国进入开明王朝时期，开明之东的"十巫"仅剩"六巫"，已不见"巫咸"之名，统领群巫的大巫师变为"巫彭"。继"巫咸国"而兴的部族则被称为"载民之国"或"巫载之国"。

《山海经·大荒南经》云：

有载民之国。帝舜生无淫，降载处，是谓巫载民。巫载民盼姓，食谷，不绩不经，服也；不稼不穑，食也。爰有歌舞之鸟，鸾鸟自歌，凤鸟自舞；爰有百兽，相群爰处。百谷所聚。

"巫载之国"位于瞿塘峡东口（大溪口）与巫峡西口之间的宽阔地带，比"巫咸之国"地域更广，基本涵盖了今天巫山、巫溪两县。秦汉时期，巫山、巫溪同属古巫县，贯穿其中的大宁河古称巫水（或巫溪）。整片地域都是姓"巫"，其源头就是从"巫咸国"而来。

帝舜派遣他的儿子无淫，到三峡地区东部去治理"巫载之国"。即是说，在无淫"降载"之前，"巫载"部落已经存在。"巫载民盼姓"，"盼"音"颁"，古史学家任乃强先生认为，"盼与巴音近，可能就是巴族的一个祖先"。

前者，帝尧以国师"巫咸"统领此地；后者，帝舜则派儿子无淫治理这里。那么，是什么原因让"载民之国"具有如此重要的地位？答案是：载民们拥有宝源山涌流不尽的天然盐泉。

虞舜为帝，距今 4200 年左右，他当时在山西运城临近河东解池的蒲阪建都立国。解池是中国最古老的池盐产地，其来历还有一段惊心动魄的神话传说。据《孔子三朝记》（见于《汉书·艺文志》）记载："黄帝杀之（蚩尤）于中冀，蚩尤肢解，身首异处，而且血化为卤，既解州盐池也。"

新石器时代的中原人类，出于对食盐的共同需要，聚居在解池周边广大地区。三峡地区宝源山的自然盐泉，当然也同样具有吸引力，再加上十分便利的水运条件，人类活动频繁，引起尧、舜的极大重视，并派出最得力的心腹前来掌控。

而"无淫降载处"，则为载民们带来了中原地区许多先进的文化因素，诸如农耕、制陶、盐业生产与管理以及原始商业贸易活动等等，从而促进了三峡地区文化经济的繁荣发展，让这里成为一片"鸾鸟自歌，凤鸟自舞"的峡中乐土。

载民们"不绩不经，服也；不稼不穑，食也"。他们不从事纺织而有衣服穿，不从事耕种而有粮食吃，而且一年四季各种农作物都会汇聚到这里（"百谷所聚"），凭的是什么？

那就是这里十分发达的原始商业贸易活动。

2.鱼盐经济

巫载国的先民们，坐拥丰沛的盐泉，逐渐掌握了煮盐的技术，除了满足自己食用，还有了剩余的产品。

食盐作为一种产品，既便于分割又易于合并，既有利于集中运输又便于分散携带，作为当时一种极其宝贵的财富，还能够长期贮藏。

由于周边部落从事农耕的先民们对于食盐的需求日益增大，食盐本身就逐渐显示出了一种原始的货币职能。首先，它在交换过程中具有明确的"价值尺度"，同时，它的"流通手段""贮藏手段"和"支付手段"也十分方便。

所以，当"巫咸"部族还局限于煮制食盐这一生产环节的时候，擅长水上运输的"巫载"先民们已经开始"以盐易物"了。

"盼"姓的巫载先民们所发展出来的巫载文化，实际上就是后来巴文化的源头。"巫载之国"所在的大巫山地区，就是早期巴文化生长、发育的摇篮。

船，堪称人类最伟大的发明，它能够让人们在水面如履平地。巴人是一个逐水而居的族群，是天生的航行者，船犹如他们的双腿，即便有崇山阻隔，他们也能够循着水流驭船而至。

生活在大宁河宽谷地带的"朐"姓先民们，凭借着便捷的水运条件和熟练的航行技术，在大江小河沿岸地区从事以盐易物的原始商贸活动。他们将食盐运往沿江各地，然后换回各种各样生活所需的物质，于是，"不绩不经"而服，"不稼不穑"而食。

食盐作为一种"商品"的广泛流通，反过来又促进食盐生产和运销规模逐渐扩大。如此循环往复，食盐由"商品"逐渐演化为一种硬通货，固定地充当了作为一般等价物的特殊"商品"，转化为一种货币形式。

随着时间的推移，除盐之外，还出现了其他用于交换的"商品"。

巫载部族并不是全部从事盐业生产活动。由于他们临水而居，不少人以船为家，捕鱼为生。三峡地区大河奔涌，支流众多，鱼类资源极其丰富，先民们因为取盐方便，很早就学会了腌制鱼类的技术，并将腌制鱼作为商品拿到更远的地方进行交换。

当然，三峡地区远古时期奔涌不息的盐泉，并非只有"巫载之国"的宝源山一处。进入夔门往西，溯江而上，在今天奉节、云阳、重庆市开州区、重庆市万州区、忠县等地的河谷地带，汩汩渗涌并为人类利用的盐泉还有很多。

分布在三峡地区沿江地带各个部落的先民们，其生活环境与巫载先民基本相似，所从事的生产活动也基本相同。他们或者从事着原始的农业生产并辅之以世代相袭的渔业活动，或者以渔业为主兼营"以盐易物"的原始商贸活动。共同的"鱼盐经济"活动，逐渐形成了相同的文化形态。因此，到新石器时代晚期，生活在三峡河谷富饶之地的先民们，就有了"巴人"和"巴地"的共同称呼。

只不过，因为大巫山地带的巫咸部族和继后兴起的巫裁部族在当时的三峡地区最为典型，其丰富的食盐资源引起远在北方的尧帝和舜帝高度重视，才得以使他们的社会生产活动经过世世代代口口相传，在周秦之间被记入展示大荒时期远古文化的《山海经》，才让今天的我们结合现代出土的大量考古发现，得以一窥他们模糊的远影。

任乃强先生在《四川上古史新探》一书中说："按《山海经》所传，巫裁兴，亦当与虞夏同时，可算得上是我国上古时期两朵并蒂莲花，但它所在地不似中原那样宏阔开展，而是一个狭促崎岖的石灰岩山谷地区，所以，发展到了农业优先的时代，便不能不为巴、楚文化所替代。"按照任乃强先生的说法，以巫裁国为代表的三峡地区先民文化，是堪与华夏文化媲美的另一朵莲花。或许正是这个原因，三峡地区上古先民的文化才成为华夏史册中的空白，只能从《山海经》荒诞不经的记载中得窥一二。直到强秦吞并巴国，三峡地区的历史才算正式载入华夏文明的史册之中。

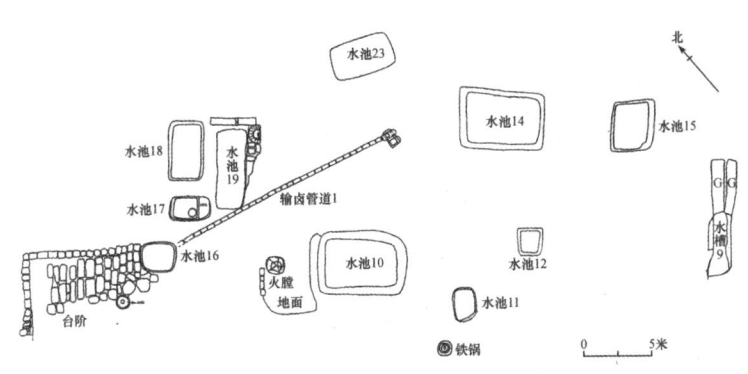

宋代井盐生产设施总平面图

（四）汲卤制盐——三峡地区的最早盐井

1.深埋地底的盐业历史

约在公元前 2070 年，大禹病逝，其子启继承帝位，建立了中国历史上第一个朝代——夏。启也因此成为中国历史上第一个帝王。

夏启废除"禅让制"，确立"帝位世袭制"。从此，"大道既隐，天下为家，各亲其亲，各子其子，货力为己"（《礼记·卷二十一·礼运篇》），以财产公有制为特征的"大同时代"结束了。

三峡地区"鸾鸟自歌、凤鸟自舞"的和乐美景已不复存在。原始社会的氏族公社制度已经彻底瓦解，奴隶社会取代原始社会，这是人类历史上一次划时代的进步。由于私有制的产生，农业和手工业有了分工，社会生产力得到很大提高，生产得到很大的发展，人们的生活也得到很大改善，为文化繁荣和社会进步创造了有利的条件。

那么，自此以后，三峡地区的盐业经济又是什么样的境况呢？

由于史籍失载，故纸堆里毫无头绪。所幸的是，得益于三峡水库的建设，从 1997 年起，国家对三峡库区地下文物实施抢救保护工程，考古工作者在这一区域发现和发掘出多处盐业生产遗址，其年代涵盖了整个夏商周三代时期，揭示出巴蜀大地的早期制盐工业最先是在三峡地区诞生的，而且远远比史籍记载和民间传说更为古老。

在三峡地区众多先秦时期的盐业生产遗址中，忠县的中坝遗址是最有代表性的。

我们据此得知，三峡地区陶罐煮盐始于新石器时代，并历经了一段十分漫长的历史。由于大多数盐灶都随盐泉设在河流岸边，每逢洪水来临，山区巨大的落差导致洪流奔如猛兽，岸边积物往往被荡涤一空，并且大多在奔涌过程中被研成齑粉。因此，三峡地区大多数的远古制盐作坊，都在历史长河中付诸东流，没有留下什么遗迹。所幸中坝遗址地势平缓，距离长江入口仅有 6 千米，处于缓流地段。每遇洪水，长江水倒灌进来，让河流水面抬高十余米。煮盐陶器往往被漫灌的大浪冲散，但不会被平缓的水流带走，而是沉淀下去，年复一年堆积起来，最终形成了 5000 年连绵不断的"通史"式遗址，为三峡地区数千年波澜壮阔的制盐历史立此存照。

在中坝遗址中，有厚达数米的陶器碎片，成层堆积。经过还原，发现主要有"尖底缸""尖底陶杯""花边束颈圜底罐"三大类。这些都是能耐高温的夹砂陶器。

经过中外学者的考证和研究，这些残存的陶质器物，既可能是煮盐的器具，也可能是用来制作盐块的模子，甚至可能是运送食盐的容器。盐史学者任桂园教授还认为，这些陶制容器由于形制、大小一致，它们还可以成为商业贸易活动中的一种计量单位。

伴随着这些陶器残件堆积层被发现的，是一种形态为"斜坡底近圆形"的煮盐窑灶，这是典型的制盐作坊。此外，还发现了分布密集、数以百计的灰坑，口径在 1~2 米左右，底径大多小于 1 米，坑深 1 米多，考古学者将这些灰坑定性为贮藏用的"窖藏"。另有大量"敞口深腹尖底缸"，以夹砂红褐陶为主，底部呈柱状和尖底，法国盐业考古专家顾磊先生（PierreGouletquer）到现场考察后认为，这与非洲盐业生产工具十分相像。

在时间上，这些器物跨越了从新石器时代晚期到夏商周三代这段漫长的历史时期，并且在形态上随着制盐工艺的发展而不断改进。具体说来，从新石器时代晚期至夏商周三代，先民们都在中坝制盐，制盐器具经历了从尖底缸到尖底杯再到花边束颈圜底罐三大阶段。这可能与当时制盐工艺的不断改进有关。

这说明，三峡地区得益于出露地面遍布河岸溪侧的天然盐泉，其早期制盐工业的孕育、诞生，远远早于战国晚期李冰"识察水脉，穿广都盐井"后才开始煮盐的川西平原地区。

根据目前已知的部分考古材料，同样的"尖底杯"和"花边束颈圜底罐"还出现在三峡地区多处遗址中，包括涪陵镇安、万州中坝子、云阳李家坝、奉节新浦等地。

出土"花边束颈圜底罐"的遗址则更为普遍，包括忠县老鸹冲，万县麻柳沱，云阳太公沱、明月坝、东洋子、李家坝，巫山双堰塘、刘家坝、韩家坝等遗址。

学者们由此推知，在水运方便的三峡地区，各个部族之间的产品交换活动，基本上都沿江河地带进行。随着社会的发展，人口的增加，从事农耕的先民们对食盐的需求量日益增大。由于食盐本身具有"价值尺度""流通手段""贮藏手段""支付手段"等特性，在商周时期，已通过"尖底杯"和"花边束颈圜底罐"等器物制作出大小相等的盐块、盐饼，作为一种等价物，在交换活动中发挥它的货币职能。盐史学者刘卫国先生认为：圜底罐煮成的圆形块状盐，人们称之为"块"或"圆"，尖底杯煮成的角状盐则称之为"角"；而且，因"圆（块）"大"角"小，"圆"与"角"之间形成一种整零进制，这或许就是后来"圆（块）"与"角"这两个币制单位的由来。久而久之，商品交换和盐业生产形成了一种相互促进的关系，从而导致三峡地区制盐业以及相应的贩盐运输业崛起。

而且，为了运输或携带的方便，减少运输途中的损失，成品盐应该是连同"尖底杯"和"花边束颈圜底罐"等器物一起进行交换的。这就可以解释，为什么在三峡地区一些同时期并不产盐的普通遗址中，也有"尖底杯"和"花边束颈圜底罐"等器物遗存的出现。

由此可以进一步推知，私有制产生以后的夏商周三代，在三峡地区已经出现了专门掌管盐泉、组织从事盐业生产活动的人。一些部族凭借祖祖辈辈世代积累的制陶和煮盐经验，完全从渔猎和农耕活动中脱离出来，成为制盐和贩运的专业群体。

而当时已经生活在今云阳一带地域的廪君巴人，就是一个以制盐、贩盐为主业的族群。著名古史学者任乃强先生在《四川上古史新探》一书中论述说，巴人族群来到长江三峡地区以后，落脚在今云阳县故陵镇（《四川上古史新探》第239页："巴国最先都邑似即在此"），投到以盐立国的巫载国统治之下，成为巫载王国的附属部落及"食盐特许经销商"，靠在水上贩运食盐过日子。巴人是操舟能手，天生的弄潮儿，食盐贩运快捷且获利丰厚，获得了"水上流莺"的美誉。因为巴人经营盐业有方，势力发展迅猛，"便亦进为诸侯，而有巴国产生了"。因此，位于长江边的云阳故陵镇，也被称为"巴子国故邑"。

忠库 06216：商周灰陶尖底杯。1997 年中坝遗址出土

商周红陶尖底杯

忠库 07041：商周红陶尖底杯

2. 盐井的形成

最初的制盐产业，是取用流出地表的天然盐泉或岩盐、咸石进行晒制、熬煮的，经过漫长的历史时期，才逐渐从人工浅井、人工深井发展到现代机井的。这是一个由浅入深、由表及里、由简单到复杂的循序渐进的过程。

但自然盐泉是从什么时候开始、又是如何演变进化到人工卤井的，却一直不为人知。长时间以来，人们对这个问题也缺乏应有的探究，从而成为盐业史研究中的一个历史断层。

如何找回这个历史断层，成为一位资深盐业工作者的心结。

曾先后担任过云阳盐厂厂长、万县盐务管理局副局长的刘卫国先生，退休后投身到渝东盐业史的研究领域，并取得极其丰硕的成果，得到了学术界的高度认可，被盐史界亲切地称为"老盐巴"。

刘卫国先生是一位成果卓著的盐业史专家。他历时数月，到渝东各地的古盐井进行全面考证、综合分析，对这片区域内古盐泉向人工井的演进过程，得出了一个科学系统、独特而又令人信服的推论。

按照各地史册的记载，都认为盐井挖成之日，就是本地制盐业开始之时。而且，各地都有一个由白色动物引领发现盐泉的传说，或白羊，或白兔，或白鹿，大同小异，甚至还有具体的历史时间。以云阳为例：公元前206年，随汉王刘邦到云阳募兵招贤的樊哙在狩猎中追逐一只白兔时发现了卤水，汉王即令当地隐士扶嘉掘井煮盐，这才有了白兔井。而这一年，就被认定为云阳盐业历史的元年。

针对渝东生产规模最大的云安盐场，还有更为有趣的说法，万县说"打开八角井，饿死云阳人"，忠县说"打开万家井，饿死云阳人"，开县说"打开温汤井，饿死云阳人"。意思是说，云安盐场的卤水是从我这里流过去的，我这里把盐井打开，取卤制盐，云阳的卤水资源就被截断了，没卤制盐，只好饿肚子。而实际上，各地盐井都打开了，云阳的卤水依然取之不竭，生产规模反而越来越大。

显然，有关动物引领发现盐泉的传说，以及各地截断卤水的说法，都缺乏科学依据，难以让人信服。

刘卫国先生走遍渝东各盐场400余口古盐井（其中云阳195口），结合地质地貌、卤水性质，进行综合考证，有了重大发现。

第一个发现，是对400余口古盐井进行分类排列，按照其难易程度和发展顺序，归纳为四种基本形态：

第一种是自然盐泉，即原始井。其代表是巫溪宁厂的龙井；第二种是具有萌芽状态的小围子井，即雏形井。其代表是忠县涂井溪的高井；第三种是在盐泉四周用泥石砌筑成的烟囱井，即过渡井。其代表是开县温泉的河东码头井；第四种是由人工向地下挖掘出来的盐井，即人工井。其代表是云阳云安的白兔井。

第二个发现，是找到了促使自然盐泉向人工井演进的动力。这个动力，就是洪水。渝东400余口古盐井，全部临近长江各支流河畔，洪水是它们要长期面对的一大自然威胁。这就是导致四种不同形态盐井形成的基本原因：当盐泉在洪水线以上，需在露头处挖坑集卤，这就是原始井的形成过程；当盐泉在洪水线以下但接近洪水线，需筑一个小围子在涨洪期分隔淡水，就形成了雏形井；当盐泉在洪水线以下、枯水位以上，且洪水涨幅不大者，需筑一烟囱状的井围用以贮集卤水，即呈过渡井状态；只有盐泉低于枯水位甚至在河床以下，且洪水涨幅大、危害严重，必须在洪水位以上向下深掘至直让盐泉露出头来，即是人工井的形成过程。

这就是盐泉向盐井进化的基本规律。盐井，实际就是人们长期与洪水抗争的产物。为此，刘卫国先生得出以下结论：

第一，渝东地区因地质构造与地貌特征的巧合，致使三叠纪中部的含盐层位抬升到山上，自流盐泉从各地山麓溢出地面，为先民们最早发现和利用盐泉资源提供了客观的便利条件。

第二，渝东地区四种不同形态的全部盐井，都是由最初的自然盐泉演变而来的，需要向下深挖的人工井只是演变得更为彻底而已。

第三，渝东各地具有相同的地质条件，各地对自流盐泉的发现和利用，起步时或有早晚，但不会相差太久。文史记载的渝东各地盐业起始时间并不准确，忠县中坝遗址出土实物的测定年代与史载盐业起始时间相差太远，就是最好的证明。

第四，洪水是促使自然盐泉向人工井演变、进化的主要动力。洪水影响的程度，决定盐井形态的进化程度。

第五，人工井的出现，具有划时代意义，标志着人们在长期与自然灾害的搏斗中，取得了决定性的胜利，从而推动渝东盐业进入新的历史时期。

古盐井遗址

3. 云安白兔井

云阳县境内共有古盐井195口，其中185口分布在云安镇汤溪河两岸，大多数盐井又集中在汤溪河南岸。

与渝东地区其他盐场相比，云安具有更加独特、优越的地理环境：

第一，云安地处汤溪河下游，正常年份洪水涨幅高达15米左右，且落差大，破坏力强；

第二，云安是一个四山环绕的小盆地，地势开阔，便于生产布局和运输；

第三，云安盐泉资源不但集中，而且十分丰富，盐井数量占渝东地区总量的一半，盐产量更是达到了全区的三分之二。

可以肯定的是，云安盐产量居渝东各县之首，是四川四大盐业重镇之一，被列为二等盐场，新中国成立前的历史最高年产量达到24700吨，产品在满足本地需求之外，还销往周边川鄂两省的20余县。

白兔井是云安盐场的传奇盐井，以樊哙射兔而得盐泉、扶嘉奉命掘井汲卤的传说，寄托着云安人的美好情怀，被业界和学界尊为"川东祖井"，也是中国最古老、使用寿命最长、保存最完好的大口径浅井。时至今日，汩汩盐泉，虽然浓度很低，却依然渗涌不绝。

白兔井的井口海拔标高163.4米，井深43.33米，卤水液面海拔标高

120.07 米。在三峡水库蓄水前，井前汤溪河河面的最低水位为 138.3 米。即是说，井内卤水液面低于河面 18.23 米。深埋于河床下面的卤水，怎么可能流出地面呢？

要回答这个问题，先得从云安的地理环境说起。云安是一个四周环山的小盆地，汤溪河呈 S 形从中穿流而过。河水自北而来，平缓流经滴翠寺不远，河床突然下落，并转变方向，先向西南，再向东转，形成一个 1300 米长的弧形急流滩，怒涛奔涌，泥沙俱下。河水流至石嘴时，遇到坚岩阻挡，流势受到遏止，转向北岸缓流徐行。因此，泥沙随缓流向北岸堆积成滩，急流带来的石夹砂则在南岸沉积。河流行至南端，遇上从北岸东井沟山洪冲出的乱石滩后再次受阻，二流汇合堆积成一个小三角洲。这样，从上游冲下来的泥沙，在石嘴到东井沟这一段河床大量沉积，让汤溪河河床迅速抬高。

汤溪河发源于巫溪县龙台乡，由北向南，流经沙沱、江口、南溪、云安，于云阳镇东注入长江，全长 126 千米，流域面积 1810.8 平方千米，多年平均流量为 44.4 立方米/秒，洪水涨幅高达 14.1 米。每当洪水袭来，汹涌澎湃，形成强大的冲击力，对盐井的破坏力是渝东地区最大的。但云安盐场所有盐井的井口全都在洪水线以上，而卤源则深入井下 43.33~73.33 米，这也是渝东地区其他各地所没有的。

因此，云安在长期与洪水搏斗的过程中，完成了从自然盐泉到人工井的全部演进，挖掘成全区最彻底、最完善、最标准的人工井。而作为"祖井"的白兔井，就是人工井的典范。

据四川省建筑勘测设计院 1982 年为云阳盐厂出具的一份地质勘测报告称："据测查和钻探资料获得，现在河床比过去 100 多年抬高了 10 米左右。因而每年洪水季节，山洪暴发引起汤溪河水猛涨，对河岸冲刷严重，汤溪河历年最高洪水达到海拔标高 152.32 米。"

该报告第 25 号钻孔钻至 25.3 米才刚好接近卵石层，卵石堆积到底有多厚，还不得而知。但若将 25 号孔向下垂直延伸到岸基线的交汇点，其海拔标高将降至 110 米左右，这里距河床中心还有 100 余米；若再顺岸基线走向向前延伸到河床中心，则河槽的海拔标高应当在 100 米以下。如此看来，当初云安汤溪河的最低水位，应该低于白兔井井底标高的 120.07 米。这样，盐泉流出地面就很自然了。

不过，当初先民们发现并利用这眼盐泉的时间，应该是远远早于汉初的公元前 206 年。数十米的河床沉积，或许不是两千多年能够完成的。至于扶嘉其人，因为"上知天文，下晓地理"，应该是在探测盐泉和改进吸卤、制盐工艺上，有重大的突破，从而把云安盐业推上了一个新的历史发展时期，所以才被云安人尊为"龙君""盐业圣祖"，受到"庙食千秋"的永久纪念。

据《蜀中广记·人物记第五》（明·曹学佺撰）记载：

扶嘉，朐忍人。秦始皇时，云阳有妇人浣衣于汤溪水上，见一物流近岸，视之，龙也，惶骇伏地。龙蟠据其身，须臾去。归而有娠，弥月，生嘉，即能言，道人祸福，巧发奇中，远近神之。及长，有智谋，沈毅端重。汉高祖王于南郑，闻其名，往见之，因问计焉，嘉劝高祖定三秦，取关中，以形势制天下。高祖以为廷尉。刑罚无枉，遂封于朐忍，赐姓扶，以其有匡扶之绩云。

又据《方舆揽胜·云安军·人物》（宋·祝穆撰）记载：

嘉临终有言，曰：三牛对马岭，不出贵人出盐井。

扶嘉因献策而受高祖倚重，封邑朐忍，翻开了云安凿井制盐的历史篇章。他的丰功伟绩，在于从利用自然盐泉跨越到人工凿井集卤，这是一个伟大的历史性进步。

毫无疑问，扶嘉是中国井盐史上一个里程碑式的传奇人物，堪称云安盐场之父。在今天看来，扶嘉临终时所谓"三牛对马岭，不出贵人出盐井"的断言，更像是对云安卤脉走向的一个勘测结论，而在传说中，他的女儿根据这个结论，陆续掘出了上温、下温、东井、南井、西井、北井、石渠井、浣纱井和土窝井等九口盐井，从而奠定了云安两千多年的井盐开发史。

　　由于白兔井所处位置正好在河床容易堆积、升高的特殊河段，河床经过几千年沉积上升，导致盐泉露头渐渐沉入地下。云安地处汤溪河下游，洪水凶如猛兽，战胜洪水的唯一办法，就是在洪水线以上截断卤源。要截断卤源，就得在洪水线以上适当位置向下挖掘，直至卤水渗出。然后加固井壁，再安装采卤设备，从而成为完备的人工井。但要实现这一目标，必须具备三个条件：一是能准确判断卤脉在地下的走向，二是要有先进的掘井技术，三是必要的施工设备和工具。如果没有长期的经验积累和铁器的使用，要在洪水线以上截断卤源是不可能的。因此，在白兔井形成之前，云安先民曾经历过十分漫长艰辛的与洪水搏斗的历程。因而，白兔井的出现，并不是云阳盐业的源头，而是新时期的开始。

　　让人遗憾的是，云安古镇在没有获得更多的考古发掘之前，已经沉入到三峡水库的碧波之下。经过数千年的深厚沉积，人们对于云安盐场在清代以前的盐井状况和宋代以前的制盐工艺情况，还无法获得相关的遗存，以供研究。

　　不过，位于忠县𤃩井河下游的官井，与云安白兔井的情况颇为相似，从这里出土的实物，囊括了从新石器时期到近代的各个历史时期，向我们展示出了一幅完整的历史画卷，堪称通史式的古盐场遗址。而这些出土实物，恰好可以作为云安盐场的一个镜像，从而让我们对云安盐场漫长的发展历史有一种触类旁通的理解。

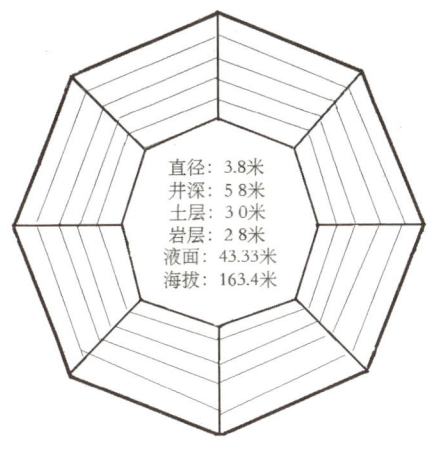

直径：3.8米
井深：58米
土层：30米
岩层：28米
液面：43.33米
海拔：163.4米

云安白兔井示意图

云安白兔井遗存

自贡市盐业历史博物馆云阳白兔井模型

本章主要参考资料：

1. 任桂园：《从远古走向现代——长江三峡地区盐业发展史研究》（四川出版集团巴蜀书社 2006 年第 1 版）

2. 刘卫国：《试论渝东古盐泉向人工井的演进》（原载于《盐业史研究》2002 年第 1 期）

第二章　千年盐都——云阳盐业的辉煌历程

（一）汉初盐官

1. "贡盐"的产生

华夏先祖在三峡地区漫长的进化过程中，各处自然渗涌的丰沛盐泉，是他们生活中不可缺少、不可替代的重要物质。

火的运用，是人类进化的一个重要转折点。它将人类带进了文明时代。人类经历了由敬畏火、崇拜火，再到利用火、热爱火的漫长过程。由于火的作用，先民们也完成了由饮用自然盐泉，再到煮盐、贮盐的成长过程。

新石器时代晚期的"巫咸国"及继而兴起的"巫载国"，大致在距今4600年前~4100年前之间。在随后的整个夏商周三代，三峡地区制盐业及相应的贩盐运输业，一直是本地先民社会经济活动的重要支撑，并且处于一种相对自由的原始经济状态。到春秋时期，齐国管仲首创了"官山海"法。官山海又称"管山海"，主张由国家控制山林川泽的自然资源，是中国最早的盐铁专卖政策。但三峡地区远离中原，相对闭塞，依然处于古朴自由的原始经济状态。

中国统治者对盐业产运销的管理体制，是从无到有，逐渐发展起来的。曾仰丰先生在《中国盐政史》中，对中国漫长历史进程中的盐政管理，概括了"无税""征税""专卖"三种体制。在夏商周三代以前，整个社会俗淳事简，山海之利，民众共享。盐资源虽然稀缺珍贵，仍然是听由民众自取自给，国家既无征税，也不专卖。

"无税"时代的显著特点，就是生产资料共有，产品交换自由。因此，当春秋时期中原诸国已经进入盐铁专卖时代以后，三峡地区先民们还依然生活在"不耕而食、不织而衣""鸾鸟自歌、凤鸟自舞"这样的自由经济乐园之中。

　　大致到了春秋时代中期，"巴国"登上了历史舞台。早已经是"巴地"的三峡地区，自然也进入了"巴国"的版图，从而结束了三峡地区盐业的自由经济状态。据《华阳国志·巴志》对"巴国"的记述：

　　其地东至鱼复，西至僰道，北接汉中，南极黔涪。土植五谷，牲具六畜，桑、蚕、麻、纻、鱼、盐、铜、铁、丹、漆、茶、蜜、灵龟、巨犀、山鸡、白雉、黄润、鲜粉，皆纳贡之。

　　《华阳国志》上述记载表明，由廪君族群五姓巴人建立的"巴国"，其鼎盛时期的疆域，东抵重庆奉节，西达四川宜宾，北接陕西汉中，至于南面，则囊括了渝东西、秀、黔、彭诸县并与黔东、湘西接壤，可谓泱泱大国。而且，从所列十八种"纳贡"之物可以看出，三峡地区已经从过去单一的"鱼盐"经济，逐渐发展出了农耕、畜牧、养殖、采矿以及手工业等诸多产业，显示出丰富的物产风貌。

　　这说明，巴国已经是一个建制相对完备的主权国家了，王室开始向国内各地属民征收贡品。从狭窄的清江流域走出来的廪君巴族，凭借其彪悍勇猛的性格和高超的航行技术，以青铜剑和独木舟开路，一路北进西扩，逐"盐"而居，在控制了渝东地区丰沛的盐泉资源后，便因"盐"而兴，并以"盐"立国。因此，三峡地区各煮盐工场所生产的食盐，当然也在"贡品"之列。

　　巴国"纳贡"之举，实际上只是沿袭了西周王朝的传统模式，比起中原地区来，社会发展速度还是晚了半拍。但三峡地区制盐业，从此以"纳贡"的形式，被纳入了国家的管理范畴。

"贡品"，实际上就是一种"税收"。这是承袭西周旧制，以"物贡"的方式征税。巴国"税制"虽然是晚了半拍，但毕竟是历史的一大进步。这为以后巴国的发展壮大，发挥了不可低估的历史作用。

2. 朐忍盐官

公元前 316 年，北方强秦的军队越过秦岭，在灭掉蜀国之后，又顺手灭掉建都江州（今重庆）的巴国，然后又从楚国占领区夺得大片巴地，以原巴国之域设立巴郡。

秦得巴蜀之地，更加富强，一举成为战国七雄之首。

公元前 221 年，秦始皇灭掉六国，建立起中央集权大一统的封建国家，在政治、经济、文化方面采取了一系列果断严厉的大一统政策。

秦王朝时期的盐政，依然是沿用秦孝公时期的商鞅之策，实行民营征税制。国家放开山泽之利，产制运销，听民自由，国家则课以重税，"田租口赋，盐铁之利，二十倍于古"（《汉书·食货志》）。结果是盐价腾贵，民生不堪。秦始皇施行商鞅残民之术，以暴政成就了独霸天下的王业，但"其兴也勃焉，其亡也忽焉"（《左传·庄公·庄公十一年》），不过"二世而斩"。

西汉王朝前期，盐制承袭秦制不改，盐税之重，不减于秦。但由于当时分封的诸侯国很多，"山川园池市肆租税之入，至天子以至封君汤沐邑，皆各为私奉养，不领于天子之经费。"（《汉书·食货志》）山泽之利所收税赋，不入国家仓廪府库，而由诸侯王国自家享用。

这一时期，三峡地区有三处纳入国家盐业管理体系：

一是南郡巫县，大致包括今巫山、巫溪、巴东、建始等地；一是巴郡朐忍县，大致包括今云阳、开州、万州及湖北利川等地；一是巴郡临江县，大致包括今忠县、垫江及万州、梁平部分县地。

在秦代及西汉前期，盐业经济尚未成为国家财政的主要来源，但上述县地的三大煮盐工场，由于拥有自洪荒远古即渗涌不绝的天然盐泉，仍然引起了中央王朝的高度重视。

汉武帝时期，由于大举对外用兵，耗空了国库，为解决财政困境，汉武帝决定："以东郭咸阳、孔仅为大农丞，领盐铁事，桑弘羊以计算用事侍中。"（《史记·平淮书》）这是从全国范围精心挑选出来的三位理财高手。东郭咸阳是山东的大盐业主，孔仅是南阳的冶铁大户，两人长期经营盐铁，累积千金，早成巨富。桑弘羊年仅十三，却是出身于洛阳富商之家的一位神童，具有敏捷精准的心算才能，拿一堆数据出来，他无需筹码，只"以心计"，瞬间即可得出准确答案。因此，被汉武帝特任为侍中，参与盐铁理财。侍中这个官职不大，只不过是皇帝身边一个跑腿打杂的，但由于天天跟随在皇帝身边顾问应对，权力却是不小。

这东郭咸阳、孔仅、桑弘羊三人算是黄金搭档，凡天下利源所在，无不在他们眼中闪耀金光，所谓"三人言利析秋毫"。所以，三人刚一上任，就拿出了一个大刀阔斧的改革计划：山海之利全部收归国有，由政府出面组织冶铸、煮盐。若有私自铸造铁器、采卤煮盐的，就加以用铁钳锁住左脚的刑罚，并没收一应冶铸、煮盐的器物。至于制盐方式，则招募百姓，自备资金，租用由官府提供的器具、作坊煮盐，官府以盆数按值收购。这个计划很快就得到汉武帝的批准。

汉元狩五年（公元前118年），新的盐铁政策正式颁行天下，并在全国设置了35处盐官。据《汉书》记载：

南郡 巫县有盐官

巴郡 朐忍有盐官

任桂园教授认为，上述两地设置盐官的历史，应该秦代就开始了。到汉武帝时期，由于向各盐场推行使用由朝廷统一铸造的铁器（牢盆），三峡地区采用铁器（牢盆）煮盐的历史也从此开始，结束了"以陶制盐"的漫长历史。煮盐工具的改革，本质上是盐业生产技术的重大进步让盐产量得到极大的提高。三峡盐业，也因此进入了一个更加高效的发展时期。

汉代巴郡朐忍县城，建在今云阳新县城东 10 千米的长江北岸临江台地上，俗称"旧县坪"（古称"万户驿"）。当时，朐忍县所辖地域甚广，包括现在重庆云阳、开州、万州及湖北利川等地。云安盐场就在距朐忍县城东边约 25 千米的汤溪河畔。今开州境内同样具有丰沛盐泉的温汤峡谷，就在彭溪河上游的清江河段，彭溪河经开州在长江北岸距朐忍县城西 20 千米处注入长江。

汉代朐忍县城，恰好位于彭溪和汤溪两河入江口岸的中间，不难明白，在此地建县城并设置盐官，其目的就是为了更加有效地控制两河流域的盐业生产和转运销售。

这时候，曾经盛极一时的巴郡临江县（今忠县）的盐业生产，应该是衰减不少，未见《汉书》注明设有专门的盐官。但这里的食盐生产，应该是与三峡地区其他未成气候的井盐产地一样，统一纳入到了官营专卖的盐业管理体制之中。

自此，从汉初盐官一直到今天的云阳县盐务管理局，两千多年时间里，云阳盐业的产运销，始终在国家专卖的管理体制之下。

从汉初到中唐时期，约 900 年间，云安历代盐官的姓名均无可考。第一位有史记载的云安盐官，是在唐贞元元年（公元 785 年）。当时朝廷设立云安监，并委派江苏丹徒（今镇江）人戴叔伦为首任盐监使。戴叔伦是中唐时期著名诗人。自戴叔伦以后至 1911 年清帝逊位，1126 年间，有名可查的历代云安盐官共有 79 人。因史籍散佚不全，其间还有不少佚名者。

至于盐官称谓，历代也各有不同。唐代始称盐监使，中唐以后及后蜀时期称榷盐使；五代及两宋称制置转运使；元代称司令、司丞；明代称盐大使、副使、巡盐使；清代称盐大使、巡检、委员；中华民国时期则称为榷税官、收税官、场长，或收税官兼场长。

中华民国时期短短三十八年间，云阳盐场税务机关及盐官变易频繁，除设官署及盐官外，还另设有盐业法团，以辅助盐官传达政令、调查业务、改进技术、调解纠纷等。

云安盐场厂区

（二）历史沿革

1. 云阳县的古往今来

云阳这片壮丽的山水位于三峡腹心地带，逶迤展布在神秘的北纬30度线上，奔腾的长江自西向东横贯其间，长滩河、磨刀溪、汤溪河、彭溪河等四条一级支流，分从南北两岸注入长江，形成"一江四河六大块"的地貌格局。

这是一片古老的热土，雨量丰沛，四季分明，是"巫山人"繁衍进化的摇篮，是华夏文明的发源地之一。在长江两岸及四条支流宽阔的河谷地带，发现了众多珍贵的远古人类遗迹。原凤鸣乡马岭村长江南岸的牛尾石岩画，经过专家鉴定，是6000~10000年前的先民们留下的，这一时间段处于新石器时代早中期；位于"长江之咽喉"的巴阳峡石刻，更是一部生动的峡江人类发展史书，这里留下了从旧石器至新石器时代，再到清代各个历史时期的石刻、壁题、造像，以及令人费解的远古符号、图语；盘龙街道红龙村的大地坪遗址，是一个自新石器时代晚期至夏、商、周三代，延续至汉、魏、唐、宋历朝，延绵数千年、无历史缺环的完整聚落。大地坪遗址一个十分重要的发现，就是出土的稻谷遗骸，经 C14 年代测定，属于 5150 年前（误差不超过 60 年）产物。这表明，早在 5000 多年前，在云阳这片土地上，就已经出现了稳定的农耕文明。

牛尾石岩画（存于云阳县文物园）

牛尾石岩画细节

牛尾石岩画细节（存于云阳县文物园）

牛尾石造像（现存于云阳县文物园）

云阳最早有文字记载的名称叫"朐忍"。

"朐忍"之名，十分久远。中华民国《云阳县志》称："盖不始于秦。第秦以上，地志无征。称名所始，莫能详也。"

即是说，在秦以前，可能已经有了"朐忍"之名，只因史籍失载，究竟始于何时，现已无从查考。目前发现的秦时立县的最早文字记载，是江陵张家山汉墓出土的西汉初年《二年律令》竹简，上面载有"朐忍"县名。两千多年来，除了在有关志书、文献中能够找到一些零星的记载，还没有任何实证可以确定"朐忍"县城的存在。一个从先秦到北周存续了800多年的古老大县县治，仿佛只是一个邈远的传说……直到一方封泥的出现。

1994年，考古队在高阳李家坝遗址发现一方封泥，上有"朐忍丞印"四个字。封泥是秦汉时期的玺印，被称为"简牍之锁"。秦汉之际，公务文书写在竹简上，传递前都会将竹简捆扎妥当，在结绳处使用封泥，并盖上相关印玺，以防私拆，这种方法称为"封泥"。这种"封泥"，保存了当时大量有关官制、地理等方面的资料。专家们据此推断，李家坝遗址在秦汉时期属"朐忍"县管辖范围，而且"朐忍"县城应该离此不远。

1999年10月，曾经两度被发掘却依然"犹抱琵琶半遮面"的旧县坪遗址，经吉林省文物考古所三峡考古队的再度发掘，终于露出了真实的面目。在出土的大量珍贵遗存中，出现了"汉巴郡朐忍令广汉景云碑"这个国宝级文物。

旧县坪遗址发掘现场

汉巴郡朐忍令景云碑

"景云碑"的惊艳现世，终于让"众里寻他千百度"的故朐忍县城遗址得到确认，也让"朐忍"这个一直隐身于古文献中的千古传说落到了实地。据此，我们对云阳可考的历史做一个简要的梳理。

　　自华夏先祖在三峡地区诞生以来，云阳就是一片"鱼盐所出"的天生乐园。在中原地区国家出现以后很长一段时期内，云阳先民还不知"国"为何物，仍然生活在自由自在的原始社会之中。

　　到西周初年，庸国出现了，并将云阳在内的三峡东部地区（"巴地"）归入国家版图。庸国曾参加过武王伐纣战争，并列于"牧誓八国"之首，因此成为西周王朝分封的诸侯国。

　　春秋时期（公元前611年），楚国联合巴国和秦国一举灭掉庸国，三家分"庸"，云阳这片土地被划入巴国版图。

　　战国中期以后，三峡地区丰沛的盐泉引起楚国垂涎，楚国以其强大的军事实力向西进逼，云阳所在地域，曾一度成为楚国辖地。

　　战国后期，秦惠文王后元九年（公元前316年），秦国军队越过秦岭，一举灭掉蜀国，顺带也吞并了巴国，将原巴国辖地置为巴郡，郡治设在江州（重庆）。公元前277年，秦蜀守张若攻楚，取巫郡（楚怀王时设）及江南地，把楚国势力逐出三峡地区后，将云阳所在地域连同今重庆开州、万州及湖北利川等地共置为朐忍县，县治设在云阳万户驿，俗称"旧县坪"（今云阳双江镇建民村）。

　　这是已知的有史以来云阳建县之始。

　　汉袭秦制，从西汉到东汉，云阳仍为巴郡朐忍县。

　　汉武帝元封元年（公元前110年），朝廷在朐忍县设置盐官，随后又置有橘官。

　　关于"朐忍"县名的由来，前人考证繁琐，大多认为"其地下多湿，多朐忍虫，因以名县"，结论是"朐忍"即"蚯蚓"之别名。此说至今仍被人援用。但著名史学家任乃强先生对此却另有新解，他在《华阳国志校补图注》中写道："所谓朐者，齐语海水之义，亦即谓煎盐之水也。忍者，腾突而不外著之意。是谓溪中盐泉潜涌之状耳。"当时，朐忍县辖境内的汤溪河畔云安场、彭溪河上游的温汤峡谷、磨刀溪畔的长滩，盐泉在溪水中潜涌或从溪侧渗涌的现象随处可见，与任乃强先生所述之状也甚相符。任氏之说虽然颇有新意，但也只是一种推论，见仁见智而已。

东汉末的兴平元年（公元 194 年），益州牧（巴蜀地区最高行政长官）刘璋，将巴郡一分为三：以垫江（今合川）以上为巴郡，以江州（重庆）至临江（忠县）为永宁郡，以朐忍至鱼复（奉节）为固陵郡。到建安六年（公元 201 年），刘璋又改永宁郡为巴郡，固陵郡为巴东郡，原巴郡为巴西郡。这就是史上所谓"三巴"。

建安二十一年（公元 216 年），刘备入主益州，将朐忍西南部分县地分置羊渠县（今万州）、西北部分县地分置汉丰县（今开州）。与此同时，又将朐忍、鱼复、汉丰、羊渠及宜都之巫（今巫山）、北井（今巫溪）等六县置为固陵郡。因当时地方实力派人士有意见，5 年后又将固陵郡恢复为巴东郡。

巴郡三分之后，巴东郡治设在鱼复，朐忍县归属巴东郡。刘备分置羊渠、汉丰两县后，朐忍辖地比原先缩小了一半。

此后，直到南朝的梁普通四年（公元 523 年），设信州，州治鱼复，朐忍县隶属信州。

北朝西魏废帝二年（公元 553 年，即南朝梁元帝二年），西魏取得信州，分朐忍西北部分县地与原南浦侨县共置为鱼泉县。此后，朐忍辖地与现在云阳县辖地基本相同。

北周天和元年（公元 566 年），大将陆腾为镇压冉令贤、向五子王叛乱，屯兵汤口。天和三年至六年（公元 568 年~571 年），朐忍县治由旧县坪迁至汤口，更名为云安县。

云阳县老城（汤口）

隋朝时曾一度恢复"巴东郡"名，唐初改回"信州"后，随之又改信州为"夔州"，云安县隶属夔州。

唐贞元元年（公元 785 年），在云安盐场置云安监，征收盐课。

五代时，王建父子"前蜀"时期，曾将云安县改置为"安州"，州治设于云安监。孟昶"后蜀"时期，仍名云安县，县治迁回原地，于云安盐场置云安监，以征盐税。

宋开宝六年（公元 973 年），在云安县建置云安军，领云安县和云安监，属夔州路管辖。

宋熙宁四年（公元 1071 年），云安监改置为安义县，与云安县分离，在籍户口单列。熙宁八年（公元 1075 年），安义县户口还隶属云安县，安义县复为云安监。

元代至元十五年（公元 1278 年），又将云安县置为云安军；至元二十年（公元 1283 年），云安军升为云阳州，省去云安县。"云阳"之名，自此开始，其得名缘由，据旧县志称："云阳者，云安之阳也。"无论云安军或云阳州，均属夔州路管辖。

北宋曾将四川盆地一带的川峡路分为益州路、梓州路、利州路和夔州路，合称为"川峡四路"或"四川路"。元代改立四川行中书省（简称"四川行省"），夔州路隶属四川行省管辖。四川行省首次将巴蜀之地合而为一，从此历史上就将巴蜀之地称为"四川省"。

明洪武六年（公元1373年），降云阳州为云阳县，属夔州府。

洪武年间，云阳置有云安场五井盐课司，是全四川各产盐县地十五个盐课司之一。

清代因袭明代行政区划名称，仍称云阳县，属夔州府。云阳县云安场置有盐课司，掌管本场事务。

民国时期，云阳县属四川省东川道管辖，东川道官署置于重庆。

中华人民共和国成立后，云阳县先后归属四川省"万县专区"和"万县地区"管辖。

1992年12月，万县地区改为地级万县市，云阳县属万县市管辖。

1997年6月，重庆直辖市成立。1998年2月，撤销地级万县市，云阳县直接归属重庆直辖市管辖。

2. 云安盐井的演变

云安195口古盐井，全是人工井。其中最为著名的，是位于汤溪南岸、极富传奇色彩的白兔井。

民间传说，刘邦还是汉王时，由将军樊哙陪同，从东乡（今四川宣汉县地）进入朐忍境内募兵招贤。樊哙射猎发现盐泉，刘邦令扶嘉就地掘井煮盐，此井即名"白兔井"。白兔井后面，原有古庙"龙井宫"（亦称龙君宫），供奉有扶嘉和樊哙的泥塑神像，现已毁多年。

扶嘉是这个故事中的重要历史人物，被誉为云安盐业开发的始祖、"井神"。因为扶嘉向刘邦"献定三秦之策"，刘邦以其志在扶翼，赐姓扶氏，为廷尉。相传，扶嘉临终前曾说：三牛对马岭，不出贵人出盐井。

三牛山，当地人又称牛头山；马岭，当地人称作马脑壳或者马面。两山隔河相望，共同见证了云安盐场数千年的荣辱兴衰。

据乾隆《云阳县志·井灶志》载："云邑盐井始于汉高祖元年，开井利民，始得卤泉者二。"

据《云安镇志》载，这最初的两口井，第一口就是大名鼎鼎的"白兔井"（又名大井、祖井、九龙井），第二口井名为"太和井"，形制与白兔井相似，相传是东晋太和年间由司马奕开凿，故名。

不过，这个说法不太可信。从时间上看，"太和井"如果是东晋太和年间开凿的，就不可能是云安盐场的第二口井。从汉初到东晋，五百多年时间里，云安不可能只有一口"白兔井"。另据传说，在"白兔井"之后，扶嘉女儿"九龙女"按照其父"三牛对马岭，不出贵人出盐井"的遗言，寻着卤脉又相继开凿了上温井、下温井、东井、南井、西井、北井、石渠井、浣沙井、土窝井九口盐井。无论"九龙女"是否真有其人，在白兔井之后不久，应该是有其他卤井相继出现的。汉武帝时期在朐忍设置盐官，就说明这里产盐已有相当规模了。

据中华民国《云阳县志·卷十·盐法》称："云安盐筴，始于秦汉，而《汉志》以外，书缺有间。自后论治之编，间存掌故，参互支离，靡由详审。自清代以来，时近易知，而档案散亡，耆宿沦丧，时从场胥曹吏，问故考文，胜录短书，尚资采缀……"又云："其所称旧《志》，则乾隆时抄传简本也。盐场井灶，盛衰无恒，自汉迄清，不知几经增减，故各书刊所列井灶之数，多寡互异。历史《食货志》及《会要》《通考》等书，疏略不具，其先后盈绌，无从委悉。……"

北魏郦道元《水经注·江水》卷载："汤溪水南流历县，翼带盐井一百所，巴川资以自给。"

南朝宋盛弘之创作的区域志《荆州记》中记载，"县北岸有汤溪，南有盐井一百二十所。"

这说明，到南北朝时期，云安盐井至少已经在一百口以上了。

云安镇一隅

唐朝改革盐政，推行"就场专卖制"，由朝廷设官收购民制食盐，再转卖给商人，寓税于价，既不夺盐民之业，也不夺商人之利，国家却从中大获裨益。这一政策，让云安盐业进入到一个前所未有的发展时期。高阳"唐城"遗址的发现，从一个侧面证明了云安盐业在这一历史时期的繁盛景象。安史之乱中，大量外来人口为避战祸涌入三峡地区，更加促进了云安盐业的发展。

杜甫寓居云安时，目睹汤溪河与长江交汇处运盐船队穿梭往来的繁荣景象，写下了"寒轻市上山烟碧，日满楼前江雾黄。负盐出井此溪女，打鼓发船何郡郎"这样的诗句。

宋代，云阳盐场的盐业生产受到朝廷高度重视，将云安设为军。南宋时期，云安的盐课收入，为国家抗金、抗蒙的军事行动提供了重要的经济支撑。元代朝廷盘剥加重，云安盐业萎缩，不少井灶停闭。

明末战乱，四川被祸最惨，全省仅余人口60来万。曾经盛极一时的云安盐场，也是人去屋空，井塞灶塌，一副破败景象。

对此，清政府在统一全国后，施行了一系列"移民实川"政策，尤其是放开盐政，鼓励外籍人士入川开井煮盐。云安盐场也因此迎来了一个快速发展的大好时机。

先是顺治初年，湖南零陵人周为霖流落到云安，投资恢复井盐生产，首开外地人来云投资盐业的先河。康熙七年（公元 1668 年），湖南巴陵（今岳阳）人柳在寅到云安投资开发盐业。随后，黄州人陶之富、黄冈人陶应纲于康熙十年（公元 1671 年）相继来到云安，投资盐业。这几个外地人到云安，都在数年间靠经营盐业富甲县邑，名动一方，很快吸引了更多外地人到云安投资盐业。来自江西、湖南、湖北、陕西等地商户先后来到云安，有的凿井置灶，有的购卤煮盐，有的经营柴薪燃煤，有的从事食盐运销……

"辘轳喧万井，烟火杂千家""无室不成烟，无民不樵薪"，便是当时云安盐场繁荣景象的真实写照。

乾隆九年（公元 1744 年）以后，云安盐场的盐井开凿达到高峰。至乾隆二十四年（公元 1759 年），云安盐场共有课税盐井 127 口，其中，有 80 口盐井是在乾隆十年至二十四年间开凿的。

云安盐场盐井考古图片

由于卤脉相通，新开井往往会影响到旧井的出卤量，甚至造成旧井卤水枯竭报废。但这挡不住人们的开发热情，新井依然在不断开凿。乾隆初年，盐灶燃料改柴薪为烧煤，尤其是引进彭水郁山盐场的"烧垄法"后，每日所需卤量是以前的好几倍，更加刺激井户开凿新井以增卤源。

咸丰年间"川盐济楚"，让云安盐业迎来了一个更大的发展机遇。不过，尽管不断开凿新井投入使用，也有不少旧井因卤水减少或是含卤量降低而废置。

1920年，川西地震波及云安，让大井、子井、浣泉、浣纱、石龙、石头、小井等原已停用的盐井突然间卤水丰盈，而且浓度大增，井户们喜出望外，立即开启使用。

抗日战争时期，第二次"川盐济楚"，云安启用盐井达到64眼。

解放后，1950年4月和1954年1月，云阳县政府先后两次派出调查组，对云安盐厂卤井现状和使用情况进行全面调查。

1967年9月，云安盐厂在云安汤溪河北岸新上四川省地质局移交的"云二井"投产。

1973年，云安盐厂自组钻井队，开钻"宝珠山探井"。钻成后，因卤水浓度低，无开采价值；同时，还引起云二井、老井的水质、水温、水量、水位出现降低现象。为维护老井的正常生产，当时对"宝珠山探井"实施了分层填封止水。

1982年5月，地质矿产部二大队32111钻井队在毛坝公社（乡）白水大队（村）开凿"普探东九井"交付盐厂使用。正式投入生产时，发现卤水含卤量太低，无生产价值，只好停用。

1988年6月，盐厂委托地质矿产部二大队在万县市高峰乡雷家村一组（小地名长积坪）施钻"万盐一井"，钻至3081米成井。7月，"万盐一井"一次性试产成功，年采卤18万立方米。从此，云安镇所有卤井全部封闭停用。

至此，云阳盐井的开发、使用，暂时宣告结束。

（三）生产技术的演进

1. 采卤方式

渝东三峡地区，是我国井矿盐的发源地。

忠县㽏井沟遗址群出土器物的年代检测和堆积层位的分析表明，当地盐业生产大致经历了三个大的发展阶段：公元前 2500 年～前 1600 年，人工储卤到太阳浓卤；公元前 1600 年～前 204 年，人工用柴火陶罐煮盐；公元前 204 年以后，凿井汲卤并以铁锅熬盐。

没有见诸史册记载及人工挖井前的三峡盐业史，是一段十分漫长的历史，远比我们已知的有文字记录的历史长得多。这一段因被忽略而形成断层的历史，在对三峡地区地下文物的抢救性发掘中，因有关远古盐业生产的大量器物出土，有幸得到证实。

"巫山人"的出现，离不开三峡地区丰沛的盐泉；巫咸国、巫载国以及后来的巴国，都在这里因盐而兴。自秦统一以后，这里就一直被纳入国家盐政管理的重点区域。放眼望去，三峡地区展现给我们的，是一幅长达数千年波澜壮阔没有断层的盐业历史画卷。

最初的盐井，是先民们为保护自流盐泉而逐渐形成的。上古时期，渝东盐泉遍布各地河流岸边，盐泉自流地面，江畔溪侧，随处可见，先民们以简陋的器具进行采集，这是最原始的采卤阶段。在这段十分漫长的历史时期，采卤非常容易，但生产力却极其低下。

然后，为了避开洪水袭扰，人们会在盐泉露头处刨一个浅坑，或是以泥石筑上一个小围子，以保护盐卤，形成一个人工浅井。这就是刘卫国先生所说的原始井或雏形井。因为井浅，卤水仍然容易采集。

人工深井的形成，是受特殊地理环境逼迫更为彻底的进化结果。云安白兔井，是渝东三峡地区人工深井的典范。因汤溪河涨幅大、破坏力强，迫使先民们在洪水线以上截断卤源，掘成深井，从而完成了从盐泉到盐井的质的飞跃。

自人工深井形成以后，随着生产力的演进，先后出现了手工采卤、水泵抽卤和水溶水举法采卤等三种不同的采卤方式。

云安盐场凿井泥塑

（1）手工采卤

云安盐场的手工采卤方式，从有史记载（公元前206年）开始，一直到1957年改用电动水泵汲卤方式，历经了2000余年。

人工采卤的第一步，是要在井口的上方，以结实的木料架设一个起支撑作用的盘状木架，木架很高，抬头仰望如在云中，俗称"云盘"；然后在每架滚轮的云盘上垂直向下固定两块长1米，宽14厘米的杂木板，犹如古时妇女头上垂吊的两只耳环，故称木板为"耳板"；两耳板下端各穿一小孔，滚子中心穿一根铁轴，铁轴两端穿于两块耳板下端的小孔内，滚子转动，铁轴起四两拨千斤的作用，便称这铁轴为"千斤"。然后将井绳挂在滚子上，井绳两端各系一木桶，人站在井口即"龙口"边。为何称井口为龙口？这是因为古人认为水归龙管，所以将传说中最先发现卤水的扶嘉尊称为"龙君"，并建庙（龙君宫）供奉。所以盐井也被称作龙井，井口自然就被称为"龙口"了。汲卤工站于龙口，系上保险索，一上一下，便可轻松将卤水采集上来。

云安盐场人工汲卤

云阳老盐场采卤滑轮与木桶，存放于自贡市盐业历史博物馆

　　汲卤工俗称"拽水佬"，踩踏在井边架设的木板（踩脚板）上，腰间系

着一根用粗麻绳做的"保索"（另一端系在井架木方上，以防拽水佬在作业时坠入井中），双手握住汲卤绳一上（满桶卤）一下（空桶）反复提汲卤水。卤水倾入卤池，再由竹笕分别引入各灶。清人陶寿朋在《云安场风土记》一文中对此有过生动描述："其汲水用绠，绠施辘轳，两头各系一桶，桶之出入，任人之上下其手耳。至引卤入灶，以竹为杆，或近或远，其支分派别者，皆厘然不紊。"

拽水佬计时汲卤。计时方式，最初"燃香"，后改为"滴漏"，再后来又以鸣钲（锣）计时。规定时间一到，即交换下一轮汲卤。每昼夜分作36轮，一人汲满6轮，即算一天工时。清代陶寿朋在《云安场风土记》一文中，曾对拽水佬换轮汲卤作过生动描述："轮以尺香为限，香尽则锣鸣。每锣鸣时，人声欢腾，犹想见太平之歌舞。"

有了时钟以后，咸井人汲4小时为一个工时，淡井人汲6小时为一个工时。每口井需要多少个拽水佬，则以该井所安多少轮滚为准。咸井一个轮滚是6人，淡井4人。

每桶卤水重5~6公斤，大井每小时可汲卤170~180桶，约合850~900公斤。稍深的，如石龙井，每小时只能汲120~140桶，约合600~700公斤。拽水佬因衣服被卤水浸透后会对皮肤造成严重伤害，只能裸身作业。手脚长期被卤水所渍，导致皲皱脱皮，十分辛苦。

云安盐场流传着一首关于拽水佬的民谣：

头顶千斤耳板，脚踏万丈深渊。

热天汗如雨下，冬天冷如冰山。

汲出的卤水倾入身后一只大木盆中，再以竹管分别引流至各灶煎煮。中华民国《云阳县志·卷十·盐法》中记载：汲卤工"各以两手持绠，俯仰升降之，虚下实上，循环不辍。后置大木盆一，盆稍敧洼处，凿穴通水。承以竹管，水起倾盆，分注各灶。"

云安盐场人工汲卤

（2）水泵抽卤

1954年12月29日，云安盐厂首先在石龙井和子井用六级轮机式离心泵抽卤，扬程达到45米。

两井原来每日采卤量为240吨，改用水泵抽卤后，日产量达到800~900吨，效率提高三倍以上。

1957年10月1日，大井、浣泉井也采用水泵抽卤。由于地下卤脉相通，四口井改用水泵抽卤后，每日抽取的卤量大增，其余各井卤量则出现骤减或者干涸，于是停止各井汲卤。

1967年9月，地质队钻出的汤溪河北岸云二井交付使用，以空气压缩机采卤，日产原卤400吨以上，能供5个盐灶使用。于是，多数井停产，仅留南岸浣泉井继续采卤。

1979年3月，为增大云二井的出卤量，在井的一侧开挖一口30余米深的大口井，并在井底处开孔连接水泵，使产量翻番。

从此，其他井全部停抽，浣泉井也改作备用井。

（3）水溶水举法采卤

1988年7月12日，深达3081米的"万盐一井"试产成功，以最先进的水溶水举法抽卤。

水溶水举是固体岩盐层采用的汲卤方法，具体又分为单井循环和井组循环两种。

单井循环的过程是将清水从中心管注入盐层，溶蚀岩盐形成盐卤后再从中心管与套管之间的环形空间返回地面，此为正循环；反之，从环形空间注水，盐卤从中心管返回地面，就是反循环。

当两口以上井的溶腔连通，则采用井组循环。井组循环是从一口井注入淡水，溶解卤水后，从另一口或另两口井返回地面。

"万盐一井"以新法采卤，年采卤量18万吨，完全满足了云安盐厂的生产需要。历经沧桑的云安老盐井，在完成自己的历史使命后全部退役。老盐井的故事，从此只能去史册中找寻。

2. 盐灶的演进

刘卫国先生在《渝东古盐业探源》一文（见《渝东盐史文集》P50页，原载于《盐业史研究》2004年第3期）中认为："原始人最初在本能的驱使下，直接到盐泉处吸食盐水，到了会用泥土制作器皿和用火的时代，人们就会用风晒干的土坯器皿将盐水捧回住地，土坯器皿浸入盐水后会再度变软，必须放在火旁烘烤，时间长了便会看到土坯被烧制成陶器而卤水则被烧煮成盐巴，从而，制陶技术和制盐技术同时出现。"

据此，刘卫国先生在《浅论渝东古盐灶向现代真空制盐技术的演进》（见《渝东盐史文集》P65页）一文中总结出：在三峡地区数千年制盐历史中，大致经历了陶罐煮盐、铁锅煮盐、真空制盐三个大的历史时期。

（1）陶罐煮盐时期

中坝遗址出土的大量陶罐，到底是作何用途，学界已有基本定论。这里遗存物的堆积层厚、时间跨度长、残片数量大、品种单一等特点，与国外盐业考古遗址特点十分相似，加上考古单位对罐体残留物所做的科学检测，已确定它就是早期的煮盐工具。

最初利用火煮盐，在先民们还没有发明构筑盐灶之前，只能是在地面上生火煮制。这就可以解释，在中坝遗存的早期器物中，为什么容积较大的尖底缸，反而比容积较小的圜底罐和尖底陶杯年代更早。因为大容积的敞口尖底缸就是早期的煮盐工具。

据《水经注·江水一》中记载，云安盐"粒大者方寸，中央隆起，形如张伞，故因名之曰伞子盐。有不成者，形亦必方，异于常盐矣"。有学者认为，伞子盐"形如张伞"，恰好与倒扣的尖底杯形状很接近，很有可能就是在熬煮中用陶制盐模做成的盐锭。（《盐业史研究》2014 年第 3 期 白九江《考古学视野下的四川盆地古代制盐技术》）

古时燃料只能是木柴，在地面上生火，火苗上窜，为了增加罐体的受热面，就须要将罐体做成上大下小的锥形。这样，几个尖底缸紧挨着插在地面，相邻缸体下面就有了类式炉膛的空间，让缸体能够有效接触火焰。这些缸分为尖底和小平底两种，高 50~60 厘米，口径 40~50 厘米，而小平底缸的底径仅有 5~15 厘米，近似于尖底缸。这样的形状和大小，正好能够满足地面生火煮盐的技术要求。这些缸体的外表颜色从下往上逐渐由黄变黑，正是烟熏火燎所致。

这种现在看来很是简陋的无灶煮盐技术，有其合理的科学原理，不知远古先民们是经过了多少代人的艰苦探索，才从地面生火逐渐发展到炉膛烧煮。

在中坝遗址的堆积层上，还发现了好几座形制特殊的"窑"，炉膛深 150 厘米，宽 40 厘米，炉膛后面拖着一个长长的尾巴——火道。火道依坡而建，与炉膛同宽，长度达 800~1000 厘米。开始，人们猜测这是烧制陶器的炉窑，但现场没有发现窑体，也没有放置窑坯的位置和空间。没有陶坯不能制陶，就不能算是"窑"。既然不是"窑"，那就应该是煮盐的"灶"了。

根据这种灶的形制，从灶头到灶尾形如一条龙，刘卫国先生称其为"龙灶"。这应该是盐业生产达到一定规模后的产物，其充分利用余热的生产工艺已经到了十分先进的程度，以至在整个铁锅煮盐时期，都是运用这一基本的生产工艺，直到现代真空制盐技术出现以后，才被淘汰。

　　这样，"地面—炉膛—龙灶"就成为早期盐灶的一个发展演变过程。从地面生火到炉膛生火煮盐，热能效有了极大提高，盐灶也因此而逐渐形成。而"龙灶"的发明使用，则将炉膛后面的余热利用发挥到了极致。

大口深腹罐（00ⅡH1:1）

小口腹罐（00IG1:292）

圈足罐（00ⅡBT2314⑦:141）

浅腹盆（00IBT2219⑦b:1）

李家坝商周时期陶器

李家坝商周时期陶器

（2）铁锅煮盐时期

秦末汉初，铁器得到普遍利用，铁锅逐渐替代陶器成为煮盐工具。

汉武帝元狩五年（公元前118年），朝廷为了填补国库空虚，推行官营专卖的盐铁政策，在全国设置了48处铁官，35处盐官。据《汉书》记载："巴郡，朐忍有盐官。"

自此，煮盐铁器由铁官统一铸造，称为"牢盆"，然后提供给各煮盐工场使用。三峡地区采用"牢盆"煮盐的历史，应该从此开始，从而结束了几千年"以陶煮盐"的漫长历史。

所谓"牢盆"，就是一个重达数百斤上千斤的大铁盆，因为口浅似盘，后来也称"盘铁"，是汉代由政府特制的煮盐工具。

《史记·平准书》载："愿募民自给费，因官器作煮盐，官与牢盆。"清末学者王先谦在《汉书·食货志下》"官与牢盆"项补注说："此是官与以煮盐器作，而定其价直，故曰牢盆。"

在汉代，雇价被为"牢"。武帝时实行盐铁官营，盐民使用国家工具煮盐上交，再由政府发给雇价，所以称煮盐之盆为"牢盆"。

南宋乾道六年（公元1170年），陆游入蜀任夔州通判，赴任途经巫山时，曾在县官办公的院落里见到过一个废弃的旧铁盆。他在《入蜀记》中记载："（巫山）县廨有故铁盆，底锐，似半瓮状，极坚厚，铭（指"巴官盐铁铭"）在其中，盖汉永平中物也。"

所谓"铭在其中"的巴官盐铁铭，共17个字："巴官三百五十七斤，永平七年第二十七西"。

据盐史学者任桂园教授所考，《铭》中"西"字实为"卤"字之误，因铭文为篆体，又"铸出铁上"，经过千年锈蚀，已模糊难辨了。《铭》中所谓"巴官"，是指巴郡的铁官（当时巴郡宕渠县出铁矿，朝廷置有铁官）；"三百五十七斤"，是指铁盆重量；"永平七年"，指东汉明帝永平七年（公元64年）；"第二十七卤"，应该就是古巫县的卤源编号了。说明这只煮盐的"牢盆"，是由巴郡的铁官专为巫县铸造的。巫县属南郡，与巴郡胸忍县于汉元狩元年同时置有盐官。

铁锅煮盐时期的盐灶，不同地方、不同时期各有差异，但不管盐灶的形状和结构如何变化，都有一个最根本的共同点：就是在陶器"龙灶"的基础上不断改进和完善余热利用的结果。

云安盐场自汉朝初年直至2003年4月彻底停产，在两千多年的发展演变中，一共使用了七种灶形：

单灶

单灶，就是一锅一灶。在清乾隆二十三年（公元1758年）以前，云安盐场一直使用单灶。这种灶形前低后高，能使火力达到后部；火门较大，便于投入大量柴薪。据现有的史料记载，在明嘉靖十一年（公元1532年），云安有灶120座。明末战乱，灶毁人亡。清初康熙四年（公元1665年），盐场开始恢复生产，有灶12座。12年后增至22座。由于朝廷持续鼓励外籍人士到云安投资盐业，到雍正八年（公元 1730 年），盐灶猛增到 159 座，达到了单灶发展的最高峰。

云安盐场单灶

垄灶

所谓垄灶，是先用卤水拌土制成泥砖，然后将泥砖垒成一埂一埂的"垄"形，再在表面上铺上煤渣。垄灶的特点是，能够充分利用余热烧卤浓缩，进而提高产量。

乾隆二十四年（公元 1759 年），云安灶户王天渭、陶正邦从彭水县（今彭水苗族土家族自治县）郁山盐场引进烧垄法，将单灶改成垄灶。由于效益十分显著，其他灶户争相效仿，到乾隆三十六年（公元 1771 年），盐场垄灶总数达到了 357 座。

清朝末年到民国初年，有人在单垄灶的基础上，将灶身加长，变一灶一锅为一灶四锅，产量大增。

田灶

从 1914 年起，云安盐场开始使用"田灶"。"田灶"是对"垄灶"的进一步改进，其特点是在原"垄"的位置，用泥砖垛叠成田畦形，上铺盐泥，中间砌埂隔成四方，状若"田"字。"田"间是进火道，后面开出烟孔。灶身加长，每灶根据地势宽窄可置锅 6~8 口。

"一灶八锅"的田灶，灶膛长 2.33 米，宽 1.7 米，炉桥 7 根，前端安大锅 2 口。烟巷分岔成"两条河"，也叫"一马双箭"。往后每列安置小锅 3 口，长约 3.4 米，前低后高。每一排锅尾有 3 条火道，两排共有 6 条火道将余热引至"田"下。"田"长 2 米，宽 4 米，间隔成四方灌卤浓缩。"田"尾开出烟孔 6 个。

抗日战争时期，云盐济楚，灶数大增。1945 年有灶 95 个，其中汤溪河南岸 90 个，北岸 5 个（包括官煎灶 2 座）。

20 世纪 50 年代之田灶

巡回火管灶

1950 年 11 月，云安国营盐厂技术员李春元建议，将田灶改建成巡回火管灶。经川东区行政公署财政委员会批准，于次年 5 月 25 日开始拆除田灶，改建"火管一灶"。

12 月 17 日，"火管一灶"建成投产。

巡回火管灶，是将原田灶后面的"田"换成长 8.8 米、宽 8.4 米的温卤池，池内分成两个间隔，内安直径 360 毫米的铸铁巡回火管 12 根，引进余热，浓缩池内原卤，烟囱伸出灶外将煤烟引出；灶膛长 2.8 米，仍分作两排，每排长 5.6 米，安大锅 4 口。

巡回火管灶

塔炉灶

塔炉灶是从巫溪大宁盐场引进的。1953 年下半年，私营"怡生灶"将巡回火管灶、田灶改建成塔炉灶。

塔炉平锅灶的改进，主要有两大部分：

一是将烟囱改建成底部为 4.5 米 ×4.1 米、上部为 3 米 ×2.1 米、高 22.5 米的塔炉。塔内用大青砖和砂岩条石（俗称节节石）充填，一层一层有间隙地堆码成花格子，烟气进入塔炉，加热青砖，卤水顺着上面的木槽往青砖上喷淋，进行热交换，将卤水浓缩。烟尘经过卤水淋滤，浓缩后的卤水变成黑色，经澄清处理后再入锅煎煮。这样，炉内烟气浓缩了卤水，而卤水又清除了烟尘、净化了空气，减少了环境的污染。

二是加长烟巷并改用平底钢板方锅。每灶分成两排，即"两条河"，每排灶堂上安大圆锅 2 口，烟巷上安小锅 7 口（其中，方锅 6 口，圆锅 1 口），共 9 口。两排 18 口。大圆锅的直径为 1.75 米，小圆锅的直径为 1.5 米，方平锅的口径与小圆锅相同。因为钢板的传热效果好于铸铁锅，长长的烟巷取代了原来的"垄"和"田"，余火直接加热钢板锅，不仅热效率远远优于"垄"和"田"，而且还能自动炸皮除去锅垢，工人的劳动强度也大大降低。

这一时期，私营灶户率先将田灶改建成单塔单洞小塔灶 4 座，国营盐厂改建 3 座。

次年，国营盐厂又将 5 座田灶改建成 4 座小塔灶，将火管一灶改建成双塔双洞的大塔炉灶。

到 1956 年 4 月，国营盐厂的 15 座火管灶全部改建成大塔灶，仅保留 2 座小塔灶。公私合营厂共有小塔灶 15 座。田灶绝迹。

1957 年，公私合营厂并入国营盐厂，有大塔灶 16 座，中塔灶（单塔双洞）12 座，小塔灶 4 座，共 32 座。次年，小塔灶停产。

1960 年，将烟巷上圆铁锅改革成钢板方锅。1964 年，定名为"平锅灶"。1976 年，陆续采用真空制盐，平锅灶逐年减少。至 1987 年 8 月，最后 4 座平锅灶停产。

20 世纪 50 年代之塔炉灶

（3）真空制盐时期

云安盐厂从 1976 年开始，逐渐进入真空制盐时期，这是目前世界各国普遍采用的一种现代化制盐生产方法。

所谓真空制盐，是指卤水在不同"真空"状态下的蒸发罐组中进行蒸发，由于各罐间的压降差，形成沸点递降，从而使热量依次传递。"二次蒸汽"是能多次利用的一种现代化制盐生产方法。该方法具有机械化和自动化程度高，热能消耗少，生产成本低等优点。

简易真空制盐灶

1976 年 10 月，云安盐厂委托自贡井盐设计研究所设计简易真空制盐灶。第一座简易真空制盐灶是由 4 口平锅灶改建而成的，厂房建筑面积 9680 平方米，总投资 51.79 万元，1978 年 3 月投产。

1978 年 8 月，投资 59.3 万元的第二座简易真空灶动工修建，1979 年 10 月 1 日投产，年产盐 6000 吨。

简易真空制盐灶采用蒸汽锅（俗称南瓜锅）代替锅炉供汽并浓缩卤水。第一座真空制盐灶有蒸汽锅 3 口，其中 2 口生产，1 口备用；第二座真空制盐灶蒸汽锅增至 4 口。盐浆用离心泵脱水，然后炕锅干燥成盐。

云安盐场真空制盐装置

真空蒸发制盐灶

1982 年 12 月，经国家轻工业部和四川省计委、经委批准，对云安盐厂年产 2 万吨平锅制盐实施节能技改。

技改的主要内容，是采用现代化真空制盐工艺。

技改工程总投资 629 万元，于 1982 年 12 月动工，1985 年 7 月建成投产。真空制盐工艺的主要设备包括：

脱水设备：离心机，设计能力为 30 吨 / 小时。

干燥设备：沸腾冷床设计面积 2.9 平方米，热床面积 4.5 平方米。

热电系统为单机单炉运转，有 SH ≤ 20–25/400–W 锅炉一台，B1.5–24/5 背压式汽轮机和 QFK–K1.5–4 型发电机的汽轮发电机组。并配有磨煤机、提升装置、配电系统等附属设备。

从此，云安盐厂进入现代化生产阶段。

3. 燃料与盐锅

（1）燃料

清朝乾隆中叶以前，云安盐厂煎盐所用燃料，全是柴薪。这是云安自有煮盐历史以来，几千年间所能使用的唯一燃料。

汤溪河沿岸森林广布，林主将自家树木砍伐后，劈为柴薪，运到盐场卖给灶户。也有专门从事柴薪经营的商户，从林主家买得柴薪后，以木船或人力运到云安场，再转卖给灶户。

以木柴为燃料煎制的食盐，被称作"柴花盐"。汤溪河两岸广袤深邃的原始森林，在数千年间，被轮番砍伐，几乎殆尽。

中华民国《云阳县志·卷十·盐法》记载："往昔地饶林木，煎盐以柴。今汤溪水步，尚有'柴湾'之名。山木既尽，乃用石炭，未审所始。"

云安盐场以煤代柴，具体从什么时候开始的，现在已无从详考。明嘉靖《四川总志》中，曾载录钦差巡抚御史潘鉴请求朝廷减免四川盐课的奏疏。奏疏中说："昔年，近井皆柴木与石炭也，今皆突山赤土。所谓柴与石炭者，不但在五六十里以外，且在深岩、大菁（竹木丛生的山谷）之中。"由此可知，至少到明朝中叶时候，四川不少盐井已经开始柴、炭并用了。云安场以煤作煮盐燃料，似乎要晚许多。

清初施行"移民实川"政策，鼓励外籍人士入川经营盐业，云安盐场迎来一个大的发展时期。但山木既尽，寻找新的能源，就成为云安盐业发展的一个关键。

据《云阳乡土志卷上·耆旧补》所记，顺治八年（公元1651年），有个叫张荣廷的人，自汉中南郑迁居云阳水市口，"以操舟为业，日运柴于盐厂。厂中煤矿未盛，煮盐多以柴……而荣廷已积资小裕，旋改营煤矿，以艖务起家，成巨族"。这说明，至少在清代初年，云安盐场已经开始用煤煮盐，但仍然是柴炭并用。完全以煤代薪煮制食盐，应该是乾隆、嘉庆年间的事情了。

陶寿朋在《云安风土记》中记述："（云安场）汤溪水滨有大马头、高马头、火马头，各崇高二丈许，广亦如之，皆灶煤余灰积累而成者。其中有火，四时不息。每隆冬盛寒，穷丐多坐卧其上，且因其热以作食。至五、六月，雨集河水暴涨，灰堆为水冲击，砰然有声，声闻数里，如雷如震。……且穷簾妇孺，以拾煤为生计，虽蓬首垢面，终日坐于涂炭而嘻，嘻然不自知其苦者……"

又据中华民国《云阳县志·卷十·盐法》记载："自盐场上至鱼泉，下至洞上，溪岸煤洞极多，业之盛者，富至巨万。又上下游煤质较异，须搀和得剂，乃省火力。船运如织，业此谋生者，无虑万数。"

应该说，在三峡地区各井场中，云安盐场是最先实现以煤代薪、改柴灶为炭灶的，这是一场被逼而来的技术革命。一因"山木既尽"，二因激烈的行业竞争，必须提高产能才有生存和发展的空间。数千年以柴煮盐的古老成法，就此退出历史舞台。

到雍正、乾隆年间，开挖的煤窑日渐增多，除盐场附近外，汤溪河上游的鱼泉、寡母洞、子母洞、烂柴沟等处，都发现煤脉并开采成功，黑金般的原煤由一只只小船顺流运往盐场。云安至鱼泉这一段时阔时狭的河谷一下子热闹起来，小小木船上运盐下运炭，往来不绝。

乾隆二十四年（公元1759年），云安盐场开始使用"垄灶"。"烧垄法"的兴起，促进了煤炭业的发展。到乾隆三十六年，南郑人张荣廷成为云安煤业大户。不少井主、灶户开始投巨资开办煤窑。据统计，有清一代，汤溪河沿河两岸先后开掘煤窑 500 余个，其中规模大的，雇工达到 200 多人，规模较小者也有 10 多人。

随着制盐技术的进步，云安盐厂 1978 年采用简易真空制盐，1985 年又进一步改用真空制盐，应用非常节能的锅炉燃煤，对煤炭的需求大幅减少，汤溪河两岸的小煤窑也陆续关闭。

（2）盐锅

自汉初盐铁专卖，"官与牢盆"，云安盐场开始使用铁锅。在此后近两千年时间内，一直是一锅一灶的单灶制盐。

"牢盆"重数百至千斤不等，因各地制盐具体情况而定。汉代以后，虽然国家仍然统管盐业，但已再无"牢盆"之说。盐场制盐器具，无需"官器"，各自因地制宜。云安盐场所用盐锅，大致经历了以下几种形制：

铸铁圆锅　云安盐场习称盐锅为"鏊子"，以生铁铸成，圆形、敞口、口圆。底面呈球状，形似炊锅。盐锅的大小，有固定的形制。在田灶兴起以前，一直使用大圆锅，直径 1.42 米，重 350 千克。

有了田灶以后，因灶身加长，后面烟巷按前低后高安置小铁锅。小锅比大锅小一半，直径 1.13 米，重 175 千克。

1949 年 6 月 9 日，曾对汤溪河南岸安置铁锅情况进行统计，65 个灶共安装 520 口锅，其中大锅 260 口，小锅 260 口。

1954 年 3 月，大圆锅直径扩大到 1.6 米，小圆锅扩大到 1.5 米，主要安装在塔炉灶上。

在中华民国年间，为了增大锅的卤水容量，曾用三合土在锅口四周糊成锅圈，但会出现浸漏，费力又不安全。为了解决这一问题，1957 年开始，按照锅口尺寸浇铸铁锅圈，圈上配铸锅耳 10 个，锅口与锅圈之间垫上石棉线，用圆条扣紧使之吻合。但这种改进并没有真正解决卤水浸漏问题。到 1959 年，干脆把锅圈与盐锅连接一起，浇铸成"自生锅圈"，这就彻底解决了卤水浸漏问题。

钢板平锅 1960年，开始尝试用钢板平锅代替铸铁圆锅，到1964年成熟定型。钢板平锅是用10~14毫米的钢板焊接而成，是一个长1.75米、宽1.5米、高0.28米的长方体，容积量约为0.74立方米。钢板平锅的特点是锅底平，呈长方体，容卤较多，与铸铁锅配合使用。但因面积较大，受热不均，容易变形，也存在一定的安全生产隐患，给生产带来诸多不便。

云安盐场工人们运送平锅

云安盐场工人们安装平锅

简易真空制盐锅 1978年，开始使用简易真空制盐锅，其主要技术参数为：

蒸发罐：加热室传热面积200平方米，加热规格直径45×3.5×7000毫米，加热管 220 根，循环管直径 600 毫米，二次蒸汽管直径一效 450 毫米、二效 600 毫米。

蒸发锅：每口锅有效传热面积 50 平方米，蒸锅直径 6 米、高 3 米，炉排燃烧面积 3.6 平方米 / 台。

塔炉蒸发卤水截面积 11.5 平方米 / 台，4 台共 46 平方米。

真空制盐锅　1985 年投产的真空制盐锅，其主要技术参数为：

真空度 680~700mmHg 柱，加热室上花板上移位为 1.3 米 ~1.6 米。蒸发罐罐体直径 3.85 米，中央循环管 2 米，碳钢加热管直径 57×3.5×2610 毫米。加热管每效 1495 根，5 效共 7475 根；加热面积 600 平方厘米 ×5，共 3000 平方厘米。蒸发室直径 3850 毫米；轴流泵直径 2000 毫米；洗盐器直径 900×5700 毫米（2 万吨）1100×7000 毫米（10 万吨）。

4. 食盐生产

（1）生产组织形式

根据相关考古发现，三峡地区最初的制盐产业，应该是从母系氏族社会开始的。在氏族公社内部，生产资料和生产成果是全体公社成员共同所有的。氏族成员一起劳动，共同分享劳动成果，没有私有财产，没有阶级差别，人与人之间平等、互助。氏族内部的共同事务，由全体成年男女组成的议事会公开讨论决定，氏族和部落的首领也由全体成员选举产生。这是人类社会组织的最初萌芽时期。

当原始农业开始在三峡地区兴起的时候，应该是到了父系社会时期，进入了男权时代。这时候，已经开始运用陶器煮盐了，社会有了剩余财产，私有制开始产生。

私人组织生产　从此，三峡地区盐业生产，应该是由掌握了生产资料的私人组织实施的。在从奴隶社会到封建社会几千年的漫长历史时期，生产组织形式或许有所变化，但其私人拥有性质是不变的。其生产组织形式，一般是以灶为基本生产单位，灶户（灶老板）就是具体的生产组织人，他们或是自己掘井取卤，或是向井主（井老板）购卤，以柴薪为燃料，雇请灶工（煎盐工）实施生产。

云安盐场灶房内生产场景

云安盐场灶房内生产场景

在明代以前，灶工大多是失地的流落农民或是离开军队的戍边士兵，有时还会有战俘或囚犯。一灶一锅时期，每灶配灶工1人（俗称盆丁），随着生产技术的不断改进，后来增加到每灶8人。据史料记载，明嘉靖年间，云安盐场有灶120座，灶工960人。那时候的生产工具也极为简陋，仅有火钳、盐铲、水瓢等原始器具。

清初，战乱初平，一度破败的云安盐场逐渐恢复生气。顺治十七年（公元1660年），朝廷批准开浚盐井，鼓励私人投资开发盐业。不少外地人携资涌入云安，或掘井汲卤，或开灶煮盐，一时间，"辘轳喧万井，烟火杂千家"。到雍正九年（公元1731年），全场有灶353座，生产规模大幅增加，成为当时四川5个大盐场之一。

乾隆三十六年（公元1771年），燃料已普遍改用煤炭，火力的增加，既提高了效率，也降低了成本，盐灶增至357座。清末时期，云安盐场垄灶加长为长条形，单灶单锅变为单灶四锅，盐灶减到64座，年产量却不降反增，突破万吨，是渝东地区最大盐场。

进入中华民国时期，云安盐场盐灶规模继续扩大，灶工增加，分工更细，开始实行两班工作制，每班工作12小时，轮流作业。

1937年，全面抗日战争爆发，淮盐产区逐渐沦陷，运楚盐道受阻，国民政府决定川盐济楚。为此，云安盐场公署采取四条措施增产食盐：①贷款给灶户启复废旧井灶；②保护工人，在盐场从事生产的精盐工、汲卤工，不问年龄和受雇情况，一律缓服兵役，8年之中，云安场有1476人缓服兵役；③统制卤水租配，一律维持原烧卤水旧例，不准私自租佃和拨让；④加强煤炭管理，汤溪河沿岸所产煤炭，一律售给盐场，违者取缔煤窑生产资质。全面抗战的八年期间，云安场有盐灶102座，生产达到历史高峰。

据云安盐场公署统计资料，1943年12月，全场有灶户64家，其中私营63家，官监1家，资本总额8977万元，工人2532人，每日盐产量为1419担。

抗战结束后，川盐销岸减少，销量下降，盐灶减至60座。

国营、公私合营、私营联营生产　1949年12月，云安和平解放，在人民政府支持下，私营灶户陆续恢复生产，年末达到34家，有灶66座。1951年9月，政府将没收官僚资本的盐灶20座改组为国营生产，委托国家工作人员组织生产。1954年，云安公私合营盐厂诞生，呈现出国营、公私合营、私营联营三种不同体制共同经营制盐的状况。到1956年，云安共有灶43座，其中国营22座、公私合营12座，私营联营9座。

国营生产　1957年，私营联营盐厂并入国营盐厂；第二年，公私合营盐厂也并入国营盐厂。至此，云安盐厂多种经济成分制盐的局面结束，统一的国营制盐业诞生。全厂设4个车间，以灶为生产作业小组。1964年，全厂有23个生产班组。为确保生产的正常进行，建立辅助车间为生产服务，但生产技术、工艺流程并没有什么大的变化。直到1978年推行现代化的真空制盐技术后，旧的生产方式和生产工具才被彻底淘汰。

（2）生产流程

单灶（一锅一灶）煎盐流程　引卤至锅→烧卤→搅动→起锅→收包→打包。始置灶工1人，后增至8人。

田灶、巡回火管灶煎盐流程　灶尾冰土→原卤→储桶→温卤（小锅内）→成盐锅（头二锅内）→盐浆澄滤→检验收仓→化验包装。一眼灶置灶工26人，其中制盐工和助理制盐工各6人，灶火工6人，顶替病事假2人；生产实行三班工作制。

云安盐场工人们在挖掘"冰土"

制盐程序和工种职责：井卤输进塔炉经填充物迂回下滴，直接与余热接触浓缩后，进塔卤流进泵池，由司泵组、值班工泵压至净化桶。净化桶内卤水，由制盐工加进石灰乳，中和酸碱度和澄清后流进储桶，助理制盐工把底部卤渣放进滤卤池回收卤水至司泵池，卤渣排弃。储桶卤水浸泡数小时后，分注各个锅口蒸发。

制盐工接班时应检查塔炉，理净前面锅口泥皮（锅垢），菜油渍熬，撮上班产盐到冷盐仓，排弃卤渣。助理制盐工准备过滤工具，理净后面锅口泥皮，配合渍熬、挖炭。灶火工挖炭，加水拌和，检查炉火燃烧情况。制盐工当班时要负责锅口之间卤水调度，提高蒸发效率，保证产量、质量。助理制盐工负责后面锅口转水，浓卤至波美23度过滤。过滤后浸透、排除卤渣，洗好过滤工具、焊接工具。制盐工和助理制盐工共同捞取盐浆进澄盐盆移交下班。灶火工做到添炭勤、薄、快，既要节省煤炭，又要确保火力旺盛。制盐工交班时，必须做到塔炉洒卤正常、锅口卤水装满、火床燃烧正常。

简易真空制盐流程　云安盐厂第一座简易真空制盐锅的加热面积为215平方米。井卤上枝条架、废气温卤锅和塔炉，将卤水浓缩到波美10度、水温20℃时，经卤水处理工处理后输入2台蒸汽锅。

云安盐场晒卤枝条架

第二座简易真空制盐锅加热面积425平方米，原卤上4座塔炉，将卤浓度提高到波美12度、水温20℃时，经卤水处理工处理后输进4台蒸汽锅。制汽工（含灶火工）燃烧煤炭产生热能，传导给蒸汽锅蒸发、浓缩卤水并供汽，出锅卤经澄清池澄清后泵至2个蒸发罐浓缩结晶。盐浆经干燥工用离心机脱水，转运至烘盐坪用烘锅干燥成盐，装包入仓。

真空制盐流程　分为原卤处理、卤水蒸发、脱水干燥三个阶段。原卤由处理工加石灰净化澄清后，进入制盐混料桶，混合料液后泵至预热器，预热至

40℃左右，进入 5 效加热脱氧，然后用转料泵平均泵入 1.2.3.4 效罐继续加热蒸发结晶。1 效盐泵转排 2 效，以此类推。旋流器底流液到洗盐器，顶流液回本效罐，盐浆洗涤后泵至高位槽，经离心机脱水，湿盐以沸腾干燥后包装入仓，离心母液至 2 效罐。1 效冷凝水经二次闪发后，集中于 2 效冷凝水桶，由泵送至预热器，预热卤水后用作生活用水或排入下水道。5 效冷汽用大气冷凝器加冷却水冷凝，不凝气体用真空泵排除，以保持罐内真空。

机电动力系统的操作流程　原煤经过磨煤机粉碎后，通过栈桥提升输入炉内。白水经过过滤、澄清、水化处理，成为锅炉用合格软水。经锅炉内煤的燃烧、加热，将软水变为压力为 25 千克、温度为 40℃的蒸汽，供汽轮发电机组使用。背压式汽轮发电机组将过热蒸汽转换为机械能再提到电能，产生电压 6.3 千伏、额定功率 1500 千瓦的电力并入县电网；同时，将发电后压力降为 5 千克、温度降为 200℃的背压式蒸汽引入制盐车间，作为制盐的热源。

（3）盐质

云阳原盐质量，历来著称于世。清康熙中期以前，云安盐场以柴薪作燃料，生产的"柴花盐"远近闻名。约 1500 年前，北魏郦道元在《水经注》中对云安盐作过这样的描述："粒大者方寸，中央隆起，形如张伞，故名之曰伞子盐。有不成者，形亦必方，异于常盐。"

云安所产食盐，其色纯白，颗粒均匀适中，质量上乘。在唐代曾被列为贡品。改烧煤炭以后，产出的食盐被称为"炭花盐"，其色青白，甚细，间有渣滓，也被誉为"川盐上品"。尤其鄂西、湘西一带乡民，对云安的"青盐"情有独钟。

中华民国二十六年（1937 年）2 月 14 日，国民政府在云安设立川东食盐检定所，开始用仪器检验盐质，结束了凭感官检定盐质的历史。1944 年 7 月、8 月两月，川东食盐检定所对盐场盐质抽样化验，氯化钠含量分别为 94.12% 和

93.54%，被评为一等盐。但同年10月再做抽样化验时，得出的结果却不一样，氯化钠的含量降为88.27%，只评为二等盐，说明此时盐质并不稳定。

中华人民共和国成立后，人民政府对食盐质量十分重视。1951年抽样化验氯化钠含量，火管灶产盐为90.60%，田灶产盐为84.76%。

1963年，轻工业部颁发了《盐及食盐的检验方法部颁标准》，食盐分为三个质量等级，云阳盐符合一级标准。

1977年，又颁布新标准，云阳食盐主要指标也都达到一级标准。1989年，云阳盐荣获四川省行业质量优胜奖。

（4）产量与实绩

宋代以前，因史籍散佚，云安盐场产盐量不详。

据宋元时期马端临所著《文献通考》记载，宋代时期云安盐场每年产盐量在400吨左右。

明洪武年间，云安盐场五井盐课司岁办盐曾达到2124620斤，合为1062.31吨，在全川十五个盐课司中，产量名列前茅。到明嘉靖年间，由于盐井崩塌，柴薪匮乏，成本居高不下，每每停煎，产量严重萎缩。嘉靖十一年（公元1532年），仅产33.6吨。

明末清初，渝东地区战乱不息，灶户、灶工争相逃命，盐场井闭灶熄，一片死寂。顺治初年，社会稍安，盐场渐渐恢复生产，但仅有井十余眼，一年产盐七八十万斤，产量很小。顺治十七年（公元1660年），朝廷鼓励私人凿井煮盐，产量逐渐增加。据道光《夔州府志·卷十·水利志》记载：到乾隆三十六年（公元1771年），云安盐井增至一百三十三眼，灶三百五十七座，煎锅三百五十七口，产量达到6500吨，一举跃入四川有名盐场之列。

此后，由于天灾、战乱、侵销（销售地被侵夺）等因素影响，盐场产量时有波动。咸丰三年（公元1853年），太平军兴，淮盐运楚受阻，朝廷下令川盐济楚，产量一度大幅上升。至同治年间，济楚结束，产量回落。到清末，日产量达到 35 吨，全年产量 12250 吨，占四川全省产盐总量的 3.42%。

1920 年，川西地震，导致云安盐井卤水变浓，日产量增加到 50 余吨，年产量达 1.5 万余吨，占四川全省总产量的 4.88%，名列第六。1930 年，年产量 2.6 万吨，是云安盐场手工制盐史上的最高水平。抗日战争结束后，年产量回落到 2 万吨以下。

新中国成立后，云安盐场年产盐量于 1962 年达到 2 万吨。1976 年以后，随着两次技改扩能，产量逐年增加。特别是 1978 年以后，盐场开始实行真空制盐技术，产量大幅提高。1988 年、1989 年，盐厂先后采用万盐一井和东 16 井卤水制盐，实施"二改六""六改十"技改工程，加速设备更新改造，提高机械化、自动化程度，盐产量由近 2 万吨迅速提高，到 1992 年达到 9.23 万吨，为历史最高产量。

2003 年上半年，因企业改制，职工情绪不稳定，加上当年 6 月三峡水库开始第一期蓄水，汤溪河沿线输卤管道部分被淹，同时，生产设备也存在严重安全隐患，企业在当年产盐 7407.58 吨后，全面停产。

在中华民国以前私人组织生产时期，井、灶由私人分散经营，经济效益未见统计。

中华民国以来，在 1930 年以前的四川防区制时期，云安盐场每吨盐成本为 92 元（银元），低于川东地区各盐场平均水平。到 1949 年 1 月，因为战乱，金融混乱，物价飞涨，每吨盐成本达到 5765.64 元（金圆券）；同年 4 月，同币高达 3172544 元。

中华人民共和国成立后，1953 年 ~1990 年，平均每吨盐成本为 244.32 元，1990 年下降到 158.58 元。

1953 年 ~1985 年 33 年间，云安盐厂共产盐 512501 吨，上缴盐税 4811.5 万元，人均年产盐 11 吨以上。其中，有 12 年盈利，总计 309 万元；有 21 年亏损，总计 1129.7 万元。盈亏相抵后，净亏 820.7 万元。1990 年扭亏为盈，当年盈利 57.72 万元。

5. 食盐储运

（1）仓储

云安盐场在清代以前的食盐仓储情况，未见相关记载。目前所知有关仓储设施情况，都是清代以后的事情。

设施

盐栈 清代开始在硐口（今硐村）设置盐栈，建有盐仓 4 座、16 间，容量 875 吨，负责收储转运至云阳县城的食盐。

公垣 1914 年，由灶户集资在盐场郭家祠堂（后来云阳盐厂厂部）修建公垣两座，分别起名为坤生林、乾兴盛，并制定了《公垣管理规程》。1919 年，公垣划归盐场知事公署管理。

盐垣 1927 年，公垣改称盐垣，分为第一、第二盐垣，并在每垣设置正、副垣正一各人。第一盐垣负责收储第一区所辖各灶生产食盐，第二盐垣负责收储第二区所辖各灶所产食盐。

公仓 1932 年，盐垣又改称第一、第二公仓，设委员一人总管其事。公仓库房不够，第一公仓租用关帝庙及民房 4 座作临时仓库，容量 1250 吨；第二公仓租用民房 4 座作临时仓库，容量 750 吨。

官仓 1940 年，川东区盐务局开始在云安场建设官仓，当年在南岸建仓 1 座，容量 1250 吨；第二年在姚家湾建特仓 1 座，容量 400 吨；在北岸建河北仓 1 座，容量 200 吨。新建官仓都是土木结构，共 17 间，总容量 1850 吨。这一年，云阳全县有各式盐仓 13 座。

1944 年 5 月~9 月，为办理云阳至万县、大溪口、巫山、巴东、香溪、窑湾溪、茅坪等地的食盐中转，又在云阳县城购置官仓、租用民用仓各 2 座，容量 2546 吨。至此，全县储盐仓增至 24 座、124 间，总容量 9966 吨。其中官仓 5 座、27 间，容量 3900 吨；公仓 4 座、16 间，容量 875 吨；租用民仓 11 座、65 间，容量 4316 吨；私仓 4 座、16 间，容量 875 吨。

抗战结束后，云安盐场产量回落，仓储设施也相应减少。到 1949 年 12 月云阳解放前夕，全县仅留有官仓 5 座、公仓 2 座、私仓 1 座。

国有仓　解放后，人民政府接管民国时期所有官仓、公仓，将其逐步改建为国有仓。1950 年，将云安镇关帝庙仓改造成国有盐仓，容量 800 吨。在硐村的私人盐栈继续使用。这一年，全县有盐仓 7 座，容量 5575 吨。

1951 年，新建县城西坪乙仓。1952 年，将云安关帝庙仓中的甲、乙两仓改建为一座新仓。1956 年，新建盐仓 1 座，面积 560 平方米；同年，接收云阳盐厂移交的盐仓，容量 2524.64 吨；同时将郭家祠堂公仓改为盐厂厂部，将硐村的私仓收归国有后作价处理。

1965 年，将县糖业烟酒公司移交的原云安盐厂、化工厂的一栋房屋改建为储盐仓库。1966 年，新建县城巴东湾盐仓。1977 年，重新修建县城西坪 2 号盐仓，面积 701 平方米。1984 年，大修县城西坪 1 号仓。1991 年，改建云安办事处所属 6.7.9 号盐仓及附属生活用房，总面积 2874.79 平方米。至 1992 年，全县共有盐仓 7 座，总面积 8489.62 平方米。

1999 年 12 月，新县城云江大道新建盐业公司综合楼竣工，建筑面积 8395 平方米，其中办公、商用、仓库用房 4500 平方米。

堆码

堆储　中华民国时期，官仓储盐一般按批分堆，每 1000 担为一堆，各编号次。堆码时，两包为一轮，压中缝重叠向上，呈宝塔形。大麻袋堆码：每墩 5~6 包，包与包贴紧，缝口一律向内；码第二层时，堆码方向与底层相应对调，并向堆位中心收缩，压缝堆码。

1981年，包装规格改为50公斤一袋后，稳定性较差，规定盐堆应按一定坡度和收缩距离堆码，即盐堆的斜面与墙平面的夹角应和盐堆底与顶的垂直线至底部距离成比例。堆码方法：一层横堆，一层竖堆，层层压缝。最高可堆至5米，每平方米仓容量为4.87吨。

1983年12月，塑料包精制盐产生后，堆码方法未变。

散储　以篾包在仓内四周作梯形围墙，与墙间隔可容1人通过。篾包围子内，作散盐堆码。这种仓储方法，可节约包装、增加库容，缺点是不便搬运、容易受潮。新中国成立后，散储方法逐渐废止。

1999年，对堆码提出了新的要求，规定堆码时要留出五距（墙距、顶距、灯距、柱距、垛距），做到水损包、轻包、破包、污染和灰渣盐包五不上堆，同时要求一垛一卡，动碰复核。堆码方法更加规范。

（2）包装

篾包包装　1942年规定，篾包大小尺寸为：高73.3厘米（合2.2尺，其中篾包耳高30厘米），底部宽37厘米，用32匹篾条编成，内加青篾12匹，织于包口交叉处，加强勒力。后又加青篾2匹，穿至包口，绞成包耳，以便食盐装卸时铁钩钩挂。1960年，对篾包规格又作出新的规定：底部对角线长48厘米（合1.42尺）、高47厘米（1.4尺）、插口耳高18厘米（6寸）。

在1914年前，篾包容量为每包36千克，1915年改为40千克。1930年以后，调整为每包50千克。

麻袋包装　1962年开始使用麻袋包装。麻袋规格有大小两种：大密度麻袋为66×35厘米，长107厘米、宽74厘米，重927克；小密度麻袋为66×35厘米，长90厘米、宽58厘米，重626克。

大麻袋每包75千克，小麻袋每包50千克。

塑料袋包装　1984年4月起，使用塑料袋小袋包装，有0.5千克、1千克两种规格。1987 年 5 月，推行塑料内膜袋小包装。1988 年全面推行食盐塑料内膜小包装销售。

2000 年 4 月 1 日起，全县逐步推行复合膜小袋加碘盐销售，先在龙角、凤鸣两地试销；同年 11 月起，全县普供复合膜小袋盐，停止供应单膜小袋盐。

（3）运输

运输主体

民运　在国家对渝东地区盐业生产进行管控以前，食盐的生产和运销都是商人自由经营的。自汉武帝推行食盐专卖政策以后，食盐的运输权收归朝廷，禁止自由运输。在隋朝至唐朝初年，朝廷曾一度取消对食盐的专卖管制，听由民间自由运销，但不久即恢复旧制。

宋朝实行引法，征税之后，任由民间自行运销。元、明、清诸朝，沿袭宋代引法，固定各盐场销岸，在划定的销岸内允许民众自由运销。清末恢复官运。

中华民国初年曾允许民运，1914 年即改为公司专卖，实行分岸管理，商人在销区内自由运输。

1930 年，推行同业公会管理制度。

1935 年，云安盐场食盐及煤炭运输从业者成立了两个同业公会：陆上驮运公会和水上船运公会，参会人数多达千余人。自云阳新津口码头到湖北利川县（今利川市）的古盐道上，每天都有大量的"担子客"（俗称"挑二"）往来穿梭，沿途设有很多客栈、幺店子（四川方言，指路边小店），热闹非凡。

商运　1921 年，实行盐商包税制。商人完税之后，由其组织运销。1930 年，政府打算改为认商制，遭到商人一致抵制，未能实行。

官运　汉武帝时期，在推行食盐专卖的同时，实行食盐官运商销。在朐忍县治旧县坪设置盐官，统一管理盐的运销和税收业务。以后历代大都实行官运商销这一体制，在指定的销岸区域内，民众可以自由运输，直到中华民国初年终止。1930年8月，施行招商承运，由专业运输商将食盐运往湖北老河口、襄樊等地。全面抗战时期，第二次川盐济楚，云安成立战时食盐购销处，组织运输队伍，将食盐运往两湖地区。1943年改为委托商运。

国营运输　解放后，食盐运输由国营盐业机构组织实施。1950年11月15日，在云阳县城菜市街成立万县盐业支公司云阳转运站，负责办理云盐从云安转运云阳、再转运巴东等地事宜。1951年，转运业务由云阳盐业支公司具体承担。

1959年以后，由云阳县服务局、云阳副食品站、云阳县糖业烟酒公司管理食盐运销业务。1964年，恢复云阳县盐业公司建制，负责食盐的收购、运输、批发、储存等业务。

运输线路

县内线路　云阳以长江为界，分为南北两片区域。

北部片区以云安盐厂为中心，传统的集散之地有南溪、盐渠、江口、沙沱、高阳、关市等场镇。主要线路有：云安—水市—南溪线；云安—水市—盐渠—江口—沙沱—上坝线；云安—水市—盐渠—高阳线。

云阳县上坝乡盐道——穿洞子出口，1910年7月1日（威尔逊摄影）

南部片区多以县城为中心、县内长江沿岸各场镇为主要集散地，包括云阳县城、盘石、小江（双江）、故陵沱、新津口、东洋子等。主要运输线路有：县城—盘石—二磴（凤鸣）线；县城—盘石—小江线；县城—新津口—马鞍山（普安）—坳口场（龙角）—泥溪线；县城—新津口—马鞍山—葇草—火埠塘（云峰）—地保滩（曜灵）线；县城—水磨—朝阳（宝坪）—坳口场线；县城—东洋子—故陵沱线。

硐上（硐村）是云安、县城两地之间最重要的食盐转运地，是一个典型的因盐而兴的场镇，鼎盛时期，这里曾有储盐仓库数十间，驮工上千人，大小木船数百只。

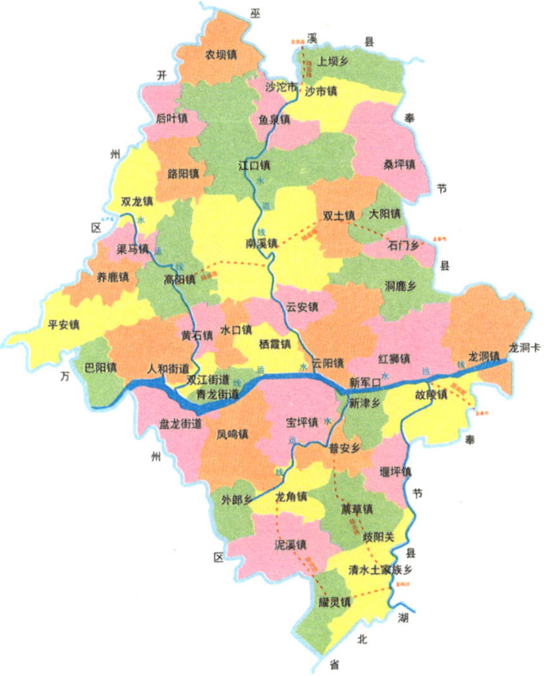

云阳境内盐运路线图

省内县外线路　主要有四条：

一是云安至达县（今达州市达州区）线。这条线是传统的老运输线，食盐经云安盐场起票、验收放行后，先水运6千米至水市起岸，然后改陆路以驮马或人力经盐渠、长洪翻越唐家垭口至高阳场，再改装木船，沿彭溪河直达开县，然后经新宁（今开江）、梁山（今梁平）到达达县。其中，部分食盐还销往东乡（今宣汉）、太平（今万源）等地。

二是云安至万县线。盐自云安出场后，以小船沿汤溪河顺流运至硐上，起岸改人力运至县城，又装木船经长江运至万县，再以万县为集散地分运大溪口，或继续运至西界沱（石柱）、重庆、成都，甚至叠溪（今松潘辖地）等地。这条线路沿途大部分销岸，后来遭到犍乐（今犍为、乐山）、富荣（今富顺、荣县）等地食盐的侵销，到明代嘉靖以后逐渐萎缩，最后仅剩万县一地。

三是云安至奉节线。盐自云安出场后，或木船或人力运至县城，然后换装木船至奉节、巫山县。

四是云安至城口线。这是1966年新开辟的一条运输线路，仅仅运行了6年时间。云盐由水路运至万县后，转陆路经梁平、达县、万源运至城口。1972年，线路中止。

解放后，交通条件和运输工具有了翻天覆地的巨大改变，水运已由轮船、陆路由汽车取代，运输线路也因此发生很大变化。

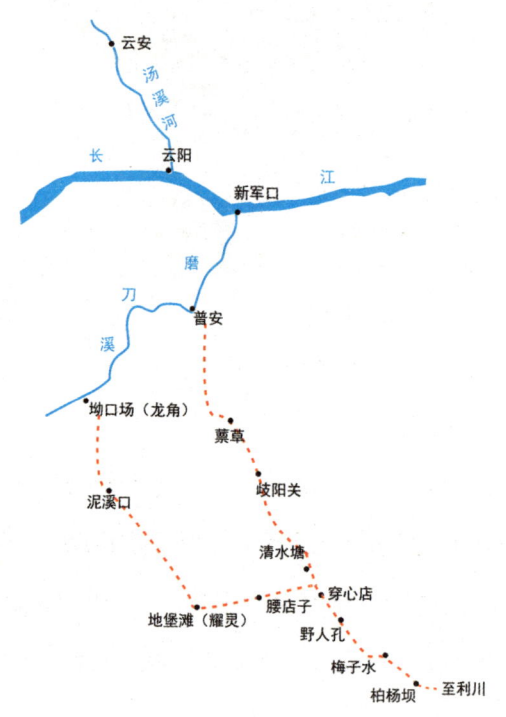

手绘云（阳）利（川）古盐道示意图

省外线路　鄂西各县一直是云盐传统的固定销岸。省外线路就是指运往鄂西地区的路线，主要有三条：

一是云安至恩施、鹤峰线。云盐从云阳县城起票，沿长江下行至新津口，枯水季节，盐即在此起岸，由驮马或担子客（挑二）沿普安、薰草、耀灵等地进入湖北利川地界。到丰水季节，船可直达普安或坳口场，再转陆运翻越七曜山进入湖北境内。这是一条蜿蜒在崇山峻岭间、有上千年历史的盐大路，极盛时期，每天路上往返运输的多达千人，沿途有近百个鸡毛店为担子客提供食宿。此线还有一条附线，即不经水运至新津口，直接从县城渡过长江，从张飞庙经水磨、朝阳到达坳口场。这条线，在中华民国时期比较兴盛。

清·乾嘉时期云盐配供十五州县示意图

济楚运线　全面抗日战争时期，川盐迎来二次济楚机遇。

云安盐场为了把食盐运往两湖地区，新辟两条运输线路：一条是从云阳装盐上木船，沿长江下行至湖北窑湾溪、茅坪、三斗坪等地，再向南转运至鄂西、湘西地区；另一条是沿江下行至湖北香溪，往北转运至兴山、马桥口、寺坪、谷城、老河口、襄樊等地。

抗日战争结束后，上述两条济楚运线终止。

运输工具

水运工具

篷船：在长江航行，船体较大，载重较多，以县城沙湾河坝为港口，主要担负"云阳至万县线""云阳至施鹤（恩施、鹤峰）线""云阳至巴鹤（巴东、鹤峰）线""济楚运线"等几条线上的食盐水运和其他物资转运任务。每艘篷船载重量300~1800包（15~90吨）不等。

进入中华民国时期以后，川江货运中，轮船逐渐成为主力，但盐运一项，仍由木船装运。当时在长江线上运盐的木船被称为广船，因为船体较大，可装盐一千余包。在渝东三峡地区，运盐广船有数百只，船户、纤夫、桡夫子共有六七千之众，共分八帮。相比轮船，木船运盐困难百倍，不但载重少、运费高，一旦遭遇劫匪更是损失巨大。

驻重庆的盐运使署，打算改办轮船运盐，却遭到了船帮的极力反对，甚至发生了聚众烧毁轮船、杀死领江的惨案。但运盐行楚江线长、险滩多，木船毕竟不如轮船迅速又安全，最终仍然被轮船取代。为了安抚失业的船帮，经各方协调，对所有三百余只运盐木船，按其承载盐包能力，每包给予三元（大洋）作为一次性补偿，船只仍归船户，听其变卖后改谋他业；而轮船运输，则按每包盐抽银一角，按季度发放给船帮，再由船帮分给各船船户及船工，以作生活补贴。

航行在汤溪、彭溪、磨刀溪等支流上的小木船，被称作冬瓜小船，船体狭长，平底，吃水浅。冬瓜小船是一种统称，根据形制的差异，又分为两种。一种叫鹅船，外观似鹅，船体偏"胖"，较宽较长，呈长方形，两头略尖，船底宽、平、软，适宜在浅滩、弯大而缓的云安以上河段行驶。一次能载盐60包（3吨）左右，以运盐、煤为主；另一种叫鳅船，船体稍长，因头尖尾翘，船形狭长，船尾略向右倾斜，形似泥鳅，船体有12道堵板，坚固、耐碰撞，适宜在弯急、水窄的云安以下河道航行。鳅船载重量比鹅船小，一次只能载盐40包（2吨）左右。无论鹅船、鳅船，都是下水凭借水力，上水全靠人力。

云阳县长江线上运盐的木船

20世纪30年代西坪河坝船只

桡胡子和他的船

陆运运具

一是骡马。据《云安镇志》记载，1942年，在云阳从事运输的骡马有500余匹，主要行走在水市至高阳、水市至南溪、硐村至县城这几条运输线上。一匹骡马一次可驮食盐2包（100千克）。

二是扁背、箩筐、背篼等竹制的人力运输工具。

扁背又称"力背"，是人们在长期劳动过程中摸索出来的一种负重工具，其设计原理隐合人体力学，比较省力。扁背由竹条编织而成，通高约50厘米，上部圆形、较阔，直径约40厘米，从背口逐渐向下收缩，收缩到中部时，逐渐变成正方形，直到底部。正方形的底部边长约25厘米，底部四角均用圆竹或木条装上寸余长的脚，以便停歇时能支撑整个扁背的重量。扁背一侧装有两条细篾编织的背系，用以挎上人的肩头。背负重物时，"扁背客"还会手持一根"T"型的木制"拐子"，行走山路时手挂拐子，可以协助平衡、稳定，途中歇肩时，则以拐子撑住扁背，将整个重量转移到拐子上。唐代诗人杜甫寓居云安时，曾有诗句"负盐出井此溪女，打鼓发船何郡郎"，诗中"负盐女"所用工具，应该就是这种扁背。

竹制运具轻捷、方便，尤其适合山区间的短途运输，在从新津口至利川的盐大路上也广泛使用。每人每次运盐数量根据个人体格情况及路程远近而定，体格健壮者一次能背（或挑）两包（100千克）。中华民国中期至新中国成立初年，在硐村至县城的路上，有用扁背运盐的民工数百人，每天可往返两趟。新中国成立初期，一些路况较好的地方，还出现过人力架子车运盐的情况。架子车原本是一种农具，以结实木料制成，就连车轮也是木质的，往往在车轮上箍上一圈铁皮，使其更加耐用。架子车一次可运4包（200千克）盐。

此外，还有"畜力车"和"人力车"。在中华民国时期，从水市口到高阳、从硐村到县城这两段路况较好、行程也短的线路，经常使用这两种车。畜力车以马、骡或牛为动力，车身较长，装上两个较大的木轮，以1人扶车架操作方向、指挥牲口。一次约载重150千克。人力车又称"架子车"，形制与畜力车相仿，但以人作动力，初为木轮，后改为橡胶皮轮，再后又改进为橡胶轮胎，称胶轮车。如2~3人合力拉运，一次可载重1吨左右。

进入20世纪60年代以后，汽车逐渐取代了原来的陆路运输工具。但在一些没通公路的边远山区，为向乡村商店、供销社配供食盐，扁背、箩筐、背篼等人力运输工具，仍然使用了很长一段时间。

驼盐马帮

70年代运煤人力车

6.管理机构

（1）盐政管理

云阳的盐政管理，有史可查的，可追溯到西汉时期。

西汉元狩五年（公元前118年），汉武帝大力施行盐政改革，在朐忍设盐官。汉代巴郡朐忍县，所辖地域甚广，包括今重庆、开州、万州及湖北利川等地。朐忍县城建在今云阳新县城东郊长江北岸的一片台地上，俗称"旧县坪"。此时，东距旧县坪25千米、位于长江北岸汤溪河畔的古云安镇，据有关传说及文献资料，早在汉高祖刘邦为汉王时，就已经开始用人工凿井方法取卤制盐了。汉武帝的盐政改革措施，极大地推动了云安制盐业的发展。

与此同时，在朐忍辖地内，今开州彭溪河上游清江河段的温汤峡谷，也有"古时一猎者见白羊在河边舔食盐泉，尝而味咸，遂刨沙为坑，取其盐卤"的古老传说，其井盐的开发史应该与古云安相去不远。而流经开州的彭溪河，就在古朐忍县城西边20多千米处注入长江。朐忍县城正好位于彭溪与汤溪两河入江口岸的中间。汉代在朐忍设置盐官，其目的就是为了更为有效地控制两河流域的盐业生产与销售，以及沿长江上下的食盐转运。

西汉时期的国家盐政，以元狩五年为界，前承秦制，实行民营征税；自朐忍设置盐官以后，则为官营专卖，盐贵则卖之，盐贱则买之，以调节和控制市场盐价，从而由国家垄断了三峡地区井盐之利。

在整个东汉时期，除了汉章帝有 6 年时间完全实行官营专卖制外，其余 160 多年内，朝廷解除盐禁，任由百姓取卤煮盐，朝廷则设置盐官征税，这种"征税"体制的实施，对朐忍的盐业生产有所促进。

三国时期，刘备蜀汉政权为获取盐利以资军、国之用，对盐业管理基本上实行国家垄断的专卖制。两晋时期，仍沿袭专卖制。

隋朝统一中国后，隋文帝开皇三年（公元 583 年）放开禁令，"通盐池、盐井，与百姓共之，远近大悦"（《隋书·卷二十四·食货志》）。由于盐资源由官府与民共享，盐业生产也相应得到了一定程度的发展。

初唐时期，沿袭隋代放开盐禁，实行"盐池、盐井与民共之"的盐业政策。"安史之乱"后，由于国家军用紧张，开始对盐业采用"民制、官收、官运、官销"的管理办法。后来刘晏掌管盐务，进一步确定"民制、官收、官卖、商运、商销"的五大纲领，实行榷盐新法，在各地设立大小盐仓，用以平抑盐价，调节市场。用今天的话说，以官收之盐转售商人，再由商人自由运销，是一种"就场专卖制"。"就场专卖制"的高明之处在于，既不夺盐民之利，也不夺商贩之利，而是"寓税于价"，盐民商贩乐于施行，而国家却从中获取大利。

唐贞元元年（公元 785 年），设云安监，置井监使，后称榷盐使、制置转运使。

五代时期，云安县曾改置为"安州"，州治所设在云安监。到孟昶"后蜀"时期，仍改名为云安县，县治迁回汤口，云安盐场设置盐监，以征盐税。

赵宋开国之初，先是将云安建置为军，其行政级别相当于州，云安军下面则分别设置云安县和云安监，把盐监治所设在云安盐场，与治所在汤口的云安县各司其职。北宋熙宁四年（公元 1071 年），云安监改置安义县，主管盐务，在籍户口单列（即脱离云安县的行政管理）。熙宁八年（公元1075年），又撤销安义县，恢复云安监，在籍户口归还云安县，监官专管盐场场务。

元代设四川行省，云安县先置为云安军，继升为云阳州，省去云安县，实行监、场合一，设云安盐场监官。云安盐场归属于元近80年，由于战乱影响，生产规模大为萎缩，唐宋时期所开井场大多废闭。

明朝，降云阳州为云阳县，在"云安区"设云安场五井监课司，是全四川15个盐课司之一。盐课司除管理盐政外，还负责征收盐税、查办私盐。据正德《明会典》记载：云安盐场五井盐课司岁办盐2124620斤，在全川各盐课司所办岁额中独占鳌头。

清雍正七年（公元1729年），设盐场巡检司；乾隆元年（公元1736年），改巡检司为盐课司大使。全国共设盐课司大使120名，官秩为正八品，其中四川仅有5人，分别于青堤渡场（射洪县境内）、康家渡场（蓬溪县境内）、牛华溪场（乐山市境内）、云阳县（今云浮市云安区）云安场、大宁（巫溪）县大宁场各置一人，其主要职能是管理盐场、缉查私盐、征收盐税。光绪六年（公元1880年），又设云安场分局，开办协运湖北八州、开县及万县、巫山额配引盐事务，并在县城东关外设提拔卡，提过载官盐；另设云安票厘局，管理票盐。

中华民国初期，先设榷税司署，不久改称榷盐官署。

1914年，改榷盐官署为盐场知事公署。其职责是管理盐政、查禁私盐、征收盐税。

1915年，实行税、政分离，盐场知事公署仅负责管理生产、食盐运销及私盐查禁事项，成为今天盐政管理的雏形。

1929年，盐场知事公署改称场长公署，盐政长官称场长，直接对盐场进行行政管理。

1930年，场长公署将所属盐政管理方面的缉私队、场警交盐税局接管，只管理场务、岸务（销售事务）。

1935 年，改由税收稽核人员兼管盐务行政。云阳盐场场长公署并入盐税局，属四川省盐务局管理。

全面抗日战争爆发后，为加强盐业管理，盐税局更名为盐场场长公署，盐政长官仍称场长。

1938 年 2 月 21 日，盐场场长公署改称云阳盐场公署，先后由川东盐务管理局、川康盐务管理局管理。次年，云阳盐场公署在坳口场（今龙角老场镇）置场务所，管理东井（址在今外郎乡东井村）、樟井（址在今龙角镇军家村）的盐业生产，同时兼管税收和缉私。1946 年，东井、樟井停产，场务所撤销。云阳盐场公署一直延续到新中国成立之初。

新中国成立以后，云阳盐政管理机构几经更迭。

云安和平解放时，由"云安镇治安维持委员会"管理盐场。

1949 年 12 月 23 日，接川康盐务管理局军事管制总代表杨寿山电：云阳盐场公署照旧例恢复办公。

1950 年 4 月 17 日，云阳盐场公署改称云阳盐场管理处，干部编制 24 人，隶属西南盐务管理局万县分局。

1952 年 2 月 16 日，西南盐务管理局万县分局迁至云安盐场，与云阳盐场管理处合并，改称云阳分局，领导大宁（今巫溪）、开县、奉节、忠县等地盐场。

1953 年 1 月，云阳分局改称四川省人民政府盐务管理局万县分局，同年 3 月 18 日，万县分局迁回万县市，同时设云阳盐场场务所。

1955 年 5 月 19 日，云阳盐场场务所与四川省国营云阳制盐厂合并，实行盐政与生产管理机构合一，其盐政职能先后由县服务局、商业局、工业局、县委财贸政治部、县委工交政治部、经委等机构行使。

1998 年 4 月 10 日，重庆市盐务管理局云阳分局成立，其任务是依照国务院《盐业管理条例》《食盐加碘消除碘缺乏管理条例》《食盐专营办法》《重庆市盐业管理条例》的规定，规范食盐生产、运输、销售行为，打击和防范危害人民身体健康的食盐进入流通领域，让人民吃到"放心盐"。

（2）生产管理

自西汉施行盐铁专卖政策以后，政府就参与到了食盐生产的管理中来。但具体的生产管理一直是由井主、灶户直接进行的。

中国自秦始皇开始进入皇权时代，虽然盐井、煎灶都是私人所有，但"普天之下，莫非王土"，山川资源都属国有，盐业是国家利源大宗，政府除课税之外，还对生产、运销各个环节进行严格控制。

元末战乱，四川井盐业遭到极大摧残，许多井灶停闭，不少灶户逃亡，及至明朝开国，所余灶户为数甚少。

明代初期，为了尽快恢复井盐生产，沿袭元制，采用"签名充灶"办法，以解决盐场劳动力严重不足的问题。所谓"签名充灶"，就是一种特殊的户籍政策，以徭役的方式把灶户牢牢地套在井场。签充对象，除井灶附近有田粮丁力的相应人户外，更多的是吸收无业的外籍流民充当灶户。灶户如军匠，子孙世代为业。

为了稳定灶户队伍，朝廷还采取了一系列的优恤政策，据《明史·食货志·盐法·卷八十》记载："明初，仍宋、元旧制，所以优恤灶户甚厚：给草场以供柴薪，堪耕者许开垦，仍免其杂役；又给工本费，（每）引一石，置仓于场，岁拨附近州县仓储及兑军余米以待给；兼支钱钞，以米价为准，寻定钞数……四川（每）引两贯；灶户杂犯死罪以上，止于杖，计日煎盐以赎。"

朝廷不但为灶户划定草场以供采薪煮盐，还允许他们开荒种地，并免去各种差役。与此同时，官府还按每1引盐给予一石米的工本费，或每丁（人）每日支取食米 1 升 5 合作为工本费，让灶户的基本生活得到保障。引，指盐引，是国家规定的取盐凭证，也是重量单位，明初规定每引 200 斤，到明末大概 450 斤为一引。即是说，灶户生产 1 引盐即可得到 1 石米（约 60 千克）的报酬。同时，也可以按照当时大米价格支取现钱，以便灶户日常开支，或备办、添置煮盐器具。此外，灶户除犯私盐罪依律处断外，所犯其他各种死罪当斩者，只施予杖刑，再罚一定时间无偿煎盐以赎其罪。明朝初期，朱元璋为了巩固王权，立法是极为严苛的，但对煎盐的灶户却显得颇为宽厚。

当时，云安盐场所在的三峡地区，可谓地广人稀，河谷两岸纵深地带，有大片的荒山野岭，官府将其作为草场划给灶户，也算是荒山有主；而更进一步允许灶户开荒种地，实际就是把灶户家族也种植在这片土地上了，世世代代再也难以离开。这对于那些为避战祸流落到三峡地区的外籍人来说，只要一编入灶籍，成为灶户，从此就把他乡作故土，落地生根安居乐业了。

从明到清，这一改朝换代过程更加残酷。明末战乱再次给云安盐场带来灭顶之灾，一时家破人亡，灶熄井闭，整个盐场失去生机。

清顺治初年，战乱初平，湖南零陵人周为霖流寓到云阳，从破败的盐场中发现商机，开始投资恢复盐业生产。

顺治十七年（公元 1660 年），朝廷明令鼓励私人开凿盐井，县外人士纷纷涌入，再次给云安盐场注入勃勃生机。

乾隆三十六年（公元 1771 年），湖北黄冈人郭维贞到云安经营盐业。嘉庆年间，又有陶、林、陈、袁、章、蔡、李、江等姓氏，陆续来到云安投资盐业，各自从事与盐相关的不同业务。不久，外来人氏根据不同的渊源形成一个新的局面：来自江西、陕西的巨贾大户，以其雄厚的资本购置井灶，成为老板；来自湖北黄州的人，大多成为汲卤工（拽水佬）；来自四川忠县（今重庆）、丰都、万县、涪陵、长寿等地的人，则承包锅灶负责煎盐；湖南茶陵人刘、张、彭、陈四姓，联合成立"四合店"，总揽了食盐的运输。各个生产环节，相辅相成。

清朝二百多年，云安盐业生产，达到了一个历史的高峰。

进入中华民国时期，由灶户负责组织食盐生产。灶户先向政府递交制盐申请书，并附具契约图说，交纳许可证费，经盐场公署审转省盐务管理局认可后，填发制盐许可证，交灶户执存。必须经上述手续齐备后，灶户才能从事制盐生产。

具体的生产管理，由灶户或经理负总责，设立公房（办公室）统筹所有业务，经理下面又有各项管事，分管汲卤、制盐、仓库、财会、伙食等事项。每年的五月、八月、腊月，根据市场行情调整生产计划，并决定新招或退雇人员。

1939 年，盐场公署办官灶制盐，设官煎灶管理处，管理官灶生产；私营灶户则组成同业公会，公会内设理事会、监事会、秘书处等职能机构，先后推举赵馨甫、余有德、张瑞生、汪先朗、林鲁珞、李恢之、陈绍云、袁如意、江德义、陶能举等人担任公会领导各职。

中华人民共和国成立之初，私营井灶生产基本沿袭旧制。

1950 年，人民政府将没收的 15 座井灶中的 14 座交盐场工会组织生产，由盐场管理处代管；1 座由专区公安处经营。

1952 年 10 月 1 日，国营盐厂成立。形成国营、私营共同组织生产的局面。

1953 年 1 月 1 日，成立四川省国营云阳制盐厂，为省属企业，由四川省工业厅领导，委托万县盐务局代管。云阳盐厂干部定编 47 人，下设 5 个管理职能股。

1955 年 7 月 1 日，怡生、更生、鸿昆裕、德裕祥、春裕柱、恒太祥、集中 7 户私营制盐企业组建四川省公私合营云安制盐厂；7 月 21 日，12 户灶户又联营组成精华、益民两个私营联合企业，形成国营、公私合营、私营联合企业共同组织生产的格局。

1956 年 3 月 2 日，两个私营联合企业并入四川省公私合营云安制盐厂。

1957 年 1 月 1 日，云安公私合营盐厂又并入四川省国营云阳制盐厂。至此，就由国营企业独家主持云安的盐业生产了。

1965 年 11 月 3 日，改称云阳盐厂，属第一轻工业部中国盐业公司领导。以后，又下放给省盐业公司、专区工业局领导。

1971 年 1 月 1 日，改称四川省云阳制盐厂，属云阳县工业局管辖。

1975 年 6 月 20 日，全厂设 6 个管理职能股、2 个制盐车间、2 个辅助车间、1 个保健站。

1988 年 8 月 1 日，全厂调整为 9 个科、5 个车间、1 个职工医院、1 个汽车队，另有厂属 2 个集体企业。

1997 年 11 月，在国有企业改制浪潮中，云阳县盐厂被重庆索特集团兼并，更名为索特集团云阳制盐厂，下辖制盐公司、锅炉安装公司、建筑公司。

1999 年，再次更名为索特云阳制盐有限公司。

2000 年，有职工 1536 人。

2002 年 10 月，企业内部改制，分流职工 1445 人。

2003 年 4 月，索特云阳制盐有限公司停产。

2005 年 10 月，索特云阳制盐有限公司申请破产重组。

（3）运销管理

国家对食盐运销的有效管理，是从春秋前期的齐国开始的。当时，齐国宰相管仲推行"官山海"法，最先实行盐铁官营。

但在此时，作为三峡地区主要经济支撑的盐业，并没有进行统一而具体的管理。一些控制盐泉的部族，主要从事"煮盐"和"贩盐"活动，以盐与周边从事渔猎和农耕活动的部族进行产品交换，尚处于一种相对自由的原始经济状态。

三峡盐业统归国家垄断管理，从秦代开始。秦汉时期 440 余年的盐政史，主要存在官营专卖制和民营征税制两种体制。

每当国家经费不足时，即采用官营专卖制，凭借食盐的产、运、销而获取厚利，以资军国之用。民营征税制由来甚远，秦末汉初之际，由于豪强大户专擅其利，盐税日重，盐价昂贵，以致百姓淡食而苦，官府也所获不足，这完全是因为官府管理不善、所用非人而造成的弊端。如果朝廷能有严密措施，盐官又能秉公执断、不徇私情，采用民营征税制，任由盐民自由煮盐贩运，反而会对盐业的生产发展起到推动作用。东汉时期绝大部分时间内，都是实行征税制的。

从三国、两晋、南北朝到隋、唐、五代，总共 700 多年时间内，主要采用"民制、官收、官运、官销"的盐业专卖政策。而且历朝在打击私盐方面，都不惜严科峻法，以获取盐业经济的巨额财政收入。

进入宋代后，由于赵宋建国之初为统一全国而发生的一系列战争，以及随后与辽国、西夏的多次征战，消耗了大量钱财。为了最大限度地筹集军用之资，通过变革盐法，赵家朝廷也祭起了盐业经济这一无往而不胜的聚敛大法宝。及至南宋王室偏安江南以后，四川井业更是因施行新盐法而成为王室支撑半壁江山的重要经济来源。

宋代对盐业运销制度的最大改革，就是推行"盐引制"。

"盐引制"又称"引岸制"，商人向政府购买盐引后，即取得了贩运销售食盐专利的凭证，然后凭引支盐，运往指定区域，独占区内食盐销售市场。

所谓"盐引"，就是由政府发给盐商的食盐运销许可凭证。这是宋代对当时盐钞法的一种变革。宋庆历八年（公元 1048 年），兵部员外郎范祥变通盐法，由折中法的交实物改为交钱买盐钞，商人凭盐钞购盐运销，官府则用所得之钱收购粮草。由于盐钞发行过多，泛滥成灾，导致盐钞法难以实施。宰相蔡京于徽宗政和三年（公元 1113 年）推行盐引法。盐引分为长引和短引。长引销外路，短引销本路。严格批缴手续和缴销期限，长引 1 年，短引 1 季。限定运销数量和价格。

盐引的具体用法：先由商户向官府购得盐引，每"引"一号，分前后两卷，盖印后从中间分成两份，后卷给商人的，称为"引纸"，前卷存根称为"引根"。

从宋代开始，盐引成为中国历史上最为悠久的一种"复杂货币"，它兼具"债"与"仓单"的所有性质与相关的"交易"特征。

到了明代，由于边关缺粮，执行"开中法——盐引代币"：盐商们需要送运粮食到边关，再从各个封疆大吏的手中换取他们手中的盐引。事实上，不同朝代盐引的"引法"并不完全相同。

清代"计口授盐"，官府在严禁"私盐"（走私贩卖）的同时，按照各地人口多少，规定销售总额。雍正七年（公元1729年），把行盐地区分为"计岸"和"边岸"，计岸销行川内，边岸销行外省。

乾隆年间，执掌四川通省盐茶道的林傶，在四川推行"听民穿井、永不加课"的盐务政策，云安盐场"增井百三十三，烧灶三百五十七"，但"其后卤脉渐衰，井多湮废，鞠为茂草，或成居室。今地下或见遗痕，或闻空声，可知为旧日之盐井也"（《四川盐政史·场产》）。嘉庆初年，白莲教转战云阳，云安盐场深受其扰，生产与运销曾一度停滞，"人亡井歇"。

川盐济楚，为云安盐场带来了转机。据中华民国《云阳县志》载：

咸丰初，川盐济楚，灶困略伸，每年产消二十余万（包）……（时尚有）三十五井矣。煎锅二百零三口，每口日产盐三包半，计日产七百十包，包重六十斤（按额定包斤分装二小包），一年计盐二十五万八千余包。

由于以前引岸范围因受其他盐场侵夺而缩小，云安盐场每年销售引额仅有171000多包。从咸丰初年川盐济楚开始，即增至每年产销258000余包。按云安盐场装盐小包计算，食盐产销达到 1548 万斤，折合约 7740 吨。这产量比以前增加了三分之一，让一度陷入困境的云安盐场又注入了新的活力。

光绪六年（公元 1880 年），清政府设立云安盐场官运分局，开办官运万县及湖北利川等地引盐事宜，并在县城东关（云阳老县城小东门）设提拨卡，提取过载官盐。

有清一代 260 年间，盐政变化多端，貌似灵活，实则混乱。或改引盐而行票盐，或引盐、票盐兼行；或官运官销，或官督商销，或商运商销，或官运商销，或官运民销，或民运民销，可谓五花八门。康、雍、乾三朝实施"湖广填四川"的大规模移民运动，让三峡井盐业逐渐兴旺发达起来，生产规模和运销口岸也随之扩大，云阳盐产已配引行销渝东鄂西十五州县。云安盐场以煤代薪，就是在这一时期完成的，生产技术也得到极大改进。

咸丰年间，随着川盐济楚高峰的到来，云安盐场无论产量或运销，都创下了历史高峰。但由于盐法败坏，盐业运销积弊也随着川盐济楚而更为加深。光绪三年（公元 1887 年），四川总督丁宝桢为了消解历年盐务积弊，大力实施改革，逐步推行"官运商销"之法，云阳盐业的生产、运销也随之一度走上正轨。

进入民国后，食盐运销仍然实行引岸制。1915 年，由万楚运盐公司负责将云阳盐场所配引盐销往各引岸市场，并在县城东关（云阳老县城小东门）设提拨卡，提取过载官盐。

1916 年，撤销提拨卡，设置场商办事处。

1919 年，万巫检验局在硐村场设立监运所。

1938 年，第二次川盐济楚，场商办事处在云阳盐场设济楚办事处，商运官盐去往宜昌等地。

1940 年 7 月，川东盐务局在云阳设立济楚运输处，撤销济楚办事处，负责将食盐销往"两湖"抗日前线。

1941 年 4 月，设立云阳县食盐监销委员会，同时设立云阳县战时食盐购销总处。

1942 年，川东盐务局在云阳设立食盐配销处，按各地人口数发放盐斤，各地组建食盐公卖店，从配销处进盐后转售于民，撤销战时食盐监销机构和食盐购销总处、分处。

1946 年 10 月~11 月，取消公卖店销盐办法，监运所、运输处同时撤销，恢复战前食盐运销力法。

1950 年 5 月，在云阳县城设立云阳销盐店，从事食盐批发。同年 11 月，云阳销盐店改称云阳盐业分销处，主营食盐批发。同年 11 月 15 日，又在县城菜市街 18 号设立万县盐业支公司云阳转运站，负责将云阳食盐转运到中南地区。

1951 年 1 月 14 日，云阳转运站由县城菜市街 18 号迁至正码头街 3 号；1 月 22 日，云阳转运站撤销，成立川东万县盐业支公司云阳分销处；2 月 1 日，又在云安场成立川东盐业分公司云阳支公司，辖云阳、奉节、巫山三个盐业分销处，主要负责食盐销售；3 月 8 日，云阳盐业分销处改称川东盐业支公司云阳分销处；4 月 9 日，又改称云阳盐业支公司云阳分销处。

1952 年初，增设云安盐业分销处，年底撤销。

1953 年 4 月 9 日，云阳盐业支公司云阳分销处改称云阳盐业分销处。

1956 年 2 月 23 日，在云安场成立云阳县盐业分销处云安工作组、云安运输工作组；同年 3 月 1 日，将云阳盐厂的食盐运销店划归云阳盐业分销处管理，云阳盐业分销处划归县委财贸部领导；9 月 8 日，又划归县委工交部领导。

1957 年 3 月 29 日，云安运输工作组建立合作商店。商店由原 4 家私人货店组合而成，时有职工 5 人，主要负责食盐零售；同年 6 月，云阳盐业分销处云安工作组改隶属四川省盐业公司万县分公司；12 月 5 日，将高阳、硐村两个盐业转运站交地方管理，业务仍由盐业分销处领导。

1958 年 2 月 28 日，撤销盐业分销处及所属站、组，其业务并入云阳县服务局，由县服务局实行统一核算；同年 10 月，将盐业购销业务划入云阳县副食品站。1962 年又划归县糖业烟酒公司。

1964 年 5 月，恢复成立四川省盐业公司云阳分公司，与云安盐厂合署办公，同时设置城关（老县城）、云安两个批发组。次年 12 月 11 日，云阳分公司改名为云阳盐业批发部，批发部与盐厂分开办公。同年，盐业批发部从县城正码头街 3 号迁至人民路 329 号。

1968 年 8 月 20 日，经云阳县生产指挥组同意，云阳盐业批发部改称为四川省盐务管理局云阳盐业批发部生产办公室。1970 年 4 月 30 日，又改称为四川省盐务管理局云阳盐业批发部革命领导小组。

1978 年 9 月，云阳盐业批发部革命领导小组改为万县盐业运销站的直属单位。

1979 年 11 月，撤销四川省盐务管理局云阳盐业批发部革命领导小组，改称云阳县盐业批发部。

1983 年 8 月 20 日，云阳盐业批发部更名为四川省盐业公司云阳支公司，主要开展食盐的销售、调运。

1986 年 1 月 23 日，云阳盐业支公司改称为四川省盐业运销公司云阳支公司。

1987 年 9 月 16 日，云阳盐业支公司更名为四川省盐业公司云阳支公司。

1989 年 3 月，新设立万县地区盐业供销公司云阳经营部，主营外调食盐的收储、批发、销售业务，四川省盐业公司云阳支公司只经营地区内（包括县内）的食盐收储、批发、销售业务。同年 9 月 15 日，万县地区盐业供销公司云阳经营部更名为万县地区盐业供销公司云阳分公司，不久撤销。

1998 年 9 月 29 日，四川省盐业公司云阳支公司更名为重庆市盐业总公司云阳支公司，由总公司授权万州分公司管理。

1999年4月12日，云阳县分公司又更名为重庆市盐业总公司云阳分公司。

2000年4月，云阳分公司从老县城人民路329号迁至新县城云江大道新办公大楼办公。

（4）税收、缉私管理

渝东三峡地区，在经历了自由而漫长的原始经济状态后，成为了廪君"巴国"的领土，其制盐产业也开始以"纳贡"的方式向王室缴纳盐税。尽管这种沿袭西周王朝的纳税方式比起先进发达的中原地区要落后很多，但对三峡地区的发展而言，却是一种历史性的进步。

自西汉时期起，朝廷在朐忍设置盐官，朐忍境内的食盐运销被纳入官营专卖的盐业管理体制之中。东汉时期，主要是采用民营征税制。

从三国、两晋、南北朝到隋、唐、五代，基本上实行"民制、官收、官运、官卖"的专卖政策，而且对私盐打击十分严厉。

宋代建国之初，为应付战事所需，通过变革盐法，最大限度地筹集军用之资。当全国统一、边关安定、社会相对和平以后，赵宋朝廷在对食盐产、运、销各个环节严格管控的同时，也曾作出一些让步，诸如"降低盐价""蠲免部分盐课""蠲免部分井盐之征"等举措，以缓和社会矛盾。

元代初期曾一度免除蜀中盐课，与民休息，放水养鱼。待盐业喘息已定并逐渐发展起来以后，即恢复设立了四川盐茶转运司，垄断经营盐业生产，严禁无籍之民私煮私贩。

明代初年，朝廷在云安监设盐课司，并对灶户实施优恤政策，云安盐场很快恢复正常生产，并与（巫溪）大宁、（彭水）郁山、（忠县）嶒井等处成为三峡地区四大产盐重镇，在全川井盐业中处于优势地位。明代中叶以后，朱氏皇室宗族人口膨胀，索取无度，朝廷背上沉重负担，只得加紧搜刮、盘剥，在盐业政策上推行"招商认窝，领引办课"纲法，盐课奇重，曾一度激起云安盐场灶户盐丁的反抗。明末战乱，云安盐场曾一度落入张献忠之手，进一步遭到毁灭性打击。

清初实行"计口授盐"，由盐商持官府发给的盐引，在指定的盐场定额买盐，运往指定的地方进行销售，不准越地行销，如果越地行销，便按"私盐"严加究处。

光绪六年（公元1880年），清政府改引盐为票盐，设云安厘票局，专门管理票盐税收。

清末推行新政，组建并训练新军，四川总督岑春煊为筹集新军建设经费，在盐税上打主意，设立"计岸官运总局"，武装缉私，引盐兼行票盐，每年盐税正杂等款猛增五倍。

中华民国成立之初，邓孝可主持四川盐政，破除清末所有引岸，取消官运，所有旧法扫除一空，改为就场征税，盐商完税之后任其运销。

1911年，云阳设立榷税司署，后改称榷税官署，长官称榷税官。

1913年5月，袁世凯与英、法、德、俄、日五国银行团签订《善后五厘大借款合同》，并以全国盐税作抵押。随后，袁世凯派晏安澜为四川盐运使，入川整理盐务，偿还外债。

晏安澜入川恢复旧有引岸，推行"官督商运商销"之法，将云阳"榷税官署"改名为"盐场知事公署"，兼收盐税。

1915年9月，设立云阳盐税局，长官称税收官。于是，盐场知事公署与盐税局并存，行政与税收分开。盐场知事公署管理场岸、务岸、缉私三项，盐务局则负责征收盐税、称放仓盐、稽核票照三事。

1918年，四川进入军阀割据的防区制时期。1918年10月至1920年4月之间，云阳为滇军所控制，设经收军费处，每年收取盐税约20余万银圆。1920年5月至9月，云阳又为豫、鄂军占领，续设经收军费处，约收银圆7万元，后又于奉节验卡处征收护商费，每引盐征收银圆15元。1927年，本县云龙乡团总杨某，借练团为名，在通往施南、利川要道的歧阳关设卡抽税，每担盐收钱 300 文，每日过境盐约 200 余担。1923 年，第二军（杨森部）由楚回川，川军一、二军交战，驻厂一军退走，中途哗变，杀连长段某，推黄正清为首，踞盐厂恣意抢掠。1928 年 6 月 6 日至 11 日，军阀混战，云安厂大乱，盐务人员逃离，溃败军官趁机估放仓盐，将税银 5539 元卷逃而去。

1929 年，盐场知事公署改称为场长公署，行政长官称场长。

1931 年，场长公署及盐井委员署，将所属行政管理方面的缉私队、场警移交盐税局接管，只管理场务和岸务。

1933 年，云阳盐税局划归重庆盐务稽核所管辖。

1935 年，云阳盐税局与场长公署合并，由场长兼任税收官。同年，将缉私盐兵一个排改称税警第二区部，配税警官兵 77 人，负责缉拿私盐。

1946 年 7 月，盐场增设税警第五区部，有税警官兵 151 人，分驻场区，担负保护盐场、查缉私盐任务；同时，在罾口、土地坳、东王庙、高阳等地设验卡，查验过往盐重量；在县城设盐务监运处。当时，盐务机关和警卡官兵共有 284 人。

新中国成立后，于 1950 年 4 月成立云阳盐场管理处，兼收盐税。

1951 年 3 月，由川东盐务管理局云阳分局兼收盐税。

1953 年 4 月，设立云阳盐场场务所，兼收盐税。

1955 年 5 月，场务所并入四川省国营云阳制盐厂，由厂代交盐税。

1957 年 6 月，云阳盐业分销处云安工作组代办盐厂盐税征解，随后移交云硐供销社征解。

1958 年 10 月 6 日，云硐供销社将盐厂盐税业务移交云硐税务所接办。之后，盐税由税务部门征收。

搬迁前的云安镇

7.两次川盐济楚

（1）咸丰年间

清道光三十年（公元 1850 年）十二月初十，太平天国运动爆发。起义军出广西，入湖南，迅速向长江中下游推进。咸丰三年（公元 1853 年）二月，起义军攻克南京，并定都于此，改称天京。

其时，"长江梗阻，淮盐片引不到，楚岸盐价踊贵，每斤值钱百余文。虽议借浙盐、借川盐，改运道，迄无成功。而川中枭贩，因而乘之，皆千百成队，排列抬枪大炮，连樯东下，官吏无可如何"（见清王守基《盐法议略·四川盐务议略·丛书集成补编》中华书局 1991 年版）。

淮盐被太平军挡在东边，到不了楚岸，而川盐顺流而下甚为便捷，却在楚地没有销岸。因此，贩运私盐的枭贩以枪炮护阵，连樯东下，大行其道。官府于是决定以川盐济楚。

最初，采用"官运济楚"，额定陆引二千引。当时川盐陆引，每引额定四包，每包正盐 100 斤，加耗 15 斤，用作捆盐包的篾索 20 斤，合计每包为 135 斤。二千陆引，实际可运九十余万斤食盐到楚地。最先确定由官府拨款买盐，运至巫山后，交湖北派员设局验收，再押运赴楚。但二千陆引之数，远远不够楚地所需。同时，如果官运，因涉及川鄂数省，则运输费用筹措艰难，以增引方式招商又无人承办。

于是，又议定"商运济楚"之法，"始准商贩自由运楚，但于夔州设局征税，每百斤取银一钱三分，岁可得银十二万两"（见吴炜《四川盐政史、通论、卷一》中华民国二十一年印本）。

没想到的是，实行"商运济楚"办法以后，由于官商狼狈为奸，借以肥私，实际岁征税银不过一二万两，再加上商人把持运销，为获厚利，常常囤积居奇，以至济楚之盐丰欠不均。

为此，湖广总督官文与湖北巡抚胡林翼商定，按照每月销楚川盐约水引九百道之数，由官运二百道，商运七百道。商运除犍（为）、富（顺）两厂外，另以川内各属盐场滞引（历年积存盐引）配运。

此时，云安盐场因以前受票贩侵犯引地，导致大量官引滞销，趁川盐济楚之机，配运所属滞引，于困顿之中获得了生机。据中华民国《云阳县志·卷十·盐法》记载，自咸丰初年济楚开始，每年食盐产销增加到258000余包，折合7740吨，与以前相比，产销量增长了33.7%。

川盐济楚，为云阳盐业迎来了一次大的发展。当时，云安盐场常住人口达到5000多人，有商号近300家，成为渝东三峡地区重要的工商业重镇。

（2）抗日战争时期

1937年，抗日战争全面爆发，沿海一带海盐产区相继沦陷，海盐上运受阻，湖南、湖北等省海盐销区民苦淡食。为此，国民政府决定以川盐济销两湖地区，史称"第二次川盐济楚"。

这让古镇云安迎来了盐业发展史上的第三个黄金时期。

为了更好地组织食盐生产，云阳盐场公署采取一系列措施，从资金、劳工、卤水、燃料等方面给予全面保障，甚至让不少废旧井灶逐渐启复。位于云阳长江南岸35千米、已弃置多年不用的龙角乡古樟井和外郎乡古东桥井，也乘此东风得以复生，并设立坳口场（今龙角镇）盐务所、东井桥（今外郎乡）场务分所。同时，在云安增设官煎灶管理处、仓灶管理处、收税处、济楚盐运销管理处、产销课、盐工管理课、警务课等职能机构。

云盐销岸也进一步扩大。引盐，运销到湖北宜昌（三斗坪、茅坪及窑湾溪）、鄂西（巴东、秭归、兴山及施属八县）、鄂北（老河口、襄樊），省内则销于万县、巫山；票盐，销于云阳、奉节、开县、开江、梁山及鄂西、湘西的挑贩。

从 1939 年起，云安盐场包括龙角、外郎等处井场，共开灶 102 座，统计截止 1945 年，7 年间平均每年产盐 23928 吨，最高年产盐达到 2.47 万吨，再创历史纪录（数据见《云安盐业志·生产》）。

食盐的大规模生产，为云安引来大量人口聚集，带动粮油、棉布、食品、百货、屠宰、医药、客栈等各行各业的迅猛发展。据《云安镇志》载，到 1946 年，云安有商号 500 余家，学校 4 所，在籍人口达到 25931 人。而在当时，云阳县城仅有在籍人口 10598 人。

8. 盐场工种

古法制盐工艺落后，工序繁多，衍生出许多的不同工种。据中华民国《云阳县志·卷十·盐法》记载：

井灶雇用力役，有拽水、跑井二种。种复各别为二，受雇常役曰"拽正水"，临时雇替曰"拽代水"，坐守监视曰"跑坐堂"，往来巡查曰"跑划子"。巡查类用童奴，取其轻敏，且雇直廉也。

这里所谓"拽水、跑井"二种，仅是指井灶生产所需工种，整个盐业生产上下游涉及工种，还有更多。主要包括：

（1）拽水佬

拽者，牵引也。所谓拽水佬，就是从盐井里汲取卤水的人。长期固定的拽水工叫作"拽正水"，临时顶班的则称为"拽代水"。

关于拽水佬的具体工作，在本章第一节《采卤方式》中已有详细说明，这里不再赘述。

（2）跑井工

燃灶煮盐，多口大锅一字排开，必须确保卤水的供应，跑井工就是专门干这工作的。跑井工又分为两种：守在灶前监视的叫"跑坐堂"，在井灶之间往来巡查的称为"跑划子"。跑划子需要机灵敏捷，往往由十多岁的小孩子充任，不但能够很好地完成工作，工价也比成年工便宜很多。

（3）干墙上

自盐场开始推行垄灶、田灶以后，由最初一灶一锅变为一灶四锅乃至六到八锅，卤水从开始逐锅浓缩，到最后水分熬干，就成白花花的食盐了。据中华民国《云阳县志·卷十·盐法》记载：

盐灶如常灶式，高不逾胸，而广袤倍蓰，灶突火门、灰洞，乃高可寻丈。纵列两锅，直受火力，后横列温锅，或四或六作叉形，属于灶前。中为通孔，以受余焰。各锅注满卤水。前两锅火盛易竭，则把后锅温水益之，自后而前，辗转挹注，汇于前两锅内，历一昼夜，水竭盐成。

站在大锅旁边，负责"自后而前，辗转挹注"工作的，用盐场的行话，称为"干墙上"。

（4）割桶工

从数十米深的井下汲出卤水，一般的水桶是不行的，盐场在长期的实践过程中，摸索并制作出了专门的汲卤桶：一是要确保桶的重量，尽量缩小空桶与实桶之间的重量差，以减轻拽水时的负重；二是桶要上重下轻，在木桶下到井中接触到卤水面的瞬间，桶口自然扎进水中，然后轻轻一提，卤水就能灌进大半桶，再回坐一下，桶就全满了；三是桶的提梁要矮，在木桶头朝下舀水时，不会形成阻力；四是木桶不能有丝毫的裂缝，每条木缝都要用麻绳缠紧，不但能确保卤水灌满，途中还不会漏水。

因此，就形成了一个制作汲卤桶的专门职业，叫作"割桶工"。由于盐场汲卤桶用量大，而且经常会用坏，割桶工不但制作新桶，也负责修补。

（5）炭老倌

自盐场开始以煤代柴作燃料后，灶房负责炉堂火力的灶火工就逐渐有了一个新的名称：炭老倌。

每灶配有两个炭老倌。其工作先是从煤仓挑来粉状的原煤，然后为了节省火力，还要在煤中加入黄泥，以水和之，称为"和炭"。要将数以吨计的煤和黄泥搅拌均匀，在当时生产条件下，主要靠两脚踩踏。

炭老倌从生火煮盐，到"水竭盐成"，历时一昼夜，耗煤往往在十吨以上。盐成后，在交班前，还得钻入灶底下洞内，把炭渣全部清除，挑出灶房。这一进一出，一个班的运输量多达十几吨，全靠两肩挑。所以，炭老倌是盐场最苦最累的工作，只有青壮年才能胜任。

（6）煤黑子

煤黑子是对煤窑里挖煤工的称呼，属于上游工种。

从清朝初年开始，汤溪河沿河两岸先后开掘了500多个煤窑，其中规模大的雇工达到200多人，最小的煤窑也有10多个挖煤工。1938年，灶户汪鑫发、唐恒茂等商号在汤溪河畔自办煤窑，采煤工人曾一度达到1500多人。

很多煤窑的煤层很低，从二三十厘米到五六十厘米不等，因而挖煤工在井下的工作面也很低，只能匍匐上前，侧着身子挖煤，手上腿上，擦伤碰伤是常有的事。一天工作下来，除了眼睛和牙齿是白的，浑身上下全是黑的，所以就有了"煤黑子"的称呼。

（7）桡夫子

云安盐场大量烧煤，带动了汤溪河水上运输的快速发展。沿汤溪河，上至鱼泉，下至硐村，两岸"煤洞极多……船运如织，业此谋生者，无虑数万"

（中华民国《云阳县志·卷十·盐法》）。

驾船的船工俗称"船板凳儿""桡夫子"（或叫桡胡子，"胡子"是三峡一带对成年男子的别称）。汤溪河水浅、滩多，河道弯弯曲曲，上行时，驾长（撑头）在船上用篙杆撑，纤工（水划子）在岸边用纤绳拉，如遇船搁浅，还要站在水里，用力推着船舷重回水道。推船没有那么大劲儿时，就转过身子用背去顶，俗称"背船"。有时，纤绳会被河边岩石卡住，桡夫子必须马上凫水过去，挪开纤绳，这叫"抬挽"，也称"抬水挽"。如果只是在岸上挪开被石头卡住的纤绳，就叫"抬旱挽"。

桡胡子行船过程中，一会儿在岸上，一会儿在船上，不时要在水中行走，为了不弄湿衣服，常常赤裸着身子，无论春夏秋冬，总是一丝不挂、赤身裸体，躬起身子背负着长长的纤绳，喊起"嘿哟、嘿哟"的号子声，在河岸乱石中匍匐前行。他们一般在腰上围着一块布或帕子，不仅仅为了遮羞，也用作擦汗洗澡。沿途两岸的小孩儿们，见到河中行船的桡夫子，常常会拍着巴掌唱起歌谣："船板凳儿不穿裤，当门搭块遮羞布……"

（8）挑二哥

挑二哥又称挑老二、背老二，是以扁担、箩筐或背篼为工具的脚夫。除了在盐场有一帮人专门从事煤炭、食盐的上下码头运输，更多的是指在崎岖漫长的山间古道上进行食盐运输的挑夫。

尤其是在长达数百千米的云利古盐道上，长年累月活跃着上百支结队行走的脚夫和马帮。他们或挑或背或用马驮，把鄂西山区的药材、生漆、桐油等土特产运到云阳，换成食盐后运回本地销售。他们爬高山，越溪壑，穿峡谷，过峭壁，一路颠簸，通常一个来回少则八天十天，多则经旬累月。他们往往自带干粮，寄存在沿途幺店子，返程途中歇息时取来充饥。云利古盐道上，以前流传着一首歌谣，形象地描述了挑二哥的艰辛："挑二哥来挑二哥，上磨肩膀下磨脚。脚板磨得像锅铲，肩膀磨得像乌龟壳。"

第三章 因盐而兴——与盐业相关的产业集群

（一）能源工业

1.柴薪

云安场数千年煎盐史，除了丰沛的卤水资源外，能源是不可或缺的一项关键资源。

原始先民们在摸索制盐的漫长过程中，曾经不自觉地利用过风能、太阳能，虽然手段极其原始、笨拙，却是达到最终利用火能制盐的一个必不可少的探索过程。

火，是人类从自然界获得解放的一个巨大的推动力。火的使用，对原始人体质的发展，对他们的生存和生活，都起了重大的促进作用。由于有了火，人类摆脱了"茹毛饮血"的生活，开始熟食。恩格斯在评价火的作用时说："摩擦生火第一次使人支配了一种自然力，从而最终把人同动物分开。"有了火的使用，才会有陶器的发明，而陶器的发明，是实现人工煮盐最关键的一步。在阳光充足而炽热的夏季，古人偶然发现，盛在陶罐中的卤水被太阳蒸发后，会产生结晶盐。于是，尝试利用火力加速这种蒸发，人工煮盐的历史就这样开始了。

根据现代考古发现，三峡地区开始人工煮盐，是在新石器时代晚期产生的。在清代以前三峡地区四千多年的煮盐历史中，柴薪是所能利用的唯一能源。

汤溪河两岸的崇山峻岭，遍布着莽莽榛榛的原始丛林，为煮盐的先民们提供了取之不尽、用之不竭的柴薪资源，因为柴薪作为一种生物能源，具有强大的可再生能力。斧斤伐不尽，春风吹又生。几年以后，又是一片好林。于是，在汤溪河上下游，依托盐灶以伐木采薪谋生者，逐渐形成了一个古老悠久的传统职业。"今汤溪水步，尚有'柴湾'之名。"

三千年来，连绵青山化作一口口盐锅下的熊熊炉火，为云安古镇燃烧出了一部厚重辉煌的制盐历史。

然而，随着人口的增加，农业的发展，汤溪河两岸的崇山峻岭逐渐遭到人们的垦殖开发。尤其是到了隋代以后，三峡地区人口大幅增加，峡谷深处的宜垦河谷地已经耕垦殆尽。"绵历数世，户口日蕃，田入不足以给"，于是，人们开始向山里进军，去开发新的家园。到了唐宋时期，畲耕成为三峡地区农业发展的一大趋势。所谓畲耕，或叫畲田，就是刀耕火种，一种原始粗放的土地垦殖方式：先在冬季将一片山林放倒，待到春播前夕，一火焚之，以灰作肥，一场雨来，即乘热土下种。其结果是，"峰巅岩罅均满炊烟，寻壑得水，则作梯田，隐石诛茅，以求席地。光绪初年，入山百里，尚富林薮，材木薪樵，不可胜用。今则尽露崖崿，无复苍蔚"（见中华民国《云阳县志·卷十三·礼俗中》）。

汤溪河两岸一山连一山的莽莽森林，就这样被一片片长满庄稼的山地蚕食殆尽。昔日斧斤伐木之声，悉被鸡鸣狗吠替代。

2. 煤炭

"山木既尽，乃用石炭……"

顺治八年（公元 1651 年），自汉中南郑迁居云阳水市口以卖薪为业的张荣廷，在云安附近发现煤脉并开采成功，运到盐场试烧，因其火力比柴薪大数倍而受到灶户火工的欢迎。

自此，以煤代薪逐渐得到推广，煤炭开发成为潮流。至咸丰年间，云安场有煤炭经营者数十人，规模最大的为吉庆煤窑老板陶启潢、谭锡奎兄弟三人。据中华民国《云阳县志·卷十·盐法》载："咸丰初，楚销蜀盐，云安厂人以盐起，首陶、郭，以煤盛者，称谭、萧云。"

中华民国初年，云安镇著名实业家唐星甫开始经营煤业，并于1931年联合红狮、故陵数家煤窑成立永谷公司，自任经理，成为全县第一家登记注册的采煤企业，年产煤6450吨。

抗战时期，川盐济楚，盐灶猛增，煤炭需求成倍增长，采煤业更加兴旺。1938年，灶户汪鑫发、唐恒茂等20余家自雇工人在汤溪河畔采煤，工人一度达到1500多人。

此后不久，云安采煤企业如雨后春笋，发展到91家。1944年，云安煤矿矿主杨泽森、汪恒太、林炳发等共同发起成立"汤溪河流域煤矿同业公会"，登记会员91户。1945年7月26日，煤矿同业公会在云安镇帝主宫召开成立大会，选举公会领导人，制定章程。

据《云安镇志》记载，云安和平解放后，新政府加强了对煤炭业的管理。1951年8月，云安有私营煤矿27家、工人299人，年产煤8923吨，全部销往盐场。同年，在中共云安区委领导下，成立"云安区煤矿同业公会"。到1954年4月，加入同业公会的有9家煤厂。

1956年，全镇煤矿业公私合营，成立公私合营云安煤厂，煤炭开发纳入计划管理。

1978年，云安煤厂严重亏损，报经县革委会批准后撤停。

3. 电力

1954年初，国营云阳制盐厂开始修建火力发电机组。当年12月1日，第一台机组建成发电。

1957 年年初，开工建设第二台发电机组，当年 10 月 1 日投入运行。

两台发电机组总装机容量 226 千瓦，所发电力除供盐厂生产使用外，还供镇机关、其他厂矿企业、学校等单位使用。

1966 年，硐村水力发电站竣工投产。次年，开工建设从硐村经云安到南溪的输电线路。1968 年，云安变电所建设完成，并开始建设镇内输电线路。1971 年，开始向全镇供电。

1978 年，盐厂完成真空制盐的技术改造后，使用背压式汽轮发电机组，将锅炉产生的蒸汽转换为机械能再到电能，从而产生电压为 6.3 千伏、额定功率为 1500 千瓦的电力并入县电网，同时，将发电后的背压式蒸汽引入制盐车间，作为制盐的热源。

（二）铸造业

自汉武帝时期，云安盐场开始使用铁锅煮盐。

铁锅俗称"鐅子"，以生铁铸成，圆形、敞口。底面呈球状，形似炊锅。铁锅的大小有固定的形制。在田灶兴起以前，一直使用大圆锅，直径 1.42 米，重 350 千克。有了田灶以后，因灶身加长，后面烟巷按前低后高安置小铁锅。小锅比大锅小一半，直径 1.13 米，重 175 千克。

据南宋陆游《入蜀记》记载，他赴任夔州通判时，曾在巫山见到过一只古代的煮盐铁盆，盆中铭文显示，是东汉永平七年（公元 64 年）产物。这说明，至少在东汉时期，渝东三峡地区各盐场使用的铁盆仍然是由官府统一铸造的。

后来，随着历朝历代盐业管理政策的不断变化，以及各地井盐生产具体情况的差异，铁锅的铸造改由各盐场自行解决了。

据目前所知，云安盐场所用铁锅在清朝咸丰年间以前，一直是由江口湛家铁厂铸造的。湛家铁厂有自己的矿山，从采矿、自炼毛铁（生铁）到铸造铁具，以盐锅为大宗，兼济农器，产业链较为完整。咸丰年间川盐济楚，烧灶增加，湛家铁厂的铁锅产量满足不了快速发展的生产需要，灶户只得自雇工匠，买来生铁铸造鏊子。新的商机出现，于是有人趁机在盐场附近搭建厂棚，置办设备，雇请铸造工匠，购买生铁，专门为灶户量身铸造鏊子。

据中华民国《云阳县志·卷十·盐法》载：

锅如炊锅，而厚数倍之，场人呼曰'鏊子'。环场多铸鏊之厂。久用破坏，则以旧鏊余铁，论斤减价，以易新者。旧用大鏊，今以炭贵省火，多用小鏊。

1939年7月，第二次川盐济楚时期，云安27家冶铁专业户联合组建"民和正公司"，同时成立"云阳县铁矿工业同业公会"。解放初，冶铁厂合并到盐厂，划归盐厂管理。后因结构调整被裁撤。

1958年，为响应"全民大炼钢铁"号召，云安镇开办地方国营性质的云安铁厂，筑炼铁炉一座，容积20立方米。不久，云安铁厂更名为战斗铁厂。因仓促上马，管理不善，企业严重亏损。1961年，战斗铁厂被关停。

（三）运输业

1. 陆运组织

云安自远古开始煮盐以来，运输就是一个不可缺少的关联行业。在原始的鱼盐经济时期，汤溪河滩险流急，舟行不便，从云安至汤口15千米路程，全靠人力转运。原始公社时期，以部落为单位，组织群体运输。私有制产生以后，逐渐沦为单干。运输的货物，除食盐以外，还包括柴薪和盐场所需的生产、生活物资。

到了清朝乾隆末期，云安开始出现行业帮会。这时期，在云安从事运输工作的，主要是来自江西移民的后裔，他们在云安镇聚居的地方，被称作江西街。他们相邻而居，抱团求活，组成"江西帮"，并集资修建"禹王宫"作为会众之地。同时，为了在业务上协力发展，他们还组织"驮帮"，以帮会出面招揽业务、组织运输，以获取更大的利益。

民国时期，民间秘密帮、会、社成为潮流，云安搬运工人先后建立了"云友社""云汉社""箩筐帮""扁背帮"等帮会组织。1942年，"云安运输业同业公会"经云阳县政府批准成立，多数工人加入了公会，以寻求职业保护。

中华人民共和国成立后，所有帮会组织自行解散，由人民政府组织成立"云阳县搬运公司"，下设硐村搬运站、云安搬运站，有工人286人。1956年，成立云安搬运合作社，社下面设若干搬运队。改革开放后，经济发展迅速，云安搬运社曾通过贷款和职工集资方式，购买客、货车5辆，但由于竞争激烈，加上体制老旧，经营效益很差。2002年，云安搬运社正式关闭。

1963年春，对一些工矿企业实施"关、停、并、转"，导致1000余名职工下岗。云安镇人民委员会为了安置这些下岗工人，组建了"云安镇运输社"（主要从事盐厂内煤、盐及其他物资转运，基本是挑、抬等体力活，职工多为男性）、"云安镇运煤社"（主要承担煤建石油公司云安办事处、云阳盐厂等单位的煤炭运输）、"云安镇起运社"（云安镇各码头运煤、粮和木船上下货物，职工多为女性）三个集体性质的运输企业。

2. 水运组织

云安的水上运输，应该是从巴国时期就开始的。巴人逐水而居，是操舟的行家，船是他们必不可少的交通工具，被称为"水上流莺"，他们航行在川江大小河流中，开设起漂泊在水上的流动盐铺。

汤溪河下至硐村、上至沙沱这一段河流，是云安盐场最主要的水上运输线。到汉唐时期，随着盐业生产规模的扩大，水上运输也渐成规模。以云安为中心，川流上下的木船，入则柴薪，出则盐包，满载而去，也满载而归。

清乾隆以后，云安盐场开始大量烧煤，更是带动水上运输快速发展。到咸丰年间，船主船夫们开始顺应潮流，组织起来抱团发展，成立了"船帮"，并集资在县城修建"紫云宫"，作为帮会集会之地。

船夫们长期跑江湖、混码头，三教九流无所不交。民国时期，军阀混战，民不聊生，船夫们为了寻求保护，纷纷加入具有袍哥性质的秘密帮会，已知的云阳地下帮会名称有"忠勇社""云汉社""精诚社""桡夫帮"等。

1939年，经县政府批准，成立了"汤溪河船员公会"，会址设在云安场，有会员数百人。

1952年，成立了"云安汤溪河船员工会"。

1956年2月，人民政府为了更好地管理船工，成立水上建社工作组，并成立建社筹委会，报名入社的有1037人。凡入社船工，需缴纳入社费1元、生产基金15元。同年4月25日，正式成立第一（云安）木船运输合作社，包括硐村、白水滩、水市口、黄堆、南溪、鱼鳞口、盐渠、柏树林、云安等地船员和船只，共有木船128艘、社员408人；4月30日，成立第二（马槽）木船运输合作社，包括盛堡、江口、新里坝、骑马沱、马槽、鱼泉、沙沱等地的船员和船只，有木船96艘、社员326人。同年11月，一社社员增加到706人，有船203艘、运力1225.58吨，船只入社评价总额为24545.20元；二社社员为302人，船只96艘、运力624吨，船只入社评价总额为12554.34元。1957年，两社合并成立云安木船运输合作社，下设三个小社，统由四川省交通厅内河局云阳管理站领导。

到1965年，汤溪河流域共有运输船只198艘、运力1502吨、工人812人。

不久以后，由于沿汤溪河岸的云（阳）巫（溪）公路建成，汽车逐渐替代了木船运输。1980年，木船运输完全停止，企业关闭，职工另谋出路。

云阳老县城80年代运输船只

云阳县老城90年代码头

（四）商贸服务业

在云阳这片古老的土地上，早期商贸活动，在数千年前就已经形成了。原始社会时期，聚居在三峡地区的巴人族群，坐拥丰沛的盐泉，擅长水上运输，广泛地开展着"以盐易物"的原始商贸活动。

巴人立国以后，尽管以"纳贡"形式开始征收盐税，并不影响生活在三峡地区的"水上流莺"们自由的鱼盐贸易活动。

自西汉开始，国家垄断山泽之利，对食盐生产、运销进行强制性管理，但随着盐业的逐步发展壮大，所带动的商贸活动更加频繁，盐场所需生产、生活物资，全赖商贸交易进行解决。明代邓希明《云安场记》中曰："凡卜居此（云安）者，不知种稑而食，不暇蚕织而衣，治可聊生，乱可避寇，高士可以养廉，小民得以食力……"皆因盐业的兴盛而带来了商贸的发达。

到清朝中期，云安人口已超过云阳县城，成为三峡地区最繁华的城镇，被人们称为"安乐窝""银窝子"。清朝末年，云安工商户有300余家，工商经济总量占到全县五成以上。至抗日战争前夕，私营商户达到400余家，从业人员2000多人。

1932年1月12日，为顺应潮流，云安镇商会成立了。出席成立大会代表有42人，当场选举执行委员15人，监察委员7人。但在1935年1月举行换届选举时才发现，由于县政府当时未向省政府呈报登记，于3年前成立的云安镇商会属于非法。直到1945年才正式筹建云安镇商会，当年10月20日举行第一次会员大会，宣布商会成立，并依法选举商会组成人员。

从1939年到1946年，云安镇陆续成立了屠案、棉布、杂货、旅栈、饮食、竹木、粮食、药材、水果、食糖等10个商业同业公会，共有会员（商号）400余家，其中粮食业同业公会有会员120余家，比云阳县城多出一半，是全镇最大的同业公会。400余家商号遍布全镇，形成津口、黄州、江西三条繁盛的商业街，每天有100余只木船将数百种货物、上千名旅客迎进送出，热闹非凡。

清代陶寿朋在《云安场风土记》中记述：

考之前《志》，有谓此地"不耕而食，不织而衣"，此语诚不欺我也。以今观之，富家大族，无论矣，即一切工作，自食其力，皆可日获百钱，其多者或倍之。且穷厘妇孺，以拾煤为生计，虽蓬首垢面，终日坐于涂炭而嘻，嘻然不自知其苦者，良以利源所在，取携甚便耳。河之南北，不下数千户，熙来攘往，嘈杂之声，虽夜分无殊白昼，人民辐辏可谓盛矣。宋贤（指邵康节——引者注）居此，称"安乐窝"，即谓统阖境言之也可。但其习尚颇奢，冠、婚、丧、祭，无论有无，但求观美。岁时伏腊，偶一宴会，味必备山、海，甚有费数十千而犹以为寡色者。识者谓风俗之纷华，视乎有群之猬集是境，五方杂处，各以异乡相耀成之耳。

沿汤溪河两岸的大街小巷，客栈、饭铺（酒馆）、茶馆、杂货店、剃头铺、肉铺，一家连着一家，家家生意红火。云安周边依靠食盐及其上下游产业链营生的不下数十万人，南来北往，川流不息，人烟腾茂，市场繁荣，恰似一幅鲜活的《清明上河图》。

解放战争时期，战乱导致商路阻断，货物短缺，物价飞涨，不少商号被迫关门歇业，云安商贸一度陷入困境。

解放战争结束后，人民政府为了尽快恢复市场，发展生产，采用贷款等方式鼓励私营商户开门营业。同时，积极组建国营、集体商业企业，到云安选点布店，发展业务。

1953年6月，成立云安区市场管理分会，受县工商科和区、镇委双重领导，负责辖区内工商行政管理工作。其主要职责，是打击投机倒把，维护国家利益，促进物资交流，稳定物价，保障供应。

1956年，国家开展"一化三改造"运动。"一化"，是指逐步实现国家的社会主义工业化，这是主体；"三改造"，即逐步实现国家对农业、手工业、资本主义工商业的社会主义改造。全镇80%以上的私营商户采用公私合营、合作经营两种形式，走上了集体化道路。

经过"一化三改造"运动，云安镇逐渐形成了云安镇粮油管理站（全民所有制）、公私合营商店（公私合营，后并入工矿贸易公司，成为全民商业的一部分）、云阳县盐城商业公司（集体所有制）、工矿贸易公司（全民所有制）等几家综合性商业企业，包括茶馆、饭店、客栈等个体私营经济基本退出市场。

（五）教育文化

1.崇文重教

自朐忍置县，两汉以降，朝廷重道崇儒，在各郡县设有专管文化教育的官员（官名"训导"或"教谕"）。但朐忍地处峡江腹区，经济文化发展总是落后于中原、江浙及两湖地区，儒风未畅，教育不昌，因此，县中"教谕"或"训导"之职，时有缺如。

但朐忍作为峡江大县，又有盐井利源所在，巨室富户延师施教，以求儿孙走上仕途，光宗耀祖，也时有才士俊彦闪耀而出。比如唐代进士李远、官至上柱国的辛希元、孟蜀翰林学士辛寅逊、宋代一门四学士的袁氏祖孙。然而，这毕竟只是凤毛麟角，并未倡引域内学风。正因为盐利所在，普通人家让子孙识字，初断文墨，只为长大后生计所需，不致受人愚弄，此外别无追求。

北宋熙宁年间，著名理学家邵雍（康节）曾来县游学，设坛讲课，在云安盐场传授《易经》。邵雍喜爱云安山重水复的自然胜景，称此地为"安乐窝"，一住经年。当地人为了纪念他，将他居住过的地方称为"演易台"，这地名沿用至今。

南宋时期，四川三台县人王曰翚出任云安军知军，上任之初，曾专程去云安拜访云安监知监程公。及至云安，见"其山岌而高，蹲踞相揖，环合四面；其溪洪且远，清甘湛碧，潆洄曲折，皆秀美也"，不由襟怀大畅。于是，在与程公交谈中，欣然说道："予闻山深而猛兽藏，水广而巨鱼游，地灵则杰人出，盖理之常也。观兹气象，必有当时闻人者出焉。"

程公回答说："唐之季有希元者，官至上国柱。伪蜀时有寅逊者，仕为侍郎，皆辛氏也。"

王知军拊掌而笑，点头说："子言岂不信哉！"

但程公随后却告诉他，此地有三牛、马岭二山，旧传"三牛对马岭，不出贵人出盐井"，于是，人们就对读书仕进一途失去了信心，对后辈所期，则专营货利，认为这里受山川地理所限，不出贵人，即使皓首穷经读一辈子书也难以考取功名、挤上仕途。所以，一直以来，云安全境学风不盛，至今没有一所像样的学舍，连家办私学也很少。

王知军问这传言从何而来，程公说古时石碑所刻，是汉廷尉扶嘉之语。王知军听后不以为然，大发议论说，廷尉贤哲之士，必定不会说出这等田夫、野老之言，一定是后世托扶嘉之名，谬传千年，贻误至深。假如其言可信，为什么功名显赫的辛氏二人得生此土？而且，据我所知，蜀东盐泉县有名苏易简的，所作策论为天下第一；蜀西仙井监地曰三嵎，类似"三牛"之地，有名何栗的，也有策论取为天下第一。二人都官至宰相。盐泉、仙井两地，盐出尤多，而贵人也多，至今显宦名儒，相继不绝，怎么能说只出盐井不出贵人呢？我认为，云安监这"石刻之传不废，则汤溪之士不振"！

王知军这一番宏论，让程公怦然心动，力劝王知军"书以为训"。于是，王曰翚作《云安监劝学诗（并序）》，洋洋千言，谆谆诱导，劝勉里人舍锥刀之末利，祈高大于门闾，化贪利之风为衣冠之俗。

自此，云安始重文教，大户人家办的"家馆"渐渐多了起来。后来又出现由家族集资办的"族馆"，由地方团、甲筹资办的"团馆"，还出现了由祠堂、庙产投资或私人捐钱开办的"义塾"，也有先生（塾师）自筹资金开办的"私学"。据明嘉靖《云阳县志》载，在元代，云安盐场有社学一所，与县城另一所社学成为全县最早的两所社学（元代推行社团制，以50户为一社，社办学馆称为社学）。

清咸丰年间，盐大使陈廷安在其任内，捐廉募绅，在马岭之麓建起七层文峰塔。这是一座风水塔，旨在镇山镇水，以昌一方文教。当巍巍文峰塔如一支巨灵笔挺起在汤溪河畔，陈大使又将旧盐大使署改为五溪书院，并置产纳租，延师课徒。据《云阳县乡土志》载：

陈廷安。咸丰（1851~1861）初任云安盐课大使。刚正廉明。觑山水雄秀，商民辐辏，不可无教。捐廉募绅，建石塔于马鞍山之阳，及五溪书院置产纳租，延师课徒，增加膏火，实心劝学。今大使周毓渝承改高等小学堂。邑北文明，此其基础。

又据中华民国《云阳县志·卷十一·学校》记载：

五溪书院。在云安盐场东岸，即旧盐大使署，后署移北里许。咸丰初，大使陈廷安改建斯院。地势平旷，襟带溪流，远离市嚣，颇宜弦诵。汤溪上游，有小水五，自两山来会，故院以为名。

书院建成之后，延请名师，学风纯正，藏书丰饶，川东名流魏瀚、陶凤冈、胡瀛涛、钟光耀、敬传璧等皆出该院。自明清以降，云安场学风大盛，社会风俗也为之一变。土民重利，更重教化。陶寿朋在《云安场风土记》中描述说："……间尝于群萃州处中区别人物，其蠢而愚者，犹多守本分；其桀而骜者，犹多畏国法；其老成通达者，犹多崇文教而重师儒；其聪明俊秀者，犹多说诗书而敦礼让。岸南岸北，比屋而居，弦诵之声不绝于耳……"。

信哉此言。正是由于云安有了崇文重教的良好传统，历代宿儒、名士、诗人、艺术家，灿若星辰，如郭文珍、施子澄、胡颣子等；惠政一方的良吏显宦亦代有人出，如晚清胡瀛涛、陶懋恭、郭策勋等。

2.九大书院

宋代以前，云阳县学不显，史籍未彰。据说，云阳书院之设，即始于北宋，但现已无从稽考。

有史可查的，元代至大初年（公元 1308 年左右），在县城北（原东风小学址）始建学宫。后经明清两代不断增葺，逐渐完善，到清雍正年间，县学规制基本完备，包括戟门、棂星门、崇圣祠、大成殿、先师殿、明伦堂、名宦乡贤忠义节孝祠等建筑，可谓洋洋大观。

乾隆二十三年（公元 1758 年），知县沈宪号召县人捐资，在县署东街社学旧址（老县城川剧团、邮电局一带）创建云安书院。乾隆四十四年（公元 1779 年），知县严作明再作扩建，因地取势，分作前、中、后三级，层层递进，设生徒房舍、讲堂、先圣殿等，并设游憩小轩、方池秀石，植苍松翠柏、奇花异卉，环境幽雅宜人。院中山长、讲习，皆多名流，一时名播蜀东。同治丁卯年（公元 1867 年），院生钟光耀、卢志修、王廷珍、湛福春、邓光熙 5 人同时中举，时任知县高以庄以人才鼎盛，前所未见，乃更名为"飞凤书院"。"飞凤"之名，得意于宋人扈蒙"五凤齐飞入翰林"的诗句，恰好县城对岸张飞庙后的山也名飞凤山。

清代时，云阳已是学风大盛，大江南北共有九大书院。除前述飞凤书院、五溪书院外，还有：

凤鸣书院，址在江南土门甲二磴场（今凤鸣镇）。道光二十七年（公元 1847 年），里人吴大志、贾正清、向智曾、彭中立等 25 人各捐资 320 金，在原"凤鸣义学"基础上改建而成。名儒吴登俊掌教最久，百里内学子"竞趋之"。清末推行新政，改办为高等小学堂。

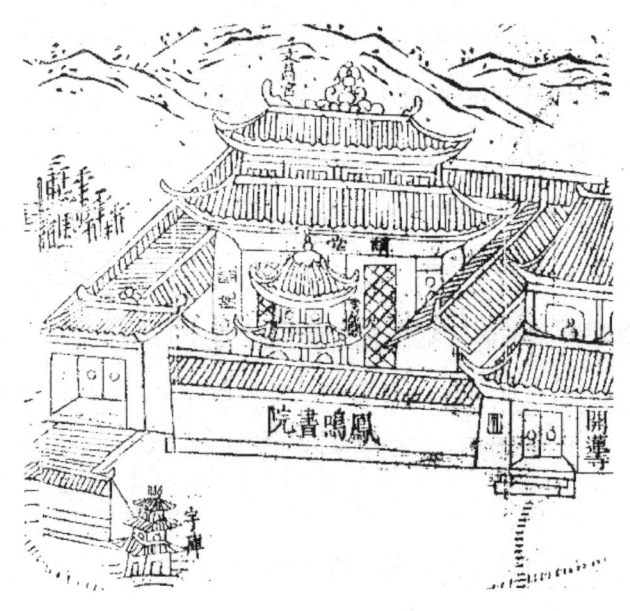

凤鸣书院

云峰书院，址在双江镇黄石甲（今黄石镇）的石佛寺。嘉庆二十年（公元1815年），由当地大户邬世文出资修建。

陆吴书院，在县城飞凤书院左侧（老县城云阳镇医院一门诊部址）。乾隆中期，由旅居云阳的江西籍人集资创办，"陆吴"之名，是为了纪念江西先贤——宋代著名理学家、教育家陆九渊，元代著名教育家、文学家吴澄二人，因此又名"二贤祠"。

崇善书院，址在江南恒合乡（现属万州区）里坪甲。道光初年，当地人集资以文武宫改建而成。

象山书院，址在高阳乡（今高阳镇）洞溪坝。光绪初年，当地大户沈氏以族中祠产兴建，延请名儒谭兆蓝执教。

云龙书院，址在江南云龙乡薫草场（今薫草镇）后山谷间。光绪初年，当地人士曾锡光募资修建。

耀灵书院，址在耀灵乡书院村（今耀灵小学址）。光绪初年，由当地人谭家艘、谭楷生等募资修建。书院正梁有兵部尚书兼都察院右都御史、四川提督丁宝桢，四川学政谭宗俊等人题字，名满云、万两县（清代，耀灵属万县郭里六甲，中华民国时期划入云阳县辖区）。

耀灵书院

3.学校普及

光绪二十四年（公元1898年），朝廷推行新政，经云安士人陶懋鑫倡议、盐场大使周毓渝批准，将五溪书院改为新式学堂，以陶懋鑫为校长，开全县新学之先河。1953年，更名为云阳县云安镇第二完全小学（简称云安二小）。

光绪三十一年（公元1905年），盐场大使周毓渝筹资在云安梓潼宫建初等小学堂。后来几经演变，1953年，更名为云阳县云安镇第一完全小学（简称云安一小）。

清帝逊位后，遗臣云安人郭策勋（曾任湖北知县、云南道员）为"利济乡党"，创立"维心学堂"，尚孔孟之学，主张读经，与清末之新学背道而驰，仅办学半年，就被取缔了。

中华民国元年，云安镇有鱼塘甲、梅子甲两所初级小学校。1914年，全镇初级小学发展到6所。以后又陆续开办短期小学、民众小学。1940年，所有小学统称为保国民学校（中华民国时期，"保"相当于村一级基层行政组织）。到1946年，全镇有保国民学校12所。

1943年，在国民党元老褚辅成先生支持下，当地富绅唐星甫、汪国宾等改原文昌宫为私立"辅成中学"。中华人民共和国成立后，人民政府将其改办为公立中学，1958 年更名为云阳县云安中学校。

1943 年，盐工子弟小学在帝主宫正式开学。学校董事长由盐场公署场长兼任。解放后，人民政府接管学校，将其改制为公办小学。1958 年，更名为云安镇第三完全小学（简称云安三小）。

1957 年 8 月，云安镇以原官运盐局和票厘局衙门作校址，筹办云安民办中学，于当年 9 月 1 日正式招生、行课。1982 年 11 月，学校由民办改为公办，更名为云阳县滴翠初级中学。

中篇：文华灿烂

　　文化，是一个含义广泛的概念。云阳这片土地，自有人类活动以来，已经有了数千年的发展演变。古老、悠久的历史脉络，使其文化的发展与进步，显得既深厚又多元。从石器时代最原始的鱼盐经济，到商周时期的巴楚文化，再经过秦汉、唐宋、明清，各个历史时期都在这片古老的土地上留下过鲜明的印迹。

　　云阳因盐而兴，数千年的社会经济发展，无不打上"盐"的烙印，所有文化特征的内核，都饱含着盐的味道。在不同历史时期，国家对食盐的生产、运销，所采用的具体管理规则、措施，所反映的是制度文化；民居街巷、宗祠寺庙、宫观书院、码头桥梁、茶楼酒肆以及名木古树等，所呈现的是历史文化；人们思想观念、道德规范、生活方式、宗教信仰以及认知方式等，所显示的是行为文化；传承已久的民间歌谣、戏曲说唱、传统工艺、节庆方式、传统饮食、民风民俗等，更是非物质形态的宝贵遗产。

　　悠久的传承，厚重的积淀，云阳盐文化可谓千姿百态、异彩纷呈。

第四章　国之重宝——盐政管理的制度文化

（一）无税时代

在我们今天看来，食盐不过是一种极其普通的调味品，量多价廉，随处可买。但在遥远的古代，食盐却是极其珍贵的稀罕之物，先民们往往逐盐而居。事实上，中华文明发源于黄河中游地区的一个重要原因，就是"盐"。在山西运城的河东解池周围 50~200 千米的范围内，发现过十余处远古人类活动的遗迹。正是因为充足的食盐资源，把原始部落慢慢吸引到盐池附近，从而形成了最初的华夏文明。

其至发生在中华大地上最早的大规模战争，也是因盐而起。上古时代，黄帝与蚩尤、炎帝之间的战争就是为了争夺当时的"战略资源"河东盐池的控制权而爆发的。此战号称"中华第一战"，获胜的黄帝兼并了炎帝和蚩尤部落，对周边部落不仅形成了人数上的优势，还因为拥有盐池而占据了经济和战略上的主动，形成了华夏民族的基础。

同理，远古时期，生活在三峡地区的巴人能够建立巴国并逐渐强盛起来，依赖的就是这里丰沛的盐泉。从远古迄至秦初，为争夺三峡地区盐泉，所引发的战争可以说是连续不断，而且异常激烈。远古时代的三峡盐业发展历程，实际上就是从战争的烽烟中一路厮打过来的。巴国因盐而兴，也因盐而亡。纵观整个巴国历史，实际上就是一部争夺三峡盐泉的战争史。

国家对盐业的管理体制，称为盐政。国家的产生，是人类社会从野蛮时代进入文明时代的标志。自有国家开始，就有了盐政。因为食盐既是民众日用所需，举箸之间不可或离，更是统治者重要的利源所在，财政命脉所系，国家存亡攸关。拥国之君，治国之臣，无不对此着眼着力，历朝历代都受到朝廷的严格管控，被称为"国之重宝"。

曾经在中华民国时期担任过川康盐务管理局局长的曾仰丰先生（中华民国三十八年赴台湾，任盐务总局局长），因工作所需，也因工作之便，曾系统研究中国盐政历史，并在 1936 年应商务印书馆之约，著有《中国盐政史》一书。曾仰丰先生将自古以来数千年中国盐业产、运、销管理体制，概括为"无税""征税""专卖"三种体制。

远古时期，三峡先民对盐泉资源的利用、加工历史，过去一直没有相关的古籍文献资料可寻可依，历史学家们只能做出一些比较保守的推论。但 20 世纪末三峡地区地下文物的抢救性发掘，出土大量古代遗存，以实物形式为我们展示了一幅没有断代的完整历史画卷，专家们由此拾回了那一段被遗落的历史，并据此得出结论：在整个漫长的石器时代，三峡地区先民们对当地丰沛盐泉资源的利用开发，经历了"泉盐时期""浇烧时期"和"煮盐时期"三个阶段。

其中，具有划时代意义的，是陶器的发明与制作。能耐高温的夹炭陶器的出现，标志着三峡地区先民进入了真正的"煮盐"时期。

夏商周三代以前，人们生活在一个原始的"大同"社会之中，俗淳事简，山海之利，全民共享。盐资源虽然稀少、珍贵，也任由民众自取自给，既无征税，更不专卖。这当然属于"无税"时代。

中华大地的人类文明，直到新石器时代，才逐渐走出漫长的蒙昧时期，开始绽放光明。

在距今 10000 年前到距今 4000 年前的新石器时代，三峡地区先民们开始进入农业时代，发明了种植、养殖和陶器制作，并开始以部落为单位的聚落定居生活。尽管当时生产力水平极其低下，但因为地广人稀，生活资料来源相对丰盛，各个部落分居在不同的村落，集体劳作，山海鱼盐，共同享有。这是一个没有明确管理体制的自由时代，原始古朴。上篇所述"巫咸国""载民之国"，即形象地展示出了这一时期生产资料共有、产品交换自由的原始风貌。这一时代，就是所谓盐业管理体制的"无税"时代。

4000 年前，夏启建立了中国第一个"家天下"的世袭制朝代——夏朝，大致在新石器时代晚期、青铜时代早期。这时候，三峡地区虽然落后于中原，但生产力的发展已经产生了剩余的社会财富，私有制开始出现，同时也出现了专门掌握盐泉、组织从事盐业生产活动的部族。他们凭借祖辈们长期积累下来的制陶和煮盐经验，以食盐产品与其他物品进行交易的范围越来越大，完全从渔猎和农耕等经济活动中脱离出来，成为煮制食盐和以盐易物的专业部族。而此时聚居在三峡地区，以高超的航行技术而被称为"水上流莺"的巴人，逐盐而居，以盐为业，并且凭借有组织、有规模的集团化运作，顺理成章成为控制三峡地区盐业资源的专业族群。

在整个夏、商两代，中原王朝的社会管理基本上沿袭原始社会"信巫崇巫"的神权管理模式，简单松散；而远离中原政治中心、相对落后的三峡地区，被视为"夷"地，也没有被纳入中央王朝的控制范围。因此，在这一时期，三峡地区的盐业经济活动，基本上仍然处于一种相对自由的原始经济状态。

夏朝时（距今 4100 年 ~3600 年）称为"巴方"，商朝时（公元前 16 世纪初 ~ 公元前 11 世纪中）称为"巴奠（甸）"。巴奠（甸）虽然僻处一隅，却要向商朝年年纳贡，岁岁服役。不过，贡物之中，并没有"盐"。这说明，对于囊括九洲四海的中原王朝来说，三峡地区井盐业的规模，还没有引起统治者的重视。直到商末周初，巴人以盐立国，三峡地区的盐业经济才开始进入国家管理模式。

（二）纳税时代

盐业经济的所谓国家管理模式，就是"纳税"。

巴国鼎盛时期，其疆域已东抵今奉节夔门，西达今四川宜宾，北接陕西汉中，南面则到达贵州北部一带。从版图看，可谓泱泱大国。不过，虽然称"国"，其实只是一个比较松散的部族联盟。境内"巫风"炽盛，民俗简朴，巴国王族尊袭古制，仍以"神权"作为主要治理部族的手段。因此，所谓"纳税"，也只是以各地土物特产进贡。据《华阳国志》记载，当时各地给巴国王室"纳贡"的十八种物品中，盐，也赫然在列。当然，这并不奇怪，巴国本身就是因盐而立、因盐而兴。食盐，不但是百姓生活中必不可少的调味品，也是国家十分重要的战略物资。因此，所有从事盐业生产运销的部落，都必须拿出一定数额的食盐作为"贡品"上交给王室。当然，也仅限于此，盐民们完"税"之后，仍然可以自由地生产、运销。

公元前221年，秦始皇横扫八荒、一统江湖，战国七雄被他灭掉了六国，建立起唯我独尊的集权专制国家。为了巩固自己的统治，秦始皇以战国时期的秦制为标准，在全国范围推行"书同文、车同轨、度同制"的大一统政策，在政治、经济和文化层面建立起整齐划一的各项国家制度。由于过于急功近利，秦始皇施行各种暴政，严刑峻法，横征暴敛，搞得普天之下民不聊生，仅维持了短短15年就二世而亡。"其兴也勃焉，其亡也忽焉"，可谓昙花一现。但这一现而逝的昙花，却是中国历史上最重要的一个时代。秦代建立起的各项国家制度，对紧跟而来的西汉以及后来历代王朝都产生了直接而深远的影响。

早在秦始皇统一中国之前95年（公元前316年）的秦惠文王时期，巴国被秦国吞并，成为秦之巴郡。自此时开始，三峡地区井盐业被纳入了朝廷的统一管理，并实行商鞅之术。商鞅所行盐政，是国家将山泽之利尽行开放，产制运销，听民自由，朝廷则课以重税。这就是所谓的"民营征税制"。实际上，对食盐管理实行民营征税制，由来甚远，只不过真正卓有成效地实施，则从战国时期秦国商鞅开始。

西汉王朝初期，分布在三峡地区南郡巫县（辖今巫山、巫溪、巴东、建始等地）、巴郡朐忍县（辖今重庆云阳、开州、万州及湖北利川等地）、巴郡临江县（辖今忠县、垫江及万州、梁平部分县地）的三大煮盐工场，被纳入国家盐业管理体系。虽然这三大煮盐工场仍然沿袭古老的传统工艺煮制食盐，但其丰沛的盐泉资源和悠久的煮盐历史，还是引起了中央王朝的高度重视。这一时期的盐政管理，基本是承袭秦制，盐税之重，不减于秦。

汉武帝元狩五年（公元前118年），朝廷推行盐政改革，在巴郡朐忍和南郡巫县设置盐官，推行食盐官营专卖政策。盐官负责均输，盐贵则卖，盐贱则买，以调节、控制市场盐价，杜绝食盐私贩，从而完全垄断了三峡地区的井盐之利。

食盐官营专卖制，是在汉武帝时期首创的，其滥觞则是春秋时期齐国管仲的"官山海"之法。可以说，食盐官营专卖法，是在历史进程之中对"官山海"法管理进一步规范化的结果。

自秦汉以后，历朝历代盐业管理体制多有变化。但无论各个朝代在具体的盐业产、运、销管理政策上如何变化，其大要都离不开"官营专卖制"和"民营征税制"这两种体制，或取其一，或二者并行，大多是在这两种体制基础之上变换花样。自秦汉以降直至民国时期，盐业经济一直是国家财政收入的主要支撑，因而在盐业管理的制度建设方面，可谓丰富多彩。

1. 隋唐五代盐政

自隋代至初唐，国家盐政管理曾经出现过一个长达百年的"无税"时期。

东汉末年，天下大乱，从此开始，中国经历了三国两晋南北朝持续370多年国家分裂、南北对峙的政治局面，战乱加上苛税，百姓不堪其苦。隋文帝一统天下后，励精图治，为巩固新政权，毅然放开盐禁，"与民休息"，从而得到天下百姓的拥戴。

隋朝因隋炀帝的荒淫暴虐而很快覆亡，仅存37年。但它与秦朝有诸多相似之处，"都是结束前一个历史阶段，开始一个新历史阶段的重要朝代。它们创立的制度，都对以后的朝代主要是对本历史阶段内的各朝代有严重影响"（范文澜《中国通史·隋唐五代时期》）。隋文帝所创立的各种制度对随后的唐王朝具有直接而广泛的影响。其"盐池、盐井与百姓共之"的盐业政策，一直延续到唐玄宗开元年间才告结束，前后长达百年左右。

唐开元十年（公元722年），开始征收盐税，但政策宽松，税赋较轻。乾元元年（公元758年），朝廷起用第五琦为盐铁铸钱使，改革盐政，推行专卖制。后刘晏继之，进一步完善盐政政策，实行"民制、官收、官卖、商运、商销"的就场专卖制，使整个盐业经济得以盘活。"天下之赋，盐利居半，宫闱、服御、军馕、百官俸禄，皆仰给焉"（见《新唐书·食货志·卷五十四》）。整个社会呈现出相对稳定和繁荣的局面，三峡地区盐业也得到了较好的发展。永贞元年（公元 805 年）在云安县设置盐监。

到五代后蜀时期，成都小朝廷实行"官收、官运、官销"的专卖政策，其盐政管理更为细致，于各县镇置榷枭场院，又置转运使，转输各路盐仓。同时，还首创农村"食盐配送制"（此法沿用至北宋），并以重拳打击私盐。当时，曾先后在云安出任过榷盐使的伊审徵、母守素二人，皆因政绩突出而擢升高官。

2. 宋代盐政

宋代盐政最大的特点，就是创行了"盐引法"。

宋徽宗政和三年（公元 1113 年），宰相蔡京改"盐钞"为"盐引"，创行盐引法：用官袋装盐，限定斤重，封印为记，一袋为一引，编立引目号簿。商人缴纳包括税款在内的盐价领引，凭引核对号簿支盐运销。引分长引、短引。长引行销外路，限期一年；短引行销本路，限期一季。到期盐未售完，即行毁引，盐没于官。

赵宋开国不久，就把云安县建置为军，其行政级别与州相同，其下分置县、监，同属于云安军的管辖之下，盐监治所设在云安盐场，所谓"井灶近利之地"。到宋熙宁年间（公元 1068 年~1077 年），有近五年时间把云安监从云安县分离出来，并将云安监在籍户口单列，建置为安义县。行政建制的改变，说明当时云安盐场的井盐生产受到朝廷的高度重视。

据《宋史·李周传》所载，当时李周"知云安，蠲盐井之征且百万"。即是说，在李周作云安知县时，所蠲免的井盐之征（税）竟高达百万，说明朝廷对云安盐场所定岁额之高，已经超过了当时的实际生产能力，地方官不得不据实予以蠲免。

到南宋高宗绍兴二年（公元 1132 年），赵开任宣抚处置使司随军转运使，在四川对盐引法作进一步改革：井户煮盐不立课额，商人纳钱请引，缴纳引税、过税、住税，向井户直接买盐出售。官置合同场负责验视、秤量、发放，以防私售，并征收井户的土产税。废除官买民盐然后卖给商人的中间环节，直接征收井户和盐商的税钱，既简单便捷，又有效地防止了私盐产生。废除中间环节的盘剥，盐商获利甚丰，其贩运食盐的积极性大大提高，而政府并未提高税率，其盐课收入却大大增加了。当时，川陕一带为抗金前线，朝廷驻有 10 万大军，川峡四路的井盐课利承担了川陕战场全部军费的 14%。其中，包括云安盐场在内的夔州一路的盐课征收，占额近半。这也反映出，三峡地区盐民为抗金斗争作出过巨大贡献。

宋理宗淳祐元年（公元 1241 年），蒙军攻破成都，余玠镇蜀，四川首府迁至重庆。余玠在构筑山城防御体系、主持抗蒙军事的同时，大力恢复残破不堪的四川经济。在此后近二十年时间里，三峡地区盐业经济，成为夔州一路抗蒙军用之需的主要支撑。

正如任桂园教授在《从远古走向现代——长江三峡地区盐业发展史研究》一书中所言："千古盐业，既可载社稷江山走向欣欣向荣，又能映照出王朝末日之衰落与颓败。"

3. 元、明两代盐政

元代盐政，基本上承袭宋制，实行"民制、官收、商运、商销"的专卖政策，称为"现钱卖引法"。元代"引法"仿自北宋蔡京，但立法更为严密，特别是为打击私盐所制定的刑法十分严厉。曾仰丰先生曾在《中国盐政史》中总结："引制之行，肇于宋而实备于元。"

在元代，朝廷设中书省为中央行政管理机构，总领全国政务。同时，在全国各地分设十个"行中书省"，作为地方最高行政机关。省以下，废除宋代军、监建制，实行"路—府、州—县"三级制。

至元十五年立"云安军"，至元二十年升"云阳州"，"并云阳县入焉"，隶属四川行省夔路录事司。

元代设立四川行省，乃首次将"巴蜀"合一，也是中国历史上称巴蜀之地为"四川省"的开端。

当三峡地区军民仍在凭借余玠所创山城防御体系与元蒙军队对垒之际，元蒙统治者已经深刻认识到"国之所资，其利最广者莫如盐"（见《元史·食货志·盐法》），并着手整顿四川盐务，初设"拘榷税课所"，征收盐税；后置

"兴元四川转运司"，组织灶户，恢复生产，并实行官营专卖制，以资军用。其后，因战祸摧残，灶户逃亡，盐井毁坏，民力困顿，又一度撤销转运司，并免除蜀中盐课，与民休息。

及至蒙军攻下全川、一统天下后，又复立四川盐茶转运司，统领四川盐务，并在全川设置盐场十二所，管理基层盐务。为了高度垄断盐利，国家实行十分严厉的盐禁政策，或现钱卖引，商运商销；或官府专卖，计口授盐。虽曾一度开放盐禁，听民自煮，但为时甚短，有如昙花一现。到后来，朝廷为敷国用，加重盘剥，不断添加余盐，陡增盐价，扩大食盐官卖区域，以致官商勾结，营私舞弊，到元代中叶的延祐二年，食盐引价竟达到了至元十三年的十六倍之多，而市场官盐、商盐皆成天价，更是惊人。此时，全川井盐生产大为萎缩，仅余大宁、云安、绍庆（今彭水）三场苟延残喘。正如曾仰丰先生所言："读史者谓元之亡，亡于盐政之紊乱，非无故也。"（见曾仰丰著《中国盐政史·盐法》）。

元王朝灭亡后，三峡地区尚为定都于重庆的明氏大夏政权所割据。明洪武四年（公元 1371 年），平定四川。随后，在全川设立十五个盐课司，其中，在云阳县云安场设"五井盐课司"。

由于元末战乱，三峡地区许多井灶停闭，不少灶户逃亡，朝廷为了尽快恢复生产，采取了一系列优恤政策，不仅划给草场供灶户采薪，还允其开荒种地，并免除各种差役；吸收外籍流民充当灶户，沿袭元制编定灶籍，如同军匠子孙世代为业，借以把灶户牢牢套在井场。

据明·嘉靖《云阳县志·食货志》记载：

云安九井……国朝榷课之始，盖因水咸柴便，将所烧之盐尽作额课。又，每丁每日请支食米一升五合，岁计米四千八百四十石，俱赴布政司领支。

开国之初，明王朝承元旧制，实行"民制、官收、商运、商销"的"就场专卖制"。明洪武三年（公元 1370 年），因山西等边地急需军储，政府招募商人输纳军粮、马匹等物资换取盐引，凭引领盐运销于指定地区，称为"开中"。

明代中期以前，三峡地区社会相对稳定，井盐业发展较快，云安与大宁都被定为上等盐场，郁山、濋井二场也定为中等盐场。这就引来官府高定岁额，逐渐超出各煮盐井场的实际承受能力，让煮盐灶户不堪重负。明·嘉靖《云阳县志·卷上》中，对此情状有过具体记载：

（云安场）原额九井，累年崩塌、填塞，止存四井，而四井之中，新井虽高，一遇天旱，其水必竭。大井、赵井、东井俱卑下近溪，一遇天雨，潦水泛涨，尽被淹没，泥沙填塞。水消之后，重复开淘，工费不可胜言。一年只有春、冬二季煎办。又，河泛舟阻，市绝柴、草，每每停煎。日去课存，年复一年，同煎完课者，十无二三；监追俟死者，十常八九。甚者子孙相继，惟候诏赦，以图苟免而已。以此国用不充，灶民日困。

旧以巨薪，前卤咸易以成功，近因薪贵，附以茅草，脆弱无力，既不足以成烈焰，而卤水日淡，又多费煎沸之难，此所以尽一旬之力，所得不补所失也。

明初所创"开中"之法，原为战争筹备军需，后来大规模征战已经结束，统治者为聚敛财富，却不改盐法，导致盐政计划严重失调，商人所持盐引无法支取现盐，"盐引"本身成为一种商品，弄得豪强盐商交相争利、奸商猾贾狼狈为奸，以至名目迭出、"假引"横行，私盐泛滥、积弊加深，结果是国家财政遭损，开中法名存实亡。

值得一提的是，作为三峡产盐重镇的大宁盐场，由于朝廷妄加岁课，灶户盐丁不堪盘剥，最终爆发起义，义军转战川北、陕南等地，历时六年之久，人数最多时达到十万之众。虽然最后失败，但对朱明王朝造成极大震动，并直接促成了盐政的改革。

明代后期，为消除积弊，力挽危局，朝廷改革盐政，创立纲引之法，将食盐运销交由资本雄厚的商人包揽，并可由其子孙承袭。官府从盐业市场退出，只向商人征收引税，向灶户征收生产税。

这一政策，其中蕴含着较为明显的资本主义因素，具有积极的意义。但由于皇帝昏庸，宦官专权，朱明王朝国势已衰，末日将临，最终难逃覆灭命运。

4.清代盐政

清王朝遵循其祖宗所定"以汉法治汉人"的大政方针，在盐法上承袭明代而未作彻底变革。

宏观看来，清王朝二百六十年盐政，基本上是以明末"招商认窝、领引办课"的纲法为法，虽然随着时间推移，各地所行盐法有所变化，也只是在旧法基础上的小修小补，或是因情势所逼而行权宜之计。从行盐方式看，或改引盐为票盐，或随引盐而兼行票盐；从运销体制看，或官运官销，或官督商销，或商运商销，或官运商销，或民运民销，可谓五花八门，不一而足。

三峡地区，明末清初所被战祸尤为惨烈，井毁人亡，盐业遭受到有史以来最为惨重的破坏，井盐生产几乎全面崩溃，一蹶不振。

为此，清政府采取了一系列行之有效的措施，在盐业管理上大开绿灯，任由民众自由开凿，井灶成为人民私产，三峡地区井盐业由此开始复苏。其后，又有康、雍、乾三朝"湖广填四川"的大规模移民运动，三峡井盐业逐步兴旺发达起来，生产规模和运销口岸逐渐扩大，到了乾隆前期，云安盐产已配引行销渝东鄂西十五州县和陕南部分县地。据《道光夔州府志·水利·卷七》记载，到乾隆、嘉庆时期，云安盐场盐井已增至133眼，设灶357座，煎锅357口。

乾隆后期，由于盐法败坏，加上出现水枯卤淡、燃料短缺等情况，云安盐场及整个三峡地区井盐生产曾一度跌入低谷。这时，任四川通省盐茶道的林儁，为了解决蜀盐困境，提出"听民穿井、永不加课"的盐务变革纲领，三峡地区各盐场的生产积极性被激活起来，加上燃料更换所带来的生产技术的进步，云安盐场再度崛起。

道光年间，云安盐场配销引岸逐渐被他盐侵占，造成大量积引，以至生产、运销出现疲滞。中华民国《云阳县志·卷十·盐法》载：

咸同间，商运法久大坏，万县商人崔光裕、崔文裕，以云盐引暗配富、犍厂盐，以江运顺流，有加包夹带之利，而开县商人熊元霖效尤，以所领后河水陆引三百九十五张应配云盐者，亦图利别配。于是云盐积滞无售，致煤船井灶工役失业，常千百为群，寻衅生事……

后经云安井场盐商中有胆识者出面斡旋呼吁，引起四川总督高度重视，大力革除商弊，云安井盐得以按引配销，盐场井灶工役才得以安业。但奸商恃恃资金雄厚追逐厚利，暗中改配之弊并没有从根本上消除。及至咸丰时期，迎来"川盐济楚"的大好机遇，云安盐场所产井盐在楚销岸得以恢复，历年滞引得以配运，殊少积欠，无论盐产量还是运销量，都达到了历史最高峰。

光绪三年（公元 1877 年），四川总督丁宝桢整顿盐务，革除积弊，建立盐业运销机制，逐渐推行"官运商销"之法，前后历经二十余年，所积盐引逐年销毕，成效显著，云安盐业运销一度走上正轨。

5. 中华民国时期盐政

（1）中华民国初年（1912 年 ~1917 年）

1912 年 1 月 1 日，中华民国成立。2 月 2 日，大汉四川军政府与重庆蜀军政府合并组成中华民国四川都督府。都督府下设机构中，盐务部与军、民、财政等机构并列，由邓孝可（奉节人）出任部长，主持四川盐政。他认为"盐为民生日用之需，与布帛菽粟同一重要，不应征以重税，更不应绳以法禁，使人民不能自由，动即得咎"（见吴炜著《四川盐政史·卷一·通论》），于是，破除清末所定引岸，取消官运，改为"就场征税"。

从此，所有旧法，扫除一空，原设局所，一并裁撤，盐商完税之后，任其自由运销。包括云安场在内的三峡地区各大盐场设置"榷盐司署"，负责盐政事务和盐税征收。后因各方掣肘，改革成效不大，邓孝可愤而辞职，四川盐政部降格并入财政司，设立盐务局，原设榷盐司署改称"榷税官署"，行政、税务仍一并统管，同时在各地水陆要冲设置批验所，负责检验过道盐斤和缉拿漏税私盐。

1913 年 5 月，袁世凯与五国银行团签订"善后大借款"合同，以全国盐税作抵押。1914 年 3 月，袁世凯委任晏安澜为四川盐运使，入川整理盐务，以偿还外债。

晏安澜上任后，即恢复清末旧有引岸，推行"官督、商运、商销"之法，重新厘定岸区，每个销岸设运盐公司一家，按每月所配引数先缴税款，然后持单到指定盐场购盐，并运往厘定口岸，交承销店零售。三峡地区各产盐井场"榷盐官署"均改名为"盐场知事公署"，原"批验所"改称"监运所"，各自职能不变。同时，将原巡防军编余兵员改充为"四川盐务防护军"五个营。其中，第三营分驻万县和巫山佘家嘴，分别巡缉万巫楚岸云（安）、（大）宁、富（顺）合销区的私盐和堵缉来自云安盐场的侵销票盐。

此外，还在各产盐井场组织"公垣"，以杜绝商贩与灶户串通走私，控制票盐侵占引盐。"公垣"由灶户和厂商集资组织，每垣所统各灶盐产，统由公垣收买，不准商贩与灶户直接交易。商贩在公垣购盐时，即将税款交由公垣转缴公署，领取税票，然后依票运销。云安盐场先后在郭家祠堂设立了"乾盛兴"和"坤生林"两家公垣。

从此以后，全川引盐由公司运销，票盐由公垣发落，此法颇见成效，仅一年时间即收盐税 650 银两（约合大洋 970 万元），超过清末所收盐税。

一年后，因地方混乱、军兴道阻，加上实力不足，运盐公司被取消，改行"就场征税制"，并制定引盐暂行办法：划定水运盐斤销岸，以维持"分岸分厂"办法。

（2）防区制时期（1918 年~1935 年）

民国初年，四川境内相继发生讨袁战争、护国战争和护法战争，不但让川内军阀一步步坐大，滇、黔军也趁机入川，各据地盘。

1918 年 3 月，熊克武主政四川，面对各路军阀拥地为王的既成事实，不得不正式划定各军防区，并允其"就地划饷"。从此，四川进入军阀割据的"防区制"时期，各路军阀为扩张势力、争夺防区，甚至图霸四川，相互钩心斗角，混战不休。

盐税，自然就成为军阀们垂涎的一块肥肉。为了筹集军饷，各防区驻军无不插手盐务，并改就场征税制为派税制。进驻盐厂的军阀部队，自由提取盐税，以作军用，并在产场、运道和销岸增设盐务办事机构和查验关卡，自订章程，任意征收附加税，名目繁多，官厅不能过问。同时，也不再向北京解送盐款。

1918 年 10 月至 1920 年 4 月，云阳为滇军防区，滇军在云安盐场设"经收军费处"，每年约收银圆 20 余万元。

1920 年 5 月至 9 月，豫军、鄂军占领云阳，在云安盐场续设"经收军费处"，约收银圆 7 万元。同时，还在奉节验卡处征收云盐"护商费"，每引收取银圆 15 元。

1927 年，云阳县云龙乡（今蔘草镇）团总杨某，以办团练为名，在通往施南、利川的要道上设卡抽税，每担盐收钱 300 文，每日过境盐约有 200 余担。

1923 年，川军第二军（杨森部）在吴佩孚支持下由楚回川，与川军第一军（刘湘部）交战，第一军驻厂部队在退走途中发生溃变，杀连长段某，推黄正清为首，踞盐厂大肆抢掠。

1928 年 6 月 6 日至 11 日，军阀混战波及云安，盐场大乱，盐务人员逃离，溃败军官趁机估放盐仓，将税银 5539 元卷逃而去。

由于各销岸驻军不相统属，各行其是，导致运销分离，运商有盐不能销往彼岸，销商无盐却不能到此岸进盐，结果是场岸交困。自古盐政之乱，未有甚于此时。

1929 年，云安盐场公署改称为"场长公署"，行政长官称场长。1931 年，场长公署所属行政管理方面的缉私队、场警交由各场盐税局接管，只管场务和岸务。1933 年，盐场税务局划归重庆盐务稽核所管辖。

（3）全面抗战时期（1937 年 ~1945 年）

早在 1935 年，蒋介石即将四川策定为国民政府抗战根据地，并督导主政四川的刘湘进行一系列政治、军事、经济的整顿改革。

此时，四川防区制解体，川政统一。1935 年 11 月，盐运使署召开产运销商会议，宣布四川引盐改行统销法，产运销均由公家统制，产销数量、销售价格、售盐轮次等项概由公家核定，同时调整各场税率，一扫历年积弊，川盐税收大增，以前每年不足 1000 万元，1936 年竟增至 2200 万元。

1938 年，沿海各产盐区相继沦陷，淮盐上运受阻，湘、鄂两省全靠川盐济销。四川盐务管理局奉令尽力增产，以供应湖北、湖南、四川、陕西、西康、云南、贵州七省军需民食。川东各盐场"场长公署"一律改称"盐场公署"，长官仍称场长。

1939 年 1 月，国民政府作出"民制、官收、官运、民销"的决议。同时，四川盐务管理局改组为川康盐务管理局，下设西康、五通桥、川东、川北四个盐务管理分局。其中，川东盐务管理分局设在三峡地区腹心万县市近郊。

1940 年 6 月，川东盐务管理分局改为直属国民政府财政部盐务总局。1942 年，实行"食盐专卖制"，寓税于价，并对食盐产、运、销加强统制管理，各盐场产盐由专卖机构收购，自办官运，在各集散地建仓趸售，发商零售。

1945 年 2 月，又改"食盐专卖"为"民制、官收、民运、民销"的征税制。

抗战期间的第二次川盐济楚，云安盐场为增加产量、支援前方军民所需，不但许多废旧井灶相继启复，连大江南岸弃置多年的龙角乡古樟井和外郎乡古东桥井也得以复生。1942 年，还在汤溪北岸试建小型枝条架一座，以利用日光、风力浓缩卤水。

据《云安盐业志》载，从 1939 年起，云安盐场及龙角、外郎等处井场，共开灶 102 座；截止 1945 年，7 年平均每年产盐 23928 吨，最高年产达到 24700 吨，创历史最高纪录。相对于 1932~1938 年 7 年间平均每年产盐 18330 吨，年均增产 5598 吨。云安盐场所产引盐运销湖北宜昌、秭归、兴山、巴东、恩施、宣恩、利川、建始、鹤峰、长乐、来凤、咸丰以及鄂北老河口、襄樊等地；所产票盐除销售本地区外，也供应鄂西、湘西地区挑贩。古老的云安盐场，焕发出一派兴旺繁荣的景象，为支援前方抗战，稳定大后方社会秩序，发挥了十分重要的作用。

（4）解放前夕（1946 年 ~1949 年）

1945 年以后，抗战时期实行的食盐专卖制及食盐官收政策相继停止施行，计口授盐配销制废止，公卖店销盐办法也被取消。国家盐业政策调整为"民制、民运、民销"的就场征税制。

自淮盐上运、恢复楚岸销售后，川盐销区迅速缩小，国民政府又实行以销定产政策，于是，三峡地区各主要产盐井场食盐产量锐减。1946 年至 1949 年 4 年间，云安盐场平均年产量由原 23928 吨跌落到 19027 吨。

5. 中华人民共和国盐政

1949 年 12 月 7 日，云安和平解放。

1950 年 1 月，在万县市成立西南盐务管理局万县分局。从此，进入 1950 年至 1952 年国民经济三年恢复时期。

值此百废待兴之际，根据中央人民政府"发展经济、保障供给"的总方针，按照"公私兼顾，按销定产，提高质量，保证产量，降低成本"的总体要求和"重点扶持，分期恢复"的具体安排，云安盐场成立统一售盐处，实行统一场价、统一销售，取缔产销商直接交易；又在县城设立万县盐业支公司云阳转运站，负责运盐调往外区；并组建盐警第四中队进入盐场查产缉私；还采取"收购积盐""食盐税额减半征收"等措施，以调运灶商积极性，迅速恢复盐业生产。

1950 年至 1952 年，云安盐场实际产盐量 55275 吨，年均产盐 18425 吨，比 1949 年全年产量 17413 吨已有所提高。

从 1953 年起，国民经济恢复工作结束后，进入社会主义改造时期，开始执行发展国民经济的第一个五年计划。

1953 年 2 月，云阳县人民政府投资十四座没收的制盐井灶，正式成立"四川省国营云阳制盐厂"，为省级地方国营企业，归属省工业厅领导。

1957 年 1 月，"四川省公私合营云安制盐厂"并入"四川省国营云阳制盐厂"。至此，云安盐场生产资料私有制的社会主义改造基本完成，历经沧桑的古老盐场从此成为单一的社会主义国营经济，是三峡地区第一产盐大厂。

随着对生产资料私有制和社会主义改造的进行，生产技术也在不断革新，尤其是电力水泵采卤技术的使用，让生产效率得到大幅度提高。1953 年至 1957 年五年时间，实际产盐 109945 吨，年均产量 21989 吨。由于国家实行统购包销的盐业政策，产销完全平衡。

此后，云阳盐厂受"大跃进"和"文化大革命"影响，产量一度大幅下降。1974 年至 1976 年三年时间，年均产量仅有 9622.67 吨。

1978 年以后，在"改革开放"政策指引下，云阳盐厂开始实行真空制盐技术，更新改造设备，引"万盐一井"浓卤，实施技改工程，盐产量大幅度攀升，1992 年全年产量达到 92312 吨，创历史新高。

到 20 世纪 90 年代中期，从洪荒远古时期汩汩渗涌而来的云安古盐泉逐渐枯竭淡化，加上当时盐业市场不景气，云阳盐厂亏损严重，举步维艰。1999 年，云阳盐厂被万州索特集团公司兼并；2003 年 4 月，云阳盐厂全面停产。哺育云阳人民数千年的云安盐场，挤尽最后一滴乳汁，悲壮谢幕，告别了制盐的历史舞台。

本章主要参考资料：

任桂园：《从远古走向现代——长江三峡地区盐业发展史研究》（四川出版集团巴蜀书社 2006 年第 1 版）

第五章　湖广填四川——五方融合的移民文化

在中国版图上，位于重庆以东、宜昌以西的长江三峡地区，处在一个十分特殊的位置：东承成都平原，西接江汉平原，南极湘黔，北通陕甘，可谓融汇东西、贯通南北。加上这里地势险要、交通便利、资源丰富，对外来族群具有很大的吸引力。

数千年来，三峡地区的文明发展史，就是一部鲜活的移民史。从远古开始，来自东西南北的移民，即在这片神奇的土地上进出不断。

历史上，每一次进出三峡地区的移民，总是与发生在这里的战争紧密联系在一起。在一次又一次移进移出的过程中，来自四面八方、南北东西的不同文化、不同风俗，在这里碰撞、交融，直接或间接地促进了三峡地区本土文化的生长和发育，不仅使三峡地区获得了经济发展所必需的劳动力资源，还带来了先进的生产技术，促进了农业、商业、运输业和手工业等各行各业的全面发展。

云阳这片地域，自古以来，"县虽久蒙蜀称，地实旧楚，……迄今语音习尚，犹存楚之遗风。"（中华民国《云阳县志·卷十三·礼俗中》）同时，云阳又是一个移民大县，尤其"明季丧乱，遗黎荡析，存于今者，略可指数。余皆康、乾以来，徙自吴、楚。"（中华民国《云阳县志·卷十三·礼俗中》）历史上几次大规模的移民活动，带来不同文化的大交流，让云阳的民间习俗呈现出兼容并包的多元特色。

楚风雄浑强悍，吴韵儒雅婉转，秦人慷慨粗犷，在云阳这片土地上，与刚直好义的本土民风杂处交融，形成独特的云阳地方风俗。

1.远古时期移民

被称为中华四大奇书之一的《山海经》，包罗万象，荒诞不经，其中不少内容涉及我国上古时代的南方民族，对研究我国南方古史系统，特别是巴、蜀、楚三地的历史、地理、风俗、物产等，具有十分重要的文献价值。

《山海经·大荒南经》中讲了一个故事：

有载民之国。帝舜生无淫，降载处，是谓巫载民。巫载民盼姓，食谷，不绩不经，服也；不稼不穑，食也。爰有歌舞之鸟，鸾鸟自歌，凤鸟自舞；爰有百兽，相群爰处。百谷所聚。

故事讲的是，帝舜派遣他的儿子无淫降临"巫载之国"（今巫山一带），将这里治理成一方"不绩不经，服也；不稼不穑，食也"的乐土。在《山海经·海内南经》（第十）中，又讲了另一个故事：

夏后启之臣曰孟涂，是司神于巴。人请讼于孟涂之所，其衣有血者乃执之，是请生。居山上，在丹山西。丹山在丹阳南，丹阳属居也。

这个故事，在另一部上古奇书《竹书纪年》中得到了印证。《竹书纪年》是战国时期魏国史官所作的一部编年体史书，也是唯一一部躲过了"秦火"的编年通史。晋朝初年，一个盗墓贼从一座古墓中挖出这部书，它记载了夏、商、周、春秋战国89位帝王、1847年的历史，是十分宝贵的历史研究资料。据《竹书纪年·卷三》记载：

帝启八年，帝使孟涂如巴莅讼。

"孟涂如巴莅讼"中的"巴"，指的是巴地，即长江三峡地区，具体位置"丹山西"在今天巫山县境内，丹山即今巫山。道光《夔州府志·寺庙》和光绪《巫山县志·坛庙》皆有相应记载："孟涂祠在县南巫山下。"

禹死后，其子启以武力夺取众人所举伯益的帝位而自立，建立夏朝，然后派自己的重臣孟涂"如巴莅讼"。一方面，说明夏启王朝对控制三峡地区十分重视；另一方面，又说明此时三峡地区早已不是"鸾鸟自歌、凤鸟自舞"的世外乐园。随着私有制的产生，民间讼争不断，需要有代表王权的官员在此主持公道。

在这里，《山海经》中的两个故事要说明的是同一个意思：移民。无论是帝舜之子无淫，还是夏启的重臣孟涂，他们莅临三峡地区，都必然会带来一定规模的社会流动。道理很简单，作为中原王朝派往边僻之邦的最高行政长官，肯定会带来一套相应的管理班子，还有各种技术工匠，以及他们的家眷、仆从等等。这些人并不是来这里走亲访友或是旅游观光的，而是要在这里扎下根来，长住下去。这就是所谓"移民"了。而且，他们是代表中原王朝，代表先进的思想和文化，具有绝对的话语权，对地方的影响是深远的。

无淫代表新石器时代晚期，孟涂代表夏文化早期，他们让原生性的三峡文化打上了鲜明的中原文化烙印，这在今天考古发掘出土的大量带有中原二里头文化特征的陶器中，已经得到了充分的证实。

《山海经·大荒西经》中还有一个荒诞的故事：

（大荒之中）有人无首，操戈盾立，名曰夏耕之尸。故成汤伐夏桀于章山，克之，斩耕厥前。耕既立，无首，走厥咎，乃降于巫山。

这个故事可谓神怪妄诞，但正如国学大师蒙文通先生所说，《山海经》一类古史资料"自有很多神怪妄诞之说。其实，真正古旧史料总多妄诞，不妄诞者反而难于相信其为真正的古旧史料。"（见蒙文通著《古族甄微》，巴蜀书社，1993年版）

故事大意是说，商汤通过章山一战，灭了夏桀，中原地区被夏桀裹挟参战的一些农耕部族，在夏桀被斩首以后，为了躲避商汤的责罚，整个族群集体逃进了边僻的长江三峡地区，并在这里定居下来。其中，"无首，操戈盾立"，应该是指活人装扮的先灵（夏桀）神像，作为夏朝遗民，以此祭灵，当含有不忘先主杀身之仇的意思。但作为古旧史料，本故事告诉我们的最有价值的历史文化信息是：夏耕余部逃往三峡地区（巫山）。这是一次群体性的较大规模的移民，土生土长的三峡文化，再次被外来文明融入。

商代时期，三峡腹心地带北边部分地区已属庸国辖地。庸国的立国之地在鄂西北的竹山、竹溪一带。但早期巴人的聚居地就在三峡地区腹心地带，廪君部巴人的先祖就是由三峡地区走出去的。春秋时期，生活在清江流域的廪君部巴人，为了逐盐而居，奋力穿越川鄂山地，重返三峡地区。

以盐立国的廪君巴人，秉承其先人依仗自然盐泉采卤、制盐、贩盐以安身立命的古老传统，为了彻底控制三峡地区的食盐生产与盐业贩运，一直征战不休。廪君巴人是一个崇尚武力的族群，他们用青铜剑书写自己的历史。一部巴国史，基本上就是一部战争史。所谓的巴文化，抹去层层历史尘埃，其核心就是盐文化和军事文化。

公元前 611 年，楚国联合秦、巴，灭掉庸国，然后三家分庸，巴国得到了巫山以西地盘，楚国则在巫山设置巫郡。从此，巴、楚之间，以巫山为前沿，为争夺三峡地区天然盐泉，长期征战不休。

今云阳县长江北岸汤溪河畔的云安镇，以及今开州境内彭溪河上游清江河段的温汤峡谷，盐泉丰沛，水运方便，成为楚国西进的首攻之地。

20 世纪末，考古工作者在云阳境内大江北侧彭溪河东岸的李家坝遗址中，清理出战国时期墓葬 40 余座，其考古结论是，"虽然这批墓葬的基本文化性质是属于巴蜀文化，但仍包含有较多的其他文化因素，其中以来自楚文化的因素为多。"

云阳巴阳峡的大梁古岩画（现已切割陈列于重庆中国三峡博物馆《壮丽三峡》展厅），透露出更加丰富的文化信息。岩画表现的是水上祭祀亡灵、驱疫、厌江神等远古人类活动，尤其正中两杆飘扬的鱼旗，是目前国内考古发现中绝无仅有的文化符号。重庆市文物考古研究院白九江研究员认为："过去普遍认为，大梁岩画是一幅巴人聚落图，对此我不认同，它应该只是一幅与巴文化人群的水上祭祀活动有关系的图画。而从画面上奇特的肋骨式鹚鸟船、罕见的鱼形旗、巫师拿的法器，以及錞于、铜鼓和粮仓等元素来分析考证，这幅岩画具有极其重要的罕见的考古价值。"

大梁岩画的成画时间大约在战国至西汉之间。鱼旗又叫鲤鱼旗,取义于《后汉书》中鲤鱼跃上黄河中的龙门瀑布后变为龙的故事。中国四大传统节日中的端午节,最早出现在殷商时期,当时并不是为了纪念屈原,而是为了禳灾驱毒、祈保子孙平安显贵。五月初五被民间称为大毒日,人们以菖蒲艾草驱毒,并悬挂鲤鱼旗祈保家中男孩健康平安。因为鲤鱼繁殖能力超强,被人们赋予了多子多孙的美好寓意。这一习俗到西晋末年"五胡乱华"时期,逐渐从中国民间消失了。但在日本却一直延续了下来。端午节在日本又被称为"子供之日",就是男孩节。有人认为,日本鲤鱼旗与中国并无关系,"鲤鱼旗是从中国传到日本的"的说法也无明确史料证据。云阳大梁远古岩画的被发现,其中的鱼旗符号正好为这一说法提供了有力的证明。岩画出现在云阳的江岸,必然是移民过程中带来中原文化的结果,其展现出来的多元文化交流,具有十分丰富的文化内涵。

云阳县大梁岩画 A 面(陈列于重庆中国三峡博物馆)

云阳县大梁岩画 B 面

21 世纪初，对云阳境内长江北岸的马粪沱墓群进行考古发掘，清理出战国中晚期至六朝时期的墓葬 80 多座，其中战国时期墓葬 10 余座，出土器物竟全部具有楚文化特征。

在这场漫长而残酷的争战中，楚人以其强大的军事实力不断西进，不仅侵占了大部分三峡地区，而且还有大批楚人趁势移居到渝东各地，形成了涌向三峡地区的一次规模较大的移民潮。正如晋人常璩在《华阳国志》中所言："江州（重庆）以东，滨江山险，其人半楚。"

这场以争夺盐泉资源为起因的战争，带来了连续不断的移民运动，具有雄浑、谨严、清奇、灵巧风格的楚文化被带进三峡地区，与本土巴文化所特有的强悍、素朴、神秘而诡谲的色彩融合在一起。其后，北方强秦越过秦岭，吞并蜀、巴，继而伐楚，更是将绚丽、秀美的蜀文化融入三峡地区，从而构成了一种崭新的文化形态。

这种崭新的文化形态，在三峡地区原有的本土巴文化基础上，糅合进了庸国时代渗透进来的更为先进的中原文化因素，然后，又具有了楚文化的雄浑风格和蜀文化的绚丽色彩。实际上，这就是一种融合四方、汇纳百川、连通峡江内外的"移民文化"，以其兼收包容的特性而显得丰富多彩。

2. 三国两晋南北朝时期移民

在中国历史上，"秦皇汉武"是国家最早形成大一统的一个象征。秦汉四百余年，以皇帝为核心的专制主义中央集权统治，从政治、经济以及思想文化方面维系着国家的统一，形成相对稳定的社会局面。

自东汉末年以后，中国社会进入到一个漫长的政治大分裂时期。在这一历史时期内，割据政权林立，王朝更迭频繁，人民流离失所，社会动荡不安。于是，为躲避战乱而形成的移民大潮，再次在华夏大地上涌动不止。

三峡地区掌控着长江黄金水道，不但成为各方军事进攻的战略要道，也是峡内峡外移民进出的主要通道。

自汉灵帝中平五年（公元 188 年）到汉献帝兴平元年（公元 194 年）刘焉主蜀之际，全国各地官僚、百姓纷纷避乱入蜀。据史料载："南阳、三辅民数万户流入益州，焉悉收以为众，名曰东州兵。"（见范晔著《后汉书·刘焉传》卷一零五，上海古籍出版社《二十五史》影印本，1986 年）。

数万户没有组织的流民，于战乱之中从南阳拥挤入蜀，大多须经峡江水道溯江而上，其中不乏因体疲粮竭而滞留峡江者。

兴平元年，刘焉卒，其子刘璋接替刘焉领益州牧。当年，朝廷命益州司马赵韪为征东中郎将，率军攻打荆州。赵韪带兵沿江东下，到朐忍后却屯兵不前，另有图谋。是年，赵韪向刘璋建议"分巴"：以垫江以上为巴郡，以江州（重庆）至临江（忠县）为永宁郡，朐忍至鱼复（奉节）为固陵郡。"巴遂分焉"。赵韪屯兵朐忍，领固陵郡所属朐忍、鱼复两县地，借井盐之利养精蓄锐，于建安五年（公元 200 年）起兵回攻成都，结果兵败身亡。赵韪屯兵朐忍长达六年，其所率军士部属长驻朐忍、鱼复两地，是一种短暂性的军事移民。

建安二十一年（公元 216 年），刘备入主益州，分朐忍西南部分县地置羊渠县，又分朐忍西北部分县地置为汉丰县。同时，将朐忍、鱼复、汉丰、羊渠

155

及宜都之巫、北井（巫溪）等六县再次置为固陵郡。刘备此举目的，是为了加强对此六县的盐业管理。古代设置县一级行政管理区域，除了地域上的考量之外，还必须要达到相应的人口规模。因此，要析出朐忍县地另置两县，最基本的前提是要有足够的人口。这说明当时朐忍等地随着过境移民和军事性移民的连续不断，以及自然繁育，人口已经大大增加，尤其是从事盐业生产和运输的民众数量已能完全满足需要。

入晋以后，北方战乱不息，大量北方流民南迁入川。随后，李特、李雄父子起兵反晋，在成都建立大成政权，又导致巴蜀地区人口大规模外迁。史载："晋太安二年（公元303年），益州流民十余万户徙荆州。李特之乱，三蜀民流并南入东下，城邑皆空，野无烟火。其入荆者十余万户羁旅贫乏，镇南将军刘弘大给其田及种粮，擢其贤才，随才授用，流民稍安。"（见郭允蹈著《蜀鉴》卷四，巴蜀书社明嘉靖三十四年刻本影印，1985年）。

所谓"三蜀"，是汉初设置的四川东部行政区划，包括蜀郡、广汉郡、犍郡，后来称为上（川）东。上东十万户流民下荆州，三峡是必经之道，有很大一部分人会在沿途寻地落脚，成为三峡地区新的移民，并为三峡地区井盐业的发展注入活力。

到了北周后期，由于汉丰县自朐忍析出，为了更为有效地加强对云安盐场的管理，朐忍县治由"跨其山陵、南临大江"的朐忍故城迁至汤口，并改朐忍县名为"云安县"。此时，云安汤溪水滨有"翼带盐井一百所，巴川资以自给"，这是随着外来人口的滞留，从事盐业生产与转运人员的增加所带来的繁荣景象。而汇聚了与盐业相关的各行各业大量人口的云安古镇，也因此成为"县北一大都会"，是闻名峡中的"安乐窝"。

三峡地区由于其特殊的地理位置、便利的水上交通以及险峻的地形地貌，再加上被历代统治者视为国之大宝的盐业经济，让这里不仅成为军家的屯兵重地、过境要道，也为逃避战乱的各方流民提供了一个可以安身立命的滞留、栖居之地。

正是由于历代战争所导致的连续不断的移民活动，让中原、荆楚、巴蜀三大不同特色的地域文化在三峡地区进行不断的碰撞、融合，从而产生了具有很强移民文化特质的三峡文化，而且让三峡文化的内涵变得更加丰满、多元。

3. 明、清两次湖广填四川

在中国历史上，曾有两次著名的"湖广填四川"。这两次大的移民潮，都是因惨烈的战争导致四川人口急剧减少，战争结束后，才由政府组织实施的大规模移民运动。

第一次"湖广填四川"是在元末明初。南宋宝祐六年（公元1258年），蒙哥大汗挟着西征欧亚非40余国的赫赫威势，兵分三路南下伐宋。蒙哥大汗亲率的一路大军进攻四川，于次年2月，兵临潼川府路合州钓鱼城（今重庆合川钓鱼城）。蒙哥率领铁骑东征西讨，兵锋所指，所向披靡，但他却在钓鱼城下遭到了四川军民的顽强抗击，始终不能越雷池半步。同年7月，蒙哥被城上火炮击伤，伤重不治而亡，钓鱼城因此被史家形容为"上帝折鞭之处"。这是强悍的蒙古军队在征服世界的过程中，唯一一个在战场上被打死的大汗。由此可见南宋时四川军民的战斗力之强大和战斗意志之顽强。

但连年不断的战争导致四川百姓死难无数，人口锐减。后来，蒙古人攻陷成都，开始惨绝人寰的屠城行动，"城中骸骨一百四十万，城外者不计。"（元·贺清泉《成都录》）。在元朝的统治下，成都了无生机，几乎等同于一座死城。至元二十七年（公元1290年），四川人口降至12万户（约60万人），还不到南宋嘉定年间（公元1208年~1224年）的十分之一。元朝末年，红巾军起义后，湖广随州（今湖北随州）人明玉珍带领农民起义军入川，在江州（重庆）建立大夏国（公元1363年~1371年），四川的局势相对稳定，于是大量的难民涌入四川。其后从明洪武年间起，以湖北、湖南为主体的南方移民入川，史称"奉旨入蜀"。到万历六年（公元1578年），四川人口上升到310万人。

第二次"湖广填四川"，情况更为惨烈。

明末清初的战乱、瘟疫和虎患，三重天灾人祸，造成四川人口的大量死亡和逃迁，据嘉庆《四川通志》载，到康熙二十四年（公元1685年），全川仅有"一万八千零九十余丁（户）"，按每户6~7人计算，约合十二万余口。

157

明崇祯十七年（公元 1644 年），张献忠进川，大开杀戒。据野史记载，张献忠曾假借天意写过一道"七杀碑"（亦称"圣意碑"）："……不忠之人曰可杀！不孝之人曰可杀！不仁之人曰可杀！不义之人曰可杀！不礼不智不信人，大西王曰杀杀杀！……"该碑于大顺二年（公元 1644 年）立于四川广汉，新中国成立前，陈列于广汉公园（今房湖公园）棂星门右侧，日晒雨淋。新中国成立后，才移于棂星门左侧绿树荫浓特建的碑亭内保存至今，被收入上海辞书出版社 2001 年出版的《中国历史名胜大辞典》。其实，所谓"张献忠屠川"，只是造成清初四川人口减少的一个因素。从崇祯十七年到康熙十九年（公元 1644 年~1680 年）的 36 年间，为害四川的战乱还有南明政权与清军的战争，以及历时 8 年的吴三桂之乱等，其持续时间之长，战争之残酷惨烈，史所罕见。由此造成四川生灵涂炭，人烟稀少，土地荒芜，一片惨景。此外，还有瘟疫、虎患。顺治五年（公元 1648 年），因"大旱大饥大疫，人自相食，存者万分之一"。顺治十六年（公元 1659 年），成都"城中草木蔽寒，麋鹿豺虎，纵横民舍，官署不可复识，中官栖于城楼，兵则射猎于城内，蜀王府野兽聚集，二三年捕获未尽。""蜀中升平时无从虎患，自献贼起营后三四年间，遍地皆虎，或一二十成群，或七八只同路，逾墙上屋，浮水登船爬楼，此皆古所未闻，……大抵蜀人死于贼者十之八，死于饥者十之二，仅有者又死于虎之口。"（见清初四川渠县人欧阳直著《欧阳氏遗书》，亦名《蜀乱》《蜀警录》，书中有一句名言广为流传：天下未乱蜀先乱，天下已治蜀未治。）

为此，清初四帝（顺治、康熙、雍正、乾隆）实行"安民"为首、"惠民"为本的治蜀方针，制定了一系列休养生息的政策。而招民垦荒便成为清初中央和地方政府恢复经济、重建四川的首要任务。

在清廷移民政策的鼓励下，整个康熙年间（公元 1662 年~1722 年），来自湖北、湖南、陕西、广东、广西、福建、贵州、云南等地的移民前后达 155 万人之多。到了雍正时期（公元 1723 年~1735 年），由于开始丈量土地，限制人口流入，此时移民潮有所降低。但到了乾隆、嘉庆年间（公元 1736 年~1820 年），清廷再次放开限制，前往四川的移民又增加了 420 万人。

当时，湖广填四川的道路主要有三条：第一条是由长江水路入蜀，第二条是由川北的川陕周边旱路入蜀，第三条是由贵州旱路入蜀。由湖北、湖南入川的移民，最常走的是第一条的水路；由陕西一带入川的移民，则喜欢走第二条；贵州本省、广东、福建、湖南靠贵州地区的移民，则喜欢走第三条。

作为峡中产盐重镇，云安盐场在元朝末年及明末清初两次惨烈的战祸之中，未能幸免，基本上都是"井毁人亡"，一片萧条死寂。时局平定后，又经政府的养息扶持，加上外来人口注入新的活力，才逐渐恢复过来。

中华民国《云阳县志·卷十三·族姓》中，曾将全县城乡大姓，按"其原籍、始祖、世次、丁众可考信者"，编具谱表，全县178族（姓）中，原籍为"土著（云阳本土）"的，仅有"徐、扶"二姓，其余一百七十六姓皆为外籍迁入云阳。

在此，兹摘录民国《云阳县志》中分述于"族姓""商情""盐法""礼俗""士女""耆旧"诸篇的有关记载——

（1）《华阳国志》称"朐忍大姓，有扶、先、徐氏"，今惟先氏无闻，扶、徐支庶尚繁，为县土著最古之族。明季丧乱，遗黎荡析，存于今者，略可指数。

（2）崇祯甲申（1644），张献忠入蜀后，姚、黄、余、李相继为乱，士民逃亡，乙巳（1665，康熙四年），仅存灶户十二。越十三年，丁巳（1677，康熙十六年），逃徙者渐归凿井，益灶户二十二。雍正八年（1730），井十，锅一百六十五。乾隆二十三年（1758），迭增井一百有二，灶二百五十四，锅八十五；三十六年（1771），迭增井二十三，灶一百有三，锅一百有二。

（3）峒上驮帮，有轮规公费。在厂以白水滩水府庙（又名三官庙）为会馆；在县以马王庙为会馆。长江及行万船只，及本场上下游小船，在厂、县均以镇江王爷庙为会馆。

（4）盐商多黄州人，拽水夫亦黄州人尸（"主持、执掌"之意）之。灶房杂雇，则忠州人，照火者，尤忠州人专业，他籍不能羼也。惟跑井不论。场有万天宫，为忠人公所；帝主宫，为黄人公所。祀神饮福，平议帮务，皆于是行之。

（5）谭锡奎，字绍亭，原籍湖南茶陵州。先世流徙至县，贫无籍。兄弟三人，为汤溪煤礦，供凿运之役。继乃谋于两兄，自辟煤洞，多得煤脉且饶。由是殖产日沃，遂为富人。咸丰初，楚销蜀盐，云安厂人以盐起，首陶、郭，以煤盛者，称谭、肖云。

（6）县西大姓，南称彭、薛，北则郇、涂，其先皆楚人，迁蜀且百余年。

（7）县北云安盐场，其大姓曰陶、郭，皆湖北黄冈人。迁蜀后，俱业盐灶、煤矿，世食其利，浸以润家，田庐、卤井，资皆巨万。

（8）裴超凤，先世居武陵，祖正已来蜀。父志禹乃徙县北，初力农，后以盐起。

（9）涂开盛，字怀安，湖北蒲圻县人。乾隆二年（1737），年十七，随父功亮入蜀云阳，度地北乡老龙坪。既成贸矣，资不足，随父返蒲圻措之。未几，父卒，庐墓三年。服除，携妻、子徙云阳，定居老龙坪，披荆斩棘，辟良田数十顷。遇人平易，乡里无贫富老幼，以逮田农佣保，皆乐与之游，故能以单姓成一邑巨室。

4.三峡水库大移民

在云阳这片古老的土地上，自有人类社会以来，即因丰沛的自然盐泉而招致频繁的战争。而每一次战争过后，即会引来相应的移民潮。

大多数时候，都是峡外移民向县内迁居。但也有自峡中成规模外迁的时候，远古时期巴人举族外迁，因时间邈远，史实阙如，不予赘述。东汉时期，蜀郡太守史歆在成都举旗反汉，朐忍人徐容起兵响应。光武帝遣大司马吴汉率军征讨，徐容兵败被杀，吴汉将跟随徐容造反的数千家民众强行迁至南郡（今湖南澧县一带）和长沙郡（今湖南长沙）居住。这是朐忍（云阳）县人在近两千年前的一次较大规模的移民外迁。而云阳最大规模的外迁移民，则发生在21世纪初。

20世纪末，举世瞩目的长江三峡水利枢纽工程开工建设。三峡水电站是世界上规模最大的水电站，三峡工程也是中国有史以来最大型的工程项目。而由它所引发的百万大移民，被人称为"世界难题"。

"三峡工程看移民，三峡移民看云阳"，云阳是三峡移民的重点县，其淹没指数、移民人口都是整个库区淹没县中最多的。云阳境内"一江四河"两岸大片肥沃的田地、密集的农舍，以及老县城、云安镇等十多个依山傍水的千年古镇，都将淹没在三峡水库的碧波下面。

为此，多位党和国家领导人均亲临云阳，视察、指导云阳的移民搬迁工作。在这场举世瞩目的百万大移民中，云阳人民"舍小家、顾大家"，在实践过程中，率先提炼、倡导并推出以"顾全大局的爱国精神、舍己为公的奉献精神、万众一心的协作精神、艰苦创业的拼搏精神"为基本内涵的三峡移民精神。

截至 2015 年，全县累计完成农村生活安置人口 82536 人，生产安置人口 78700 人。其中：政府组织集中外迁，先后向 5 个省市、18 个区县外迁移民 43678 人；自主投亲靠友外迁至 22 个省、市、自治区的移民有 1317户 /4352 人。

全县集镇迁移 19 个，搬迁居民 2410 户 /9123 人；机关企事业单位 380个 /10637 人。云阳新县城是三峡库区搬迁距离最远的县城。如今，这座移民新城已成为库区最耀眼的一颗明珠。一年一度的"三峡移民文化节"，向世界展示云阳深厚的历史文化沉淀和具有鲜明时代特征的三峡移民文化。

正是源于"顽强拼搏"的移民精神，从 20 世纪 80 年代开始，云阳农民走出大山，凭着代代相袭的传统技艺，一台面机闯天下，形成目前遍布全国 2700多个城市的 20 余万人的云阳面业大军，创造出占全国鲜面市场 70% 以上份额的传奇，年现金流超 700 亿元，催生出"云阳见面""云阳早面"品牌。有诗赞曰：

世人称我玉面郎，金丝银线出作坊。
五湖生根不作客，焉知家乡是云阳。

这批面业大军中，有不少人为了便于照顾老人和孩子上学，已在外省城市中购房定居，可算是新一代移民。

云阳县滨江公园浓缩景观"云江叙事"之云阳老城

余盛清外迁上船时回眸故园。云阳县三峡工程移民馆图片

第六章　金戈铁马——为盐而战的军事文化

春秋战国时代，巴人在三峡地区以盐立国，同时，也为盐而战。

巴人立国的利器，除盐而外，还有独木舟和青铜剑。整个一部巴国历史，基本上就是一部不断征伐的战争史。所谓的"巴文化"，其核心实质，也不过是一种争夺盐利的军事文化。从巴人先祖廪君率部由清江流域北上西进，到后来巴、楚相争，大批楚人沿江西进，无一不与争夺三峡地区盐资源直接相关。

自古以来，云阳人即英勇善战，曾经是著名的"射虎之乡"。秦灭巴后，据《华阳国志·卷一·巴志》记载：秦昭襄王时，有白虎率群虎为患，秦王悬赏招募有能杀之者封万户侯。胸忍夷人廖仲、药何、射虎秦精等三人以竹弩射杀白虎。秦王欲如约，因嫌其夷人，乃改为"复夷人顷田不租"厚待之（复，免除赋税及劳役），并与之"盟曰：'秦犯夷输黄龙一双，夷犯秦输清酒一钟。'夷人安之"。汉代兴起，胸忍夷人"亦从高祖定乱有功。高祖因复之，专以射白虎为事"，故世人号为"白虎复夷"，又称板楯蛮。板楯蛮为彭人，因善用彭排而得名。彭排是一种特殊的木楯，称为"板楯"，其居地多以"彭"字命名。云阳彭溪即是古彭人的聚居之地。

汉灵帝的时候，板楯蛮多次造反，太守蜀郡人赵温施以恩信，将其降服。于是宕渠长出九穗稻谷，胸忍生出连理树。光和二年（公元179年），板楯蛮再次造反，皇上打算派大军讨伐。益州计曹程苞劝道：板楯七姓以射杀白虎为业，有功于汉朝。他们本是义民，免除徭役，英勇善战。昔日羌人攻入汉中，无法彻底剿灭，后靠板楯蛮才得以平息。他们被称作"神兵"，让羌人很害怕。汉桓帝建和二年（148）羌人再次攻入汉中，牧守遑遑，也是依靠板楯蛮打败了羌人。如果没有板楯蛮，则蜀、汉两郡的汉人早为羌人所奴役了。前车骑将军冯绲南征，讨伐武陵蛮，同样是依靠板楯蛮平叛……"忠功如此，本无恶心"，只因地方官吏给他们徭役、赋税过重，对他们的役使比奴婢还过分，像对待罪犯俘虏一样殴打他们，"至乃嫁妻卖子，或自刭割。陈州郡，牧守不理，……含怨呼天，叩心穷谷，愁于赋役，困于刑酷"，于是抱成一团，铤而走险，最终导致叛乱。"非有深谋至计，僭号不轨。但选明能牧守，益其资谷，安便赏募，从其利隙，自然安集，不烦征伐也。"（见《华阳国志·卷一·巴志》）皇帝采纳，派曹谦为太守，宣读诏书，赦免罪过，很快就平息了叛乱，从此天下太平。

云阳位于三峡地区腹心部位、四川盆地东部边缘、川东平行岭谷区东部与盆缘山区的过渡地带，其地形特点呈"帚"状，向西张开，向东闭合，自古即有"涪万襟带、夔巫锁钥"之称，军事地位十分重要。每逢天下局势不稳，云阳往往陈有重兵。

1. 主要战场

县北（部）战场 主要包括今农坝、帆水、向阳及路阳、文龙等乡镇，战场幅员在 150 平方千米左右，以农坝窄口子为战略要地。

窄口子是县北重要关隘，西连开县，北达巫溪，南入云阳腹地，控制住窄口子，就卡住了云阳、开县、巫溪三县脖子，进可直趋万州乃至重庆，退可进入巫溪、巫山崇山之中休养生息。自唐宋开始，窄口子就成为兵家必争之地。只要全国战事一起，这里便是重兵云集。明朝正德年间，朝廷曾将五溪巡检司移驻于此，以防备起义军进入盐业重镇云安场。清朝时期，更是以重兵驻防。中华民国年间，先是土匪出没、绿林啸聚；后来，共产党领导的革命武装以农坝为根据地，坚持斗争近二十年，为中国革命做出巨大贡献。

县西（部）战场 有两个分支，一是以白岩山为支撑的县西北支，一是以磐石城、彭溪河、将军梁、铁峰山为中心的正西支。包括今巴阳、人和、双江、黄石、养鹿、高阳、渠马、龙塘等镇乡，战场面积约 200 平方千米，当水、陆交通要冲，是万州至重庆的战略屏障，尤其是从东进攻四川腹地的必经之地。经这里有两条道路直逼重庆，一是从开县经开江到川中，一是从万州沿长江直达重庆，地理形势非同小可。从宋朝末年到中华民国年间，这片区域一直战争不断。特别是宋末、明末清初这两个时段，战争持续几十年，双方集结兵力达数十万人。

县中（部）战场 包括今云阳、云安、南溪、长洪、栖霞、毛坝等镇乡，战场面积约 100 平方千米。以县城、云安盐场为战略重点，县城、安乐坪为主战场。战争目的，一是占领县城控制全县政治中心，二是占领盐场掌握全县经济命脉。地处县域中部偏北位置，卡在从县北通往县城、开县及县东部的咽喉部位，历来为兵家必争之地。从秦汉到民国时期，云阳境内大规模战争多次发生在这里，其中，明末到清中叶战争规模最大，历时最长。

县东北（部）战场 包括今江口、沙沱、鱼泉、上坝等地，战场面积 100 余平方千米。以争夺战争孔道为目的。尖山关自古为县东北部重要关隘，是从东北部进入云阳的必经之路，历来兵家都在尖山设重兵，以防堵陆路大军从巫溪进入云阳，进而深入川中腹地。明朝末年，李自成、张献忠起义大军数次从此直捣川中。清中叶，朝廷为剿灭白莲教起义军，也以控制尖山关为主要策略。

县南（部）战场 包括今耀灵、云峰、蔈草、泥溪等地，战场面积约 50 平方千米，自古为县南部重要屏障，以歧阳关为中心，至迟在明朝即驻有重兵在此，以防施鹤七属少数民族进入四川腹地。清中叶，太平天国石达开部欲通过歧阳关进入四川，在此攻关多日不克，被迫转寻他途。据《云阳军事志》记载：民国初年，川军熊克武部刘伯承团曾在此戍守。

2. 军事重镇

双江镇 位于云阳中部偏西，长江与彭溪河交汇处。自古为军事要塞，制高点磐石城为胸忍两大名寨之一（另一名寨为长洪境内祖师寨）。唐代设小江驿，为县西部重要交通孔道。宋末，小江驿、磐石城及彭溪河成为阻挡蒙军东下的重要交战区域。清初，谭诣三兄弟依据磐石城抗清、降清又反清，纵横数十载。中华民国时期，这里是国民党四川省第九区行政督察专员公署设云、开、万三县联防办事处办公地。

淹没前的双江镇

云阳镇 位于县境中部，长江与汤溪河交汇处，古名汤口。北周天和年间，陆腾镇压冉令贤、向五子王反叛后，将县治迁至这里，从此成为全县政治、经济、军事、文化中心。历史上多次战斗在这里展开，曾两次遭到兵燹焚毁。抗日战争中，遭日本飞机轰炸7次。

搬迁前的云阳老城

云安镇 位于县境中部汤溪河下游谷地，制高点牛头山海拔816米。罾口、铁礤城（玄天宫）、牛头山、马岭山是县境中部重要关隘、山脉。南宋末年，江州（重庆）知州杨宜家曾率军驻铁礤城保境安民。明代于此设五溪巡检司。抗日战争中曾遭日本飞机轰炸3次。

搬迁前的云安镇

 江口镇 位于县境东北部汤溪河与团滩河交汇处，是县东北部重要交通枢纽。

2023 年的江口镇

 农坝镇 位于县境北部大巴山南麓云峰山区，壤接开县、巫溪，境内制高点野猪槽包海拔 1809 米，是县内第一高峰，历来为县北重要天然屏障。明朝中叶，朝廷开始在这里驻军，清朝设五溪巡检司于此，民国时期常有军队驻守。共产党领导的川东游击纵队在此诞生，并坚持多年武装斗争。

2023 年的农坝镇

高阳镇 位于县西北部彭溪河中游谷地，是巴人最早繁衍、生息地之一，境内有著名的李家坝、明月坝（唐城）遗址。高阳镇因盐而兴，成为盐运古道上的重要节点。这里北达双开（开县、开江）、西抵万（州）梁（平），是县西部重要的水陆交通枢纽，白岩山、陈家山、将军梁等战略要地分列境内。南宋末年，朝廷陈兵于此，以阻挡蒙军东下。清嘉庆年间爆发的云阳"月蓝号"白莲教起义，四川总督勒保坐镇高阳，指挥进剿。抗日战争中，这里是三县联防指挥部的重要防御之地。

2023 年的高阳镇

3.重要关隘

明朝时期，云阳全县共有关 4 处：东门关、歧阳关、尖山关、井木寨；隘 7 处：新军、洞口、安渡、古灵、江口、高阳、云兴。到清朝中期，局势动荡，战事频繁，各地关卡大增，至清末，关隘达到 79 处。其中，最著名的有：

（1）将军梁。在长洪镇仁义村境内，紧邻新阳乡新民村。云万公路从此穿过。呈东西向，长约 1 千米，海拔 1050.3 米。是云安食盐进入开县等地的必经之路，也是巫溪、奉节等县陆路进入开县、万县的必经之路，为县内重要关隘。明末张献忠大举入川，明军猛如虎部曾在此设防防堵，双方血战多次。清嘉庆年间，云阳"月蓝号"白莲教起义，王三槐、张长庚等率部在此抗击清军。因清将军曾在此屯兵围剿，故名将军梁。

2024 年的南溪镇将军梁

（2）龙洞卡。在云阳最东部边境小镇龙洞坝上，从唐朝开始，这里成为云阳东部关卡和朝廷驿传的重要节点。明代设龙洞卡及龙洞公馆，并有少量驻军，负责盘查过往行人商旅，兼接待过往官员。清代设龙洞铺，置铺兵，正式成为县境东部军事要塞。抗日战争中，成为夔巫师管区长江江防云阳防御体系的前哨阵地。

2024 年的龙洞镇

（3）新军口。在新津乡境内长江岸边，磨刀溪与长江交汇处，是县内著名关隘之一。南北朝时期，这里已是重要镇落。北周名将陆腾镇压冉令贤、向五子王反叛，就是从这里登陆踏平江南 24 寨的。明代开始驻军，因名新军口。

这里地处云阳至施鹤七属的古盐运道上，过往行商很多，从明代直至清末，朝廷为防施鹤地区少数民族渗入，设卡驻守，同时负责查验私盐。

2024 年的新津口

（4）沙沱市。即沙沱集镇，地处汤溪河河谷，一片开阔谷地，四面大山合围。沿汤溪河而下，经鱼泉、江口、盛堡等地，直趋云阳腹地，进而窥视全境；同时也是通往巫溪的陆上交通孔道、运盐古道，地理位置十分重要，为县东北重要关卡。明为上蒜堡，清名沙沱市。明代前，这里辖巫溪尖山地区，并在尖山设有东门关。明末张献忠曾攻破东门关，长驱直入云阳县境及川中地区。1928 年，驻巫溪县的川军一个团哗变，冲过东门关，抢道杀进奉节县。

沙沱，1910 年 7 月 2 日（威尔逊 摄）

2024 年的沙市镇

　　（5）歧阳关。号称云阳南部第一关，在原歧阳乡境内，是七曜山在云阳境内第一高峰，海拔 1060 米，峻岭巍峨，壁立险耸。清咸丰十年（公元 1860 年），云阳知县董鄂新修建关卡，次年接任知县的高以庄续修，当地民团团总曾锡光率乡民助修。卡门正卡在通往湖北利川的交通孔道上，沿岭脊以条石砌筑寨墙，岭上建有关帝庙。清同治元年（公元 1862 年），太平天国翼王石达开率远征军经湖北利川到此，欲越关直趋川中，民团团总曾锡光率民团百余人助清军守关，凭雄关优势，让石达开无法"越雷池一步"，只得含恨转道石柱。1919 年，万县匪首国某集千余人四出扰民，恒合乡（时属云阳辖地）团总王麟书率团丁踞守歧阳关半年余，国某始终未敢越过七曜山。

歧阳关

4.著名寨堡

云阳修筑寨堡大约从汉代开始，最初建有大石城、小石城。北周开府将军陆腾围剿冉令贤、向五子王，曾一举攻破江南寨堡24座。南宋末年，朝廷为防蒙军东下，在四川修筑城堡15座，其中磐石城作为万州天生城外围军事工程，由吕师夔率部监修。同时，还修筑了高阳、罗珙、鸡冠、铁平、小城、三圣、油木、牟家、下隘诸寨。大规模修筑寨堡始于清嘉庆、道光、咸丰年间，白莲教、蓝大顺起义波及云阳，尔后"近一纪中，蜀东苦兵，山寇四起"（中华民国《云阳县志·卷六·扼塞》）知县梁敦怀、高以庄大肆鼓动士民修筑寨堡，以谋自卫。全县陆续修筑寨堡218座，数量名列全国首位。据中华民国《云阳县志》载，城厢2座（即护城寨、栖霞宫），云安镇5座，双江镇47座，凤鸣镇5座，红鹿乡7座，南溪乡39座，长洪乡32座，高阳乡30座，白岩乡17座，黄龙乡10座，沙沱乡6座，盘石乡5座，五龙乡6座，云龙乡1座，故陵乡3座，恒合乡3座。

寨堡往往由一家一族或数族合建，选择险要制高点，以条石砌成围墙，修筑前后两道寨门，里面有房屋、粮仓，备有水井、燃料，小则数百平方米，大则数千甚至数万平方米。遇有军警或匪警，合族老少全部进入寨堡躲藏，直至危险解除。云阳著名的寨子，主要有：

（1）磐石城。磐石城又名大石城、磨盘寨，位于云阳县新县城至高处，形如巨大磨盘，因此得名。《华阳国志》中，所谓"胸忍有大小石城势"，指的就是这里。清·乾隆《云阳县志》云："盘石城者，夔门之砥柱，东川之保障也"。2000年9月，被公布为第一批重庆市重点文物保护单位。

磐石城的建设起于对蒙古军队的防御。南宋淳祐二年（公元1242年），余玠受任四川安抚处置使，指挥四川军民抵抗蒙军入侵。针对蒙古军队善骑射、不谙山地作战的特点，余玠采用"因山为垒，棋布星分"的守备战略，在长江、嘉陵江及一些交通要冲选择15处寨堡进行改造建设，使之成为进退两利、攻守皆备的战略防御重点，磐石城作为万州天生城防御体系的支点，余阶派部将吕师夔驻守于此，对蒙军进行了有效防御。从此，磐石城声名大振。直到南宋德祐元年（公元1275年），元将杨文安才攻陷了坚守30余年的磐石城。

明崇祯年间，向化侯谭诣占据此城，与天生城的谭弘共同抵抗张献忠入川。顺治十五年（公元1658年），谭诣投降清朝，仍驻军磐石城。

乾隆五十四年（公元1789年），县内大族涂怀安以巨资购得此寨。于道光年间，建涂氏宗祠。同治以后，又大力扩修寨墙，整修寨门，增设枪眼、炮洞。同时，选择在低洼处修筑塘库数座，修建房屋数百间，将涂姓家族全部迁至寨上居住。寨子建成一座坚如磐石的军事要塞，在全县218座寨堡中，以其雄、险、奇而首屈一指。

磐石城四面绝壁，垂直高30~50米，上面平夷，总面积约3.5公顷。有前后两道寨门。前寨门在偏东方向，稍缓。门前左方绝壁上镌有"盘石城"三个斗大楷书大字；右方石壁上镌有清朝进士、云南按察使许缵曾的《盘石城记》，已斑驳不能辨认。寨门全用巨型条石砌成，非常坚固，上面设有警楼，暗置炮位。

如今，磐石城已被辟为城中公园，成为云阳旅游风景一大亮点。

磐石城

（2）白岩山寨。在今渠马镇白银村境内，紧邻开县铺溪镇，其山势峻伟，状如城堞，易守难攻，为县北重要军事要塞。县人杨映墀著有《白岩山记》，记之甚详：

咸丰三年，云邑开志局，余职任采访，因得遍历邑境。如《史》《传》所称五峰、汉城诸山，固皆巍峨嵯峨，为蜀东名山。冠而要，莫奇于邑北之白岩山。山周十里，高数千丈，四面悬崖削壁，猿狖路绝。遥望之，烟云缭绕，如在虚无缥缈间。及陟其巅，众峰罗列，皆俯首出其下，如盘、如盂、如钟鼎、如舟彝，不名一状。内有四寨，东曰灵关、西曰佛顶、南曰金鸡，三寨互为唇齿，最中则为人和寨，高出众寨上，其殆为主帅发令处欤。人和寨前面白云寺，乾隆时建，有碑志可考。寺后有池一，大盈亩，旱潦水无盈缩，色浑垢如败酱，经岁无澄清时。夫在山泉清，出山水浊，岂此山地气之独异欤。人和寨前后有稻田数百亩，左右皆松林，约计万余株，大者铁杆支撑，蔽日干霄，小者或拱把、或盈握，葱葱蒨蒨，一线无缝。内有茆屋十余家，杂出于松林茂密间，居民衣冠古朴，不类城市间人，时见鸡犬牛羊饮啄寝讹，皆欣欣有自得意。抑又闻之，昔嘉庆初，教匪张长庚曾据此山。经略勒保经年而后勘定匪。惟其风物之美，其险隘又有足恃也。今居此山者，有山可耕，有寨可守，处常处变无之不宜，彼剑南之小成都、武陵之桃源洞，其即是欤，因为记之。

这里是一个古战场遗址，寨堡周围还不时会发现残缺的刀、矛，以及零散的人体遗骨。

白岩山

（3）平头寺。又名平头寨、平托寺，在凤桥乡平顶村境内，处凤鸣镇、凤桥乡、里市乡三镇乡交界处，民国初年由当地大族彭氏修建。寨堡呈"T"字形，近东西向，四面绝壁，约高数十丈，寨墙全用大条石垒砌，东西两侧各有一个寨门。寨顶面积100余公顷，田地各半。寨中两个四合大院，每个院落有房屋百十间。立于寨墙，举目四望，西北磐石城，西南杨家山；长江涓流，白云脚下；农田阡陌，沟壑连片。寨上还有池塘、水库、农田等，家家储粮，户户备战，一遇匪患，鸣锣报警，合族老少，齐上寨堡，青壮为兵，妇孺后勤。1929 年 4 月，匪首王九江及邹麻子各率二三百人，在二磴（今凤鸣）一带拉肥猪（人质），彭氏闻警，全族躲入寨中一个多月，土匪无可奈何。解放后，寨上建有两个生产队。20 世纪 80 年代，寨上建起雷达站，有部队驻防。后雷达站交县气象局作观测站。

（4）安乐坪。横跨长洪镇安乐、吉安两村，面积达 226.87 公顷，其中祖师观为安乐坪山脉主峰，海拔 837 米，是县境中部重要军事要塞，历来为军家必争之地，也是县内战事发生最多的区域。清吴大权有《安乐坪记》一文，记述较详：

昔邵子深得孔、颜之乐，随所遇而皆安，筑台演易，题所居曰"安乐窝"，自况襟怀也。云安之北七十里，有山，层峦高耸，周遭壁立，上复平旷，名安乐坪。余常登览其上，良田数千顷，阡陌交通，屋舍错列，深篁密林，四塞障蔽，宛然别有天地，洵安乐胜境也。然而嘉庆初，教匪王三槐据此，官军数万，周匝四围数年，始获剿灭。居民多遭蹂躏者，何哉？溺于承平之久，疏于预防之计，狃乎安乐之名，昧乎安乐之实也。夫坪之上下，居民不下千余户，设当教匪方萌，即搬运家粮，修设卡隘，共登其墟，相保相恤，以守此"一夫当关、万夫莫开"之险，群丑不惟窥伺无从，亦且望而生畏，岂不共享安乐之实，而无负安乐之名哉！由是观之，设险守国之道，城廓必完，居安不忘讲武者，宫司之责也；因地制宜，四野各守尔土者，人民之责也。则凡居斯坪与近斯坪者，常则讲信修睦，遵联保甲之规，变则戮力同心，行坚壁清野之法，斯安乐坪谓之安乐窝也可。

这里曾发生过三次大的战役。明末，张献忠自奉节越尖山关进入县内，经江口直捣开县。明军抢占安乐坪设防，以断义军归路。双方在安乐坪、将军梁一线大战数日，明军不敌退走。张献忠军则长驱直入万县，再经梁平直捣成都。清嘉庆年间，云阳"月蓝号"白莲教起义，张长庚联合达县王三槐，占领安乐坪、将军梁、白岩山一线，与清军殊死血战，长达数年。最后清军智取祖师寨，才获得胜利。

祖师观

（6）彭氏宗祠。"堡"，即用作家族防御的碉堡，又称"碉楼"或"楼子"。据中华民国《云阳县志》记载，云阳共有碉堡56座。其中，最负盛名的"堡"，就是彭氏宗祠，又称彭家楼子，位于里市乡黎明村，小地名瓦琢溪。彭氏宗祠于清同治三年（公元1864年）建造完成，坐西向东，采用复四合院布局，占地3500平方米，由门厅、享殿、耳房、厢房、四角炮楼等建筑组成，是祠堂与坞堡结合的群体建筑，集祭祀、防御、居住为一体，布局严谨、规模宏大、俊逸雄奇、纹饰精美。祠内现存近代国内著名书画家彭聚星、刘贞安、刘孟伉等书画篆刻作品20余幅，是研究晚清川东民居建筑风格和造型艺术的重要文物史料。2013年5月，彭氏宗祠被国务院核定并公布为全国重点文物保护单位。

彭氏宗祠

5. 西汉末至明代重要兵事

秦皇汉武时期，全国大一统，国内少有重大战役，云阳基本上没有遭受到大的兵燹荼毒。

（1）西汉末年，王莽篡权乱政，激起绿林、赤眉起义，一时天下大乱。西汉宗室刘秀趁势而起，于公元25年在鄗城称帝，后定都于雒阳，延续"汉"的国号，史称东汉。东汉建武十八年（公元42年），蜀郡太守史歆起兵反汉，朐忍人徐容聚众响应，领数千民军攻城略地，但很快就被大司马吴汉率军扑灭，数万被俘民众，被吴汉强行迁至湖南。

（2）东汉兴平元年（公元194年）十二月，益州牧刘焉病故，其子刘璋接掌益州牧，刘璋部将沈弥、娄发、甘宁起兵反刘璋，兵败，经三峡东下，走入荆州固守。刘璋命赵韪为征东中郎将，率军讨伐荆州。赵韪率部行至朐忍，即驻军不前。赵韪在朐忍屯兵6年，利用这里丰富的井盐之利养精蓄锐，扩充军事实力，于建安五年（公元200年）在朐忍起兵反刘璋，回攻成都，结果兵败身亡。

（3）蜀汉章武二年（公元222年）六月，东吴大将陆逊，火烧蜀军四十连营，大败刘备于归州猇亭。这是一场与云阳没有多大关系（仅有军队从此经过）的战事，但正是因为这场战事，在云阳境内成就了一处闻名中外的"巴蜀胜景"——张飞庙。这应该算是云阳军事文化的一个特别亮点。张飞与关羽，都是刘备军中号称"万人敌"的猛将，刘备"忿孙权之袭关羽，将东征"，命张飞统兵万人，自阆中出发，到江州（重庆）汇合。出发前，张飞竟被其帐下将领张达、范彊所杀。张、范二人持张飞头颅顺江而下，准备投奔孙权，因害怕在夔关（奉节）被守关将士拿获，行至云阳地段时，竟将张飞头颅抛掷在江中，后来被一渔夫打捞起来，云阳人为这位忠贞、勇猛的将军修了庙，将他头颅供奉在里面，世世代代祭祀不断。因此，有"张飞头在云阳、身在阆中"之说。而1800年来，张飞庙经过历代不断修葺、扩建，占地一百多亩，人文景观与自然景观巧妙融合，被誉为"巴蜀一胜景"，更有意思的是，这位猛将军还吸引众多文人墨客崇敬和礼赞，不断将书画木刻和碑碣石刻精品汇集庙中，让张飞庙成为享誉天下的"文藻胜地"。如今，张将军作为三峡水库移民拆迁补偿费用最高的搬迁户，已经整体原样迁建到新县城对岸，成为云阳县一个十分独特的文化符号。2001年6月，张飞庙被公布为全国重点文物保护单位。

张飞庙

（3）南北朝梁天监十三年（公元514年）十二月，鄱阳王萧恢任益州大都督，率军五万自三峡溯江而上，途经汤口（今云阳镇），在长江龙脊石一侧刻石勒铭（史称天监碑，现存于云阳张飞庙）。

天鉴碑（现存于张飞庙）

（5）北周武成初年（公元559年），信州（今奉节）少数民族首领冉令贤、向五子王起兵反周，先攻陷白帝城，然后分兵沿长江上下游进击，连占朐忍、巫县（今巫山县）、北井（今巫溪县）、大昌（今巫山大昌镇）等县，朝野震动。天和元年（公元566年），开府将军陆腾率大军围剿冉令贤、向五子王部，将大营扎在汤口。天和三年，陆腾平定冉令贤、向五子王的叛乱后，将朐忍县治从万户驿（俗称旧县坪）迁至汤口，改名云安县。

（6）北宋淳化四年（公元993年）二月，川西青城县爆发王小波、李顺领导的农民起义，很快攻下成都并建立"大蜀国"。次年，官军大举镇压，成都很快被攻破，李顺战死。义军另一将领张余自眉州挥师东下，连克嘉（乐山）、戎（宜宾）、泸（泸州）、渝（重庆）、涪（涪陵）、忠（忠县）、万（万州）、开（开州）8个州，部众发展到10余万人。然后，继续东下，取云安军，攻夔州城。但在夔州遭到宋军前来援助的数千精兵袭击，张余部损失严重，只得退守云安军，再向南出击施州（今湖北恩施，当时紧邻恩施的利川一带属云安军辖区）。但施州守军拼死抵抗，义军久攻不下。六月，夔州宋将杨琼见义军主力被拖在施州，率军袭占了云安军。张余见后方有失，急忙回师反夺，杨琼避其锋芒，不战自退，张余复占云安军。八月下旬，宋将上官正率大军到来，张余主动撤出云安军，向西退去。淳化六年（公元995年），张余在嘉州（乐山）兵败身亡，起义军失败。

（7）南宋末年，元军南侵，万州天生城守将上官夔指挥万州、云安军军民据险抗击元军，历时数载。

南宋咸淳十年（公元1274年）八月，元东川路征南招讨使杨文安与青居山万户怯烈、也史里等合兵一处，先克达州，然后越过开州，经高阳占领云安军（今云阳镇），宋将严贵、窦世忠、赵兴等战败被俘。元军在彭溪河东岸摆开阵势，以断宋军退路。宋军与元军展开激战，不敌而退。但万州天生城与云安磐石城仍如中流砥柱，巍然而立。次年七月，杨文安卷土重来，先攻梁山（今梁平区），不克，转而围攻万州天生城。天生城守将上官夔率部死战。杨文安久攻不克，又移师进攻云安军磐石城，守将谭汝和不战而降，元军连续攻下鸡冠、石马、铁平、小城、三圣、油木、牟家、下隘诸寨，云安军全境落入元军手中。冬，元军围白帝城。

（8）元至正十一年（公元1351年）正月，湖北竹山县爆发孟海马等农民起义。义军占领房县、归州等地后，挥军西上，连下夔州、云阳州、万州、忠州等地，朝野震动。三月，元惠宗令答失八都鲁和四川行省平章政事耀珠共同镇压起义军。四月，耀珠军迅速攻占云阳及其他州县，起义军失败。

（9）明崇祯十三年（公元1640年）五月，罗汝才（外号曹操）率惠登相

（外号过天星）等九部农民起义军入川。过天星部从巫山入峡，经大昌，占巫溪，转攻尖山（时属云阳，在此设有东门关卡），打算向云阳、开县进击。刚到尖山，即遭到明军郑嘉栋、张应元、贺人龙、李国奇等部合击，伤亡颇重，转而攻向羊桥坝，途中又遇秦良玉白杆兵转攻，死伤600余人。突围后东走七箐坎，入乾溪，欲归楚，偏又遇巴雾河水涨，不得渡。又因炎毒，人马多病，乃分道西进。罗汝才等5营从老虎坎入巫溪，走云阳尖山关；过天星、王光恩等部从公平（今奉节公平镇）插入云阳县境，经水市口、沿长洪、越将军梁、过高阳坝，拟与罗汝才部会师于开县、新宁（今四川开江县）。

明军总兵郑嘉栋、副将张应元、参将汪云凤率楚军先至云阳大道（今云安至江口、农坝，南溪至长洪、高阳一带）布下口袋阵；贺人龙、李国奇率秦军出羊桥坝，从小道趋尖山，两军于七箐坎、老虎坡等地夹击义军。起义军人困马乏，粮草不济，血战数日，死伤无数。突围之后，不敢久战，引兵向原路退去。

（10）同年十月，张献忠、罗汝才经过土地岭（今奉节草堂一带）、竹菌坪（今奉节竹园镇）两次战役，给追剿的明军以重创后，挥师西进，经今云阳沙沱、江口一线，陆续进入开县、新宁等地。次年正月十三日，赵义军开进开县黄侯城（又名黄陵城）。傍晚，尾追而来的明军猛如虎部抵达。张献忠以逸待劳，趁猛如虎部人困马乏之际，发起突然袭击。猛如虎不敢死拼，奋力突围。张献忠摆出一字长蛇阵，穷追猛打。猛如虎军死伤过半，战旗、军符尽失，直退到云阳境内才摆脱追兵。张献忠、罗汝才乘此余威，以迅雷不及掩耳之势，挥师东出云阳净堡（今盛堡镇）、南溪，自天罗寨直扑巫山、大昌，出峡袭占当阳，一日一夜急行300里。二月五日，攻占杨嗣昌的大本营襄阳。三月一日，在沙市督军的杨嗣昌听说老巢被端，畏罪自杀。

崇祯十七年正月，张献忠率30万大军再度入川，相继攻占巫山、夔州后，在云阳击溃秦良玉的白杆兵，从小江口、黄石、高阳等处渡过彭溪河，分兵扑向万县。二月，攻破万县城。

6.清代重要兵事

（1）夔东十三家，又称川东十三家。清顺治二年（公元1645年），李自成从北京退出后，连遭败绩，最后在湖北通山县九宫山玄帝庙遭当地乡民误杀。李自成余部刘体纯、郝永忠（郝摇旗）、李来亨、袁宗第等在各地尚有20余万人，于顺治三年至四年前后，络绎转战，回归到川鄂边区，与当地抗清地主武装王光兴、谭文、谭诣、谭宏等联合，推举刘体纯主持军务，划分为16营，实现了各路义军的大联合。他们分据川东、鄂西诸山中，边务农边练兵，常出奇兵袭击南下清军。各路义军都接受了永历朝的封赐，"用永历年，假故明封号"。其中李来亨封临国公，刘体纯封皖国公，郝摇旗封益国公，袁宗第封靖国公，马腾云封桐城侯（一作阳城侯），塔天宝封宜都侯，党守素封兴平侯，贺珍封岐侯，王光兴封南漳伯，谭文封涪侯，谭诣封仁寿侯，谭弘为新津侯。

（2）清顺治四年、南明永历元年（公元1647年）九月，清军攻忠州，被守在黄华城的南明军于大海的水上营击败。十一月，抗清南明军发生内讧，袁韬据重庆，于大海占云阳，李占春屯涪州，谭诣守巫山，谭文驻万州天子城。次年正月，明宗室朱永藩在夔州称监国。清军起用钱邦芑、吕大器等率兵征讨。九月，李占春自涪州顺江东下，击败朱永藩，占领夔州。朱永藩退往云阳，刚到云阳便病逝。

（3）清康熙十二年（公元1673年）十一月，清平西王吴三桂在云南起兵反清，原已降清的谭弘在巫山起兵响应，溯江而上，取忠州石堡寨，并储粮以作长久之计。同时，遣部四出，在两个月间连下重庆、夔州等重要城市，一时声威大振。清廷以为大患，命提督徐治都和钦差苏赫臣噶率兵征讨。谭弘见清军势旺，放弃巫山、夔州等地，收缩阵线，据守云阳，以磐石城、麻柳场为中心，沿彭溪河一线布防。康熙二十年（公元1861）正月初五，清军大举进攻麻柳场，谭弘率精锐与清军展开恶战，大败，于乱军中被杀，队伍溃散。谭弘死，谭弘之子谭天密，闻后惊恐，走天生城（万县），在云南降清，于康熙二十一年（公元1682年）五月于云南被诛于市。

（4）清咸丰九年（公元1859年），云南昭通李永和（外号李短搭搭）、蓝朝柱（又名蓝大顺，外号蓝大脚板）、蓝朝鼎（又名蓝二顺）率众起义。同治元年（公元1862年）正月，义军进入四川。三月二十三日，蓝朝柱部从万县大周进入云阳县境。据中华民国《云阳县志》载："同治初，滇贼蓝朝柱（大顺）率众两万余，自上游犯云阳，众推（涂）起栋为小江甲团总，筹防卫。乃令小江船只悉泊东岸，戒团丁扼守小江口。……""大顺至小江西岸（陈家溪渡口），将渡无舟，隔岸呼小江渡船，渡夫江二不应，乃舍船登岸，大呼寇至，以警示人。会水骤涨，风浪恶，大顺为木筏济军，中渡覆其二，溺死者众，大顺临流誓曰：'若克济者，至场不戮一人'，遂从上流黄石坂渡毕。索得渡夫江二，杀之。"

蓝朝柱渡过彭溪河后，直取磐石城，涂氏家族练勇奋力抵抗，蓝朝柱围攻50余日不克，转而沿江东下攻打云阳县城。知县高以庄调集兵勇及民众加固城防，蓝朝柱见县城有备，放弃进攻，经护城寨（即五峰楼）转扑云安场。云安民团团总郭存裕及其弟郭得柱率团勇数百人在马岭山布防。时值倾盆大雨，蓝朝柱部冒雨开到，郭存裕命团丁开炮，但火药被雨水淋湿，大炮哑火，未见过阵仗的乡勇临敌溃逃，郭得柱约束无力，在乱军中被杀。"场人猝不及避，男女赴汤溪，死者无算，水不为流，（郭）存裕亦殉焉"。"大顺踞场十余日，以地迫山峡，如居釜底，不利久也，遂悉众北去。"

（5）1911年10月，四川保路运动达到高潮，接着武昌起义的消息又传到云阳，云阳同盟会派蒋敬舆、孙倬章赴武汉联络革命党人，同时做云阳哥老会和知县李临阳的工作，准备反正。曾留日学习军事的县立中高合校教员晏祥武秘密操练学生军。不久，四川同盟会员、武汉军政府委任的四川招讨使卢师谛随蒋敬舆来到云阳，策划下川东各县独立。云阳同盟会组织两队同志军，由汪载之、方化南（县立中高合校教员）分任队长，晏祥武任标统。

11月26日，云阳县同盟会在城隍庙召开群众大会，卢师谛在会上宣布同盟会"推翻满清统治、建立国民政府"的革命宗旨。随后，晏祥武率同志军向县衙门进攻，县署50名巡防军大多是嗨袍哥的，早经舵把子暗中打过招呼，同志军一到，即全部倒戈，知县李临阳也颇识时务，立即剪掉辫子向同志军投诚，后挂印而去。

云阳反正成功。随即成立云阳县军政府，公推晏祥武为司令，卢师谛为参谋长（卢离任后，由汪载之接任）。

云阳成为下川东地区最早反正建立军政府的几个县之一。

7.民国兵事

（1）匪患。中华民国年间，匪患成为云阳的大患。由于军阀割据，连年混战，民不聊生。一时之间匪患丛生，破产农民和其他流民大量增加，烟哥、赌棍、兵痞、流氓铤而走险，成为大大小小的"棒客""刀客""棒老二""二股账"。哥老会中的浑水袍哥，也乘机拖棚为匪。这些匪徒不仅打家劫舍、剪径绑票，甚至截击溃军，抢场劫县。他们充分利用各种复杂的社会矛盾，与官府、民众、地方乡绅以及其他的帮会等一起形成了一种既对抗又互助的复杂关系。军阀们为了扩大势力，不仅不积极剿匪，反而招匪成军，匪首往往凭着自己掌握的人枪就能从军阀那里换来一个番号，亦兵亦匪。土匪跟随着军阀，打赢了有糖吃，打不赢则又上山为匪。这更加助长了匪势。

1919年3月19日，县民王九江聚众200余人，拥枪160余支，攻入黄龙乡（今农坝镇）谢家坝大户赵启儒家。赵启儒率家丁奋勇抵抗，击毙匪众7人，王九江见赵家强悍，率众退走。

同年4月，王九江与另一匪首邹麻子合兵一处，领数百人在双江李家寨、双江寨、盘沱市（今盘石镇）等地临江设卡，拦劫过往船只及行人，使长江水道一度断航。

同年，万县匪首国某，纠集千余人盘踞在柏杨坝、南坪一带，四处骚扰，并率众向七曜山靠近，打算到云阳境内大捞一把。恒合乡民团团总王麟书率团丁到七曜山防守，国某无懈可击，只好转掠他乡。

1920年3月，数千人在莲花乡刘家坝起事，为首者有梁、刘、宋、潘诸人，连破附近水口乡华家山、端家山、尖子山等寨堡，杀人无数。县知事欧作伍率民团进剿，连遭败绩，欧作伍本人几乎被俘，只好采取围而不攻之策。5月，匪众粮尽，突围往万县开去。

1920年5月，县人皮海河聚众千人起事，攻下祖师观，以作匪巢。县知事欧作伍率民团进剿，皮海河据高凭险，民团一时无可奈何。7月，欧作伍调集小江、南溪等乡民团，集中优势兵力，攻下了将军梁、陈家山两个土匪外围据点。皮海河见民团势大，知道难以久战，率众向开县逸走。是年冬，游击司令邱怀玉驻云阳田雨亭部抓获皮海河，在云阳镇沙湾河坝将其凌迟处死。

1920 年 5 月 19 日，县人罗子清率众 2000 余人，在向家坪（今江口镇向家坪社区）起事，先后攻占象鼻寨（今江口镇向家坪社区）、佛爷寨（又名佛亭寨，在今江口镇佛桂村）、狮子包（在今后叶镇民生村）、灏寨子、岳家寨（在今后叶镇清顺村）、穿山堰洞（在今农坝镇幸福村）、青云洞、杉树湾（今后叶镇杉湾村）、观音洞等地，声势浩大，全县震动。当局见匪势方张，一时不敢轻举妄动。6 月 10 日，罗子清率众攻向开县，不久又返回云阳，以栖霞宫为据点。云阳驻军派人招抚，罗子清不久接受改编。

（2）兵患。1920 年上半年，靖国豫军总司令王天纵和靖国鄂军总司令黎天才率部进驻奉节、云阳。

王天纵原是河南土匪，后来，被袁世凯召进北京，任一虚职（京师军警督察副处长，授陆军中将衔），形同软禁。袁世凯死后，王天纵逃到上海，被孙中山任命为靖国豫军总司令，并受命前往四川、河南组织靖国豫军。

黎天才是云南彝族人，清末参军，从一名普通士兵以战功升为副将，驻守上海吴淞，辛亥革命时积极响应。南京攻克后，他被推举为江南第一镇（师）统制，留守湖北，任江南留鄂第一师师长。1915 年任襄郧镇守使、陆军第十一师师长。

1917 年，孙中山在广州组建护法军政府，与段祺瑞的北洋政府呈南北对峙局面。当时，河南、湖北都在段祺瑞北洋军阀控制之下，王天纵的靖国豫军与黎天才的靖国鄂军在本省难以立足，只得转战鄂西、川东。1919 年，四川是熊克武主政，接受孙中山广州军政府指挥，王、黎二人曾到重庆参加由云南军阀唐继尧主持召开的川、滇、黔、豫、鄂五省靖国军军事会议，准备北上援陕。会后不久，王天纵即病死在夔州（奉节）。豫军暂归黎天才统一指挥。

当时云阳属川军第七师颜德基的防地，颜师驻云阳部队驻在城内，豫鄂军的丁旅驻城外会仙桥一带。豫鄂军伙食由云阳供给，薪饷自筹。豫鄂军为筹军饷，在入城道口设卡强行征税，与川军驻军矛盾重重，云阳百姓也深受其害。

当年 10 月，颜德基师派范绍增（外号范哈儿，电视剧哈儿师长原型）营到奉节驻防，范营经云阳到达奉节县城立足未稳，即遭驻奉豫鄂军突袭，范绍增只身逃脱。与此同时，驻云阳豫鄂军也向城内川军发起进攻。城内川军一个连与民团共同抵抗，利用大刀、长矛和坚厚的城墙，将豫鄂军挡在城外。豫鄂军多次强攻不下，损失惨重。

11 月 1 日，豫鄂军纵火焚烧城外民房，以助攻城。城墙外东起小河口，南至南门外，西至岳常澧会馆，所有街道、房屋，全都变成一片火海。大火燃烧了整整三天，城外居民的房屋、财产毁于大火，居民流离失所，不少人或被活活烧死，或被乱兵枪杀。城内市民眼见街坊邻居惨遭荼毒，不但无法施救，自己也岌岌可危，处于极度恐慌之中。4 日，城内守军弹尽援绝，川军连长率军突围，经西门出北门，登上五峰山，夺取了豫鄂军的机枪阵地，并占领制高点。但因寡不敌众，随即向云安方向撤退。5 日，豫鄂军突入城内，收缴枪支，大肆抢劫。这是云阳县城自北周建城以来，所遭受的最为惨重的一次兵燹。

再说颜德基师营长范绍增（当时还名范舜典，号海廷，绍增这名字是后来杨森为他改的），原本是绿林出身，行侠仗义，又是袍哥人家，年纪轻轻已在江湖中混出很大的名头。他从奉节脱险后，走山路，从竹园坪进入云阳桑坪再转到南溪，沿途传下口头檄，号召袍哥兄弟并联合南溪团练督练长杨廷选，很快集结到 500 人枪，经云安土地坳到栖霞，出其不意，居高临下直奔云阳县城。豫鄂军丁旅遭到突然袭击，溃不成军，于慌乱之中撤出云阳县城，向东涉过乌羊溪，一路丢盔弃甲，死伤数百人，朝奉节方向逃去。至 12 日，豫鄂军残部全部退出云阳境内。范绍增也因此升为颜德基第七师第五团团长。

1923 年 7 月，驻云安镇的川军第一军某连士兵在奉命撤离云安时，发生哗变，打死其连长，推黄正清为首领，并重新占领云安镇。队伍很快发展到 2000余人，聚众成匪，地方震动。南溪乡民团团总裴纯祜自告奋勇率团丁往击黄正清，被对方打得七零八落，溃退无功。县知事任光烈请调川军第二混成旅一部及民团共 1000 余人，向黄正清发起进攻。黄正清率众占据玄天宫（原铁檠城）、马岭山等有利地形，双方激战十余日，任光烈不敌退走。黄正清趁势追击到县城西坪，向县城发起进攻，遭到第二混成旅一部阻击，不克，退走。

1927年2月，县人周云辉聚众起事，拖起50余棚袍哥队伍，每棚100余人，相当于一个连，总计5000余匪众，分驻在窄口子（今农坝镇农坝社区）、黄家坝（今江口镇马乐村境内）、犀牛河（今江口镇犀牛村境内）等处，并四处抢劫粮食弹药，以作长期战斗准备。是年3月14日，周云辉率队连续攻占陶家洞、游家洞、三姓洞、伏虎观等10余处洞寨，县北告急。乡民肖永三等组织民团团丁抗御，同时，向时驻万县的川军第二军军长杨森发去求援电报，请求派部队镇压。杨森得报后，立即派出两个团赴云阳征剿。周云辉见正规军到来，知不能敌，率部退走巫溪。第二年3月，杨森的队伍早已离开云阳，周云辉又杀回云阳，其势更壮。县团练局督练长伍敬波率团练100余人进剿，周云辉在农坝的大树槽（今农坝镇水竹村境内）构筑工事防御。3月13日，伍敬波率队进入前线，周云辉见对方仅有100余人，指挥队伍反冲锋，伍敬波的团练队伍势单力薄，溃退下山。周云辉一路追赶，趁势连破10余洞寨。6月，县人董廉全等提请县政府调各乡团练队伍征讨周云辉。周闻迅，率部主动撤出县境，退到城口一带活动。

第七章　九宫十八庙——诸神齐奉的宗教文化

三峡民俗，自古崇"巫"。自孟涂"司神于巴"后，廪君巴人在三峡地区以盐立国，"俱事鬼神"。所谓"事鬼神"，即是供奉鬼神或祖灵，在祭祀中祈祷神灵庇佑等巫术活动。再后来，楚人不断西进并占领了三峡地区沿江地带，又带来了在楚国炽盛的"信巫鬼、重淫祀"的尚巫之风。正如民国《云阳县志·卷二十一·祠庙》所言：

> 论曰，王象之《舆地纪胜》云："云安风俗淳厚，陶染真风，如翟法言、杨云外之徒，相继而出。故琳宫秘馆，独盛于它处。"……盖巴、楚好巫，而兹县僻在峡中，士不近学，知道者鲜。

在后来的历史进程中，随着中原地区移民不断进入三峡地区，才逐渐带来了新的文化，并与三峡本土文化交汇融合。

三峡地区真正的宗教文化，始于东汉之后。东汉末年，张道陵开创天师道，建立道教基层组织。奉其道者，须纳五斗米，时称"五斗米道"。张道陵在巴蜀地区建立起二十四个宗教活动中心，即二十四治。因此，巴蜀地区，是中国最早的宗教——道教的发源地。后来，张道陵之孙张鲁在曹操远征巴蜀时，受其官职封赏，并随曹操到了中原，天师道徒几万户被曹操安置于长安、洛阳、邺城等地。天师道这才开始在内地传播，影响逐渐扩大，包括很多贵族都加入了天师道。

自古以来，在三峡地区，云阳的经济、文化发展，一直都是处于前沿地带。宗教文化最为具体的表现，就是祠庙。云阳祠庙之盛、香火之旺，谓之"宫宇相望，名号滋繁"，祠庙数量也在三峡地区位居首位，是名副其实的

"祠庙之乡"。云安古镇方圆不到两平方公里的弹丸之地，名寺古刹、庙宇神祠，星罗棋布，号称"九宫十八庙"。这其实是一种虚指，形容庙宇很多的意思。几乎所有的古城、古镇都有"九宫十八庙"，就如同各地都有自己的"八景"一样。五湖四海、天南海北的人们汇集到云安，不同文化、不同信仰的相互交融，在古镇留下的最深的烙印，就是在弹丸之地遍布的数十座宫观祠宇。

来自同一地域的乡亲，房舍相依，毗邻而居，他们用自己的祖籍地名为街巷命名，寄托乡思。比如：湖北黄州人聚居地，叫黄州街；江西人聚居地，称江西街……他们以乡情为纽带建立会馆，联合对外，依靠团体的力量守护着各自的利益，形成了云安特有的社会关系。帝主宫是黄州人会馆，炎帝宫是湖南人会馆，万寿宫是江西人会馆，牮楼是陕西人会馆……鼎盛时期，有二十多个省在此建会馆、修街巷、筑庙宇，每一条街都有不凡的来历，每一座会馆都是一段古镇历史。

两千年来，云阳全县人口中，90%以上都属外来移民，东西文化在此碰撞，南北风俗在此融汇，人们不但信佛崇道，也奉神拜鬼，既修佛寺，也建道观；既供玉皇大帝，也供地藏菩萨；既拜张飞、关羽，也拜大禹、扶嘉……总之，云阳人是兼收包容、诸神齐奉，随时随地都可以按照自己意愿，选择不同的祭拜对象。

据中华民国《云阳县志·卷二十一·祠庙》记载，在清末时期，云阳全县有各类祠庙 391 座。其中，神祠 109 座、会馆 54 座、杂祀 66 座、佛寺 121 座、道院 41 座。

1. 宫观

在我国五大宗教中，道教是唯一发源于中国、由中国人创立的宗教，所以又被称为本土宗教。道教对我国古代的政治、经济和文化都产生过深刻的影响，是统治阶级的三大精神支柱之一。但自明清以后，道教发展陷入停滞僵化，就一直处于低谷。

（1）栖霞宫

云阳最著名的道院，首推栖霞宫。栖霞宫又名栖霞观，原名云升宫，位于云阳县栖霞镇古城村境内的西城山之巅，距云阳县城 25 千米。栖霞宫最早创建于汉代，南北朝以来屡加扩建，规模宏伟。到宋代，发展成为道教全真派的著名宫观之一。据宋代王象之编纂的大型地理总志《舆地纪胜》介绍："栖霞观，旧名云升宫，在县（指老县城）北十里。宫据山绝顶，下瞰群峰，培嵝可数。唐翟法言于此修炼，白日仙去……殿前有五龙池，能兴云致雨。"

据史料记载，北宋景德年间，在对宫观进行修葺、扩建时，根据黄山谷"霞沾瑶草栖山洞"诗句，更名为"栖霞宫"。传说，先后有著名的道行高士翟法言（乾祐）、杨云外等在此修炼、仙化；元朝末年，武当祖师张三丰曾云游于此，小住有年。栖霞宫也被称为"道派丛林"，民间有"西山（青城山）东宫（栖霞宫）"之说。整个宫观建于山巅，四周青松环绕。建筑翘檐飞角，画栋雕梁。楹柱高大，基石均由虎豹装饰，栩栩如生。宫内祀元始天尊、太上老君等道家鼻祖坐像。正殿内有一巨型炼丹炉。寺内遍挂名家楹联诗刻。据说，汉扶嘉为避秦乱曾隐居于此，离开时种下一棵罗汉松。这棵已有两千多年树龄的罗汉松，至今仍傲然挺立在栖霞宫遗址内，四季常青。

栖霞宫遗址全景

栖霞宫主要景观有系虎石、金盆池、夒龙井、舍身崖、驻月亭、狐狸洞、听松壁等，每一处景观都有一个美妙的传说。

系虎石 嶙峋怪状，高两米有余，石上天然生成系绳之痕和虎爪之印，活灵活现，令人称奇。相传明代著名方士张三丰云游至此，寓于栖霞宫，常以黑虎为坐骑。一日，张三丰下山去逛县城，担心黑虎惊扰百姓，便将黑虎系在石上。张三丰入城后与知县发生冲突，遭到责笞，黑虎愤怒咆哮，欲脱绳救主，以爪抓石，便留下了这些痕迹。

金盆池 方圆约 30 平方米，状若盆，中有水，终年不竭。四周黄草及胸，恰似盆沿。常有云雾腾浮其上，堪为奇观。

夔龙井 位于宫门小天井照壁之下。中华民国《云阳县志·卷三·山水上》记载："寺中有龙池，阔八尺、深九尺，产大蜥蜴，其种特异，县人号曰夔龙。龙池之水，视江流为消长。"相传有捕得"夔龙"者，无论以何种方法囚禁，次日总会逃逸无影。此井另一奇异之处，就是井水会随江水消长，江涨则盈，江涸则亏，甚是灵验。

舍身崖 从宫观石道旁出，绕一曲径，即有一突出山嘴，高千仞，立于崖畔，视域空阔，众山皆小，日出霞落，皆成足下之观。崖下松柏簇拥，深不可测，投石探底，许久才有嗡嗡回音。传说，唐高士杨云外、翟法言，都从此崖仙升。

狐狸洞 是一天然溶洞，洞高约 3 米、宽约 7 米，纵深仅有 2 米。洞内天生两尊大石，宛若两位道士相对而弈，正襟危坐，凝神屏息。栩栩如生的仙道之石，不啻一道奇异景观。

听松壁 约有三丈之阔，立于此处听松，微风时霍霍然，若江涛徐来，给人以海阔天空之感；如遇大风吹来，便轰隆隆有惊涛骇浪之势，仿佛天之将倾、地之将覆，让人胆站心惊。崖壁上镌有"听松"二字，苍劲有力，据说出自有"笔虎"之称的唐代著名书家李阳冰之手。

1975 年，历劫后仅存的宫殿也被拆除，将卸下的木料用于修建云硐中学。

这座具有两千年历史的著名道观，曾吸引过众多得道高士前来修炼，也曾举行过千人云集的盛大法会，曾经的叮叮道磬、袅袅香烟，如今只剩下断壁残垣、青石条砖。

目前，云阳有关部门拟着手复建栖霞宫。

栖霞宫遗址

（2）玄天宫

又名元天宫，位于云安镇北汉城山巅，隔汤溪河与滴翠寺遥相对峙，"高寒清旷、北俯翠崖，迥在下方"。相传，此山为刘邦来云安访贤时驻跸之地，因名"汉城山"。后来，当地人在此建一小庙以祀之。传说，唐代高士瞿法言曾在此设坛，召令汤溪河十二龙平碉上至汤口十二滩。宋朝末年，江州知州杨宜家为抗击蒙军，曾率军驻此，在山顶修筑军寨，名"铁擎城"，以保境安民。到明朝，将军郭应煌又加以扩葺，使之成为军、民两用的寨堡式建筑。明嘉靖十七年（公元1538年），盐场民众集资将铁擎城改建成道观，以"压"盐场火灾，更名为"玄天宫"。

玄天宫为重阁式砖木结构，共三进，正殿主神为太上老君，旁殿供奉灵宝天尊、道德天尊和其他道家神祇，是云安道教信众主要打会、还愿的圣地，香火一直很旺。解放后，被拆毁。

2.庙宇

比起道教来，云阳佛教更为兴盛。清末全县391座祠庙中，仅佛寺即有121座。中华民国《云阳县志·卷二十一·祠庙》称："象教东来，在蜀尤盛，名山古刹，所在崇饰，故佛寺最多，尼庵附焉。"

（1）下岩寺

云阳众多佛寺中，最负盛名的是下岩寺。下岩寺原名燕子龛，是原云阳双江镇塘坊村临江的一个天然石窟，深邃而宏大。秦汉之际即有人在这里刻字、造像，唐时随佛教的兴盛而成寺院。唐末，定州（今河北）无极县人刘道者禅师云游至此，恋其景奇、清幽，决定长住不去。于是，开始在崖壁凿石龛，大规模开岩造像，使寺院更成大观，被后世尊为"开岩第一祖"。

下岩寺规模宏大，景色优美。其洞高十五丈，深二十余丈，宽近五十丈。周围古树繁茂、青藤盘绕，洞顶飞瀑长泻，溅起团团珠玉，宛如仙境。据云阳籍文化名人涂凤书在《云阳下岩寺诗录碑》中描述道："下岩寺，东距云阳治城（老县城，今云阳镇）六十里，旧名'燕子龛'，又号'云岩'。岩濒大江，截然而断，高二十丈，而虚其中，石壁刻佛像，高者一二丈，小者两三寸，不可以数计。佛殿僧寮，游客憩息之所，为屋十数间，楼六七楹，内诸龛沛如，外修竹千万杆，其上有悬瀑荡漾檐际，江盛涨时，水往往漫入寺中，盛夏如深秋，避暑者群诣焉。客船上下，但见水竹参差，不知其间有寺也。"

下岩寺因此被称为"云岩滴翠"或"云岩水帘"，成为旧时云阳八景之一。

唐开元末年，著名诗人王维途经燕子龛时，写下了《赠燕子龛禅师》一诗。相传，宋治平四年（公元1067年）元月，苏轼、苏辙兄弟二人受雅州知府雷简夫推荐，乘船入京师面君，在云安驻足时，恰逢也在此地逗留的黄庭坚，三人共游下岩寺，苏轼乘兴命笔，写下了《下岩留题》："子瞻、子由与侃师至此，院僧以路恶见止。不知仆之所历，有百倍于此者矣。丁未正月二十日书。"云阳人为了纪念这三位著名诗人共游云岩的雅事，在寺旁建了一座"三贤祠"。

作为峡江著名佛教圣地，一千多年来，下岩寺吸引众多文人墨客往来不绝，留下了许多脍炙人口的诗篇。清人熊宇栋有《云阳县八景》诗，其中《云岩水帘》曰："峭壁欲摩天，飞雪直挂巅。冷筛千嶂月，寒喷一溪烟。绕树湘纹织，嵌空宝箔悬。更逢新雨后，百道响潺潺。"

南宋范成大也有《下岩》题诗："畴昔中岩一梦残，下岩风景亦高寒。峡中无处堪停桴，雨后今朝始凭阑。不用苦求毫相现，只教长挂水帘看。山僧劝我题苍壁，坡谷前头未敢刊。"

范诗结尾一句"坡谷前头未敢刊"，道出作者心中的两难：面对眼前美景，前有苏东坡、黄山谷等"大佬"题写诗文，作为晚生后学的范成大"不敢刊"，但最终还是"刊"了，这实在是因为下岩寺的独特美景让人欲罢不能。

北宋黄庭坚曾在《下岩寺二首》序中说："二百年矣，来游者题诗不可胜读。"黄庭坚之前两百年间，下岩寺的题诗已"不可胜读"，成为云阳的又一个文萃之地。再经过明清两代数百年，寺中该会存下多少文人骚客的题留？

但岁月无情，淹珠埋金。直到1935年，县中宿儒涂凤书遍集歌咏下岩寺的诗文，也仅得五十余篇（首）。这五十余篇诗文及涂凤书亲书以纪其事的《云阳下岩寺诗录碑》，皆陈列于张飞庙中。后来，下岩寺重建以后，也陈列有诗文及碑文的重刻版。

2008年，三峡工程竣工蓄水，古老的下岩寺没入碧波之下。2010年，云阳县人民政府在天宫包山麓重建下岩寺。重建后的寺院依然采用"座岩临江"风格，是一个重檐歇山式古建筑群，包括大雄宝殿、藏经楼、山门殿、厢房、佛堂、钟楼、鼓楼等，旁边另有一个三贤祠。古老的下岩寺重获新生，仍是渝东佛学与文化的圣殿。

迁建后的下岩寺

（2）滴翠寺

滴翠寺位于云安西北角的汤溪河北岸，坐落在山腹突起处，下临汤溪，背枕绝壁，号称"十方丛林"，是渝东地区著名佛寺之一。滴翠寺最初叫"滴水寺"，具体修建年代不详，可以确知的是在明代以前。

寺院由佛寺及面溪小亭两大建筑群组成。进入寺中，须经面溪小亭拾级而上。小亭依山傍水，古朴精巧，草顶木柱，周设回廊，楹额上有"除一切苦"四字，乡人称亭为"草亭"。草亭前方为汤溪河拐弯处，半潭半滩，动静成趣。民国年间，有郭姓大户在草亭旁捐建了一座西洋楼，名为"读经室"，让整个建筑群中西合璧，典雅大方。由河边通往草亭的小路两侧，垂柳成荫，小路便成为"柳堤"。柳堤尽头，是入寺石梯，长达千余级，逶迤而上。梯道中部有一平岗，旁边三座小宝塔，亭亭如玉笋，传说是三位高僧圆寂后葬于此。梯道尽头绿树掩映中，即是前山门。

佛寺由前殿、大厅、正殿三部分组成。前殿供奉诸天佛像，庄严肃穆。前殿与大厅间隔一洞门，进入洞门可见一两丈见方的小池子，池上有一精巧的小石桥。池水由地下泉水汇成，清澈透明，鱼鳅欢游其中，游人拍掌投饵，即衔尾而至，饶有趣味。

走过池上小桥，进重门即为大厅，大厅左右为客寮。厅后有湫池，青石砌成，池壁泉流涌滴，琮琮铮铮如佩坏之声，悦耳动听。湫池名曰"放生池"，佛众香客放生龟鱼不可胜数。僧众就餐时，击木鱼，投饭于池，龟、鱼听见木鱼声，"争唼水面，唇急泡圆，身掉波响，洵静观也。"湫池左右有石梯，通入正殿。

正殿供奉巨型弥勒佛像，高丈余，披金挂很，十分壮观；座前香烛终年不熄，烟雾缭绕。殿左为方丈室、藏经室、仓储室；右为僧舍、客廊、餐厅。殿后有石径，可达后院。

寺下山根处有一溶洞，洞口上方有藤萝奇卉垂挂如帘，内有石梯直通河边。

清代诗人魏瀚有诗赞曰："琳宇萧森满地霜，丹青磊落四山藏。泉穿石出珠千串，竹让楼高翠万行。野鸟群随僧饭饱，池鱼引动客衣凉。黄昏笑拂旃檀云，几杵疏钟送斜阳。"

有趣的是，滴翠寺对面山峰中掩藏的那座道观，即是著名的玄天宫，也因山势高悬而称"悬天宫"。这一寺一宫，隔河而立，高低相峙，人称"滴水对悬天"，意指佛道两家能够相互包容，和谐相处。

滴翠寺远观

（3）大佛头摩崖造像

大佛头摩崖造像位于长江北侧支流汤溪河南岸大佛头山断崖上，南距云阳老县城约 6 千米，北距云安镇 9 千米。

大佛头摩崖造像开凿于唐代中晚期，这与当时云安盐业的大规模开发有关。造像人物丰满，比例匀称，雕刻技术十分成熟，呈现出典型的盛唐时期风格。石窟造像规模总计 250 平方米，原有 11 龛，现存 9 龛（其中 3 龛受损），均为高浮雕。龛制有平顶、弧顶敞口两种形制。其中，9 号龛形制为平顶敞口形，宽 1.4 米，高 1.22 米，深 0.4 米，刻有一佛、二狮奴、二菩萨、二弟子、二力士共九人造型，佛像头顶圆形背光，双手合十于须弥座上结跏趺坐。

20 世纪 70 年代修筑云（阳）—开（县）公路时，造像遭到严重损坏，其中两龛被填埋，另有 3 龛局部被损毁。

唐代中期以后，因北方"安史之乱"，唐王朝为支付庞大的战争费用，实行盐税改革，增设盐监。据《新唐书·食货志》卷五十四载："顺宗时，……增设云安、涣阳、涂瀼三监"。

盐监的设置，让云安盐业开发取得了巨大的成效。唐代末期，荆南节度使攻占夔州，擅取云安监盐利"养兵五万"，可见当时盐利之丰。由于云安盐业的繁荣，由云安至云阳县城的水陆交通也变得十分繁忙。

大佛头摩崖造像开凿在汤溪河南岸的悬崖峭壁上，而这里，正是云安盐场至云阳县城的水陆交通孔道，其目的是以佛佑往来行人。

唐朝是继隋朝之后的大一统王朝，政治开明，经济繁荣，文化发达，对外交流频繁，社会充满自信，以至"唐"成了中国的一个代称，唐代以后，海外大多称呼中国人为"唐人"。在唐代，"天下之赋，盐利居半"，尤其是唐上元年间刘晏统领天下盐务，大力进行盐政改革，为当时的社会稳定与繁荣起到了极大的推动作用。当时的云安，作为峡中产盐大县，盐业经济的发展也让云安呈现出一片繁荣景象。1992 年，四川省考古研究所在云阳县高阳镇走马村发现了一处唐代市镇遗址——明月坝遗址。而且，通过连续若干年的考古调查与发掘，又在明月坝周边地区发现了更多的唐代集镇、聚落，包括明堂坝遗址、李家坝遗址、高阳坝遗址、丝粟包遗址、乔家院子遗址、晒经遗址等。

明月坝集镇聚落群的形成，与唐代中晚期盐业政策的改革、云安盐业经济的发展和北方移民的涌入具有很大的因果关系。盐业的发展、经济的繁荣必然带来文化的兴盛。明月坝遗址出土的大量实物，证明这里是一个区域性的宗教、文化、商业中心。其中，一个保存完整的佛教寺庙遗址的发现，显得十分珍贵。

明月坝唐代寺庙的基本布局为单院式结构，以一组殿阁为主体，环建堂庑或廊房。这是流行于唐宋时期小型寺庙的典型布局。

寺庙除具有宗教信仰功能以外，在广大的乡村、集镇，还成为民间集会、交易的理想场地。明月坝集镇的佛教寺庙，使明月坝不仅具有区域性的盐运集散中心功能，更是成为彭溪河中下游地区的区域性宗教、文化和商业中心。

云阳佛教寺庙遍布城乡，在民国初年全县 17 个镇乡中，每个镇乡都有多个寺庙，其中南溪一乡多达 28 个。这些寺庙，大多是唐代以后逐渐发展起来的。

自佛教传入中土之日起，就开始了中国化、本土化的进程，起初是依附道教、儒教来传播教理，到了唐朝之时，佛教已经成为一个独立的、拥有大量信众的宗教了，其所倡导的轮回之说、人死后精神不灭、因果报应以及布施等，适应了当时民众的精神需求，有了广泛的群众基础。云阳作为一个融汇四方文化的移民之乡，其信仰的多样性、文化的包容性，已成为地方文化的一大特色。

1. 神祠

云阳神祠众多，从数量上看，全县391座祠庙，其中神祠有109座，仅次于佛寺。而神祠的供奉对象很广泛，祖宗、鬼神或有功德的人，皆可进入神祠，受人祭拜。

云阳县最早的神祠，当数云安镇的龙君宫，里面供奉的是当地传说中的盐业圣祖——扶嘉神像。龙君宫创自汉代，其正殿供案上，立有龙君牌位，上书"汉扶嘉先生之神位"八个大字。扶嘉是传说中的云安盐业先驱，人们将他奉为井祖或井神。又因盐卤为水，水归龙管，加上传说中扶嘉出生与龙有关，所以又将井神与龙联系在一起，称为"龙君"。两千年来，云安人一直感念扶嘉为云安开创盐业之功，龙君宫年年岁岁香火不断。

不仅扶嘉作为云安盐业祖师爷而庙食千秋，甚至传说中与云安盐业开发有关的刘邦、樊哙，也被视同井祖，人们在建龙君宫的同时，还修了一座高祖庙，以供人们对汉高祖刘邦及将军樊哙进行祭拜。

但在云阳乃至整个渝东地区，最为著名的神庙，则是被誉为"巴蜀胜景、文藻胜地"的张飞庙。

张飞庙，又名张桓侯庙，传说始建于1700年前的蜀汉末期，为纪念蜀汉名将张飞而建。张飞庙原在云阳老县城对岸的飞凤山麓，后因三峡工程建设迁至云阳新县城对岸的狮子岩下，为国家重点文物保护单位、国家AAAA级旅游景区。

张飞是三国时蜀汉名将，与结拜兄弟关羽并称"万人敌"。他生于涿州，卒于阆中，最后怎么"落户"在云阳了？

这里面有一个传奇故事。张飞驻守阆中时，关羽在荆州兵败身亡，张飞心急火燎要去报仇，强令部下尽快完成东征准备。部将范强、张达惧怕惩处，乘张飞酒醉联手暗害，取其首级投奔东吴。两人行至云阳时，得知吴蜀讲和，仓皇弃首级于江中。云阳一渔翁得张飞投梦，于江上捕鱼时网得其头，将其存放在飞凤山麓一座小庙的土偶腹中。故有张飞"头在云阳，身在阆中"之说。后来小庙香火渐旺，经历代扩建，逐渐成为一座规模宏大的整齐庙宇。

千百年来，张飞已经成为云阳人心目中的"王"，云阳人一直称张飞庙为"张王庙"，称张飞为"张王菩萨"。全国张飞庙较多，但以四川阆中张飞庙和重庆云阳张飞庙最为有名。每年农历八月二十八日是张飞生日，除了本县乡民会去庙里祭拜，所有经过的船只，都要给张王菩萨点上香烛、燃放鞭炮。这里还有一段故事：清康熙年间，河道总督张鹏翮回遂宁省亲，乘船经过张飞庙，未去祭拜，称"文臣不拜武将"。当晚停泊三坝溪时，逆风顿起，船只倒流回了云阳老县城。张鹏翮这才深感敬畏，备齐三牲三果进庙参拜。结果开船后一帆风顺。省亲回来，张鹏翮专门为此赋诗一首："铜锣古渡蜀江东，多谢先生赐顺风。愧我轻身无一物，扬帆载石镇崆峒。"庙里为此新增一建筑——"助风阁"。至今，刻有此诗的石碑还镶嵌在助风阁内的墙壁上。

张飞庙依山取势，气象巍峨。建筑群结合山势地形，布局自由。其大门巧妙利用地形，面朝蜀都（成都）方向，因势构建，形成所谓"歪门斜道"。主要建筑有结义楼、正殿、旁殿、望云轩、助风阁、杜鹃亭、得月楼等，占地1400平方米，集宋以后历代建筑艺术之长，对研究我国古代建筑颇有价值。张飞庙号称"巴蜀一胜境"，有"文章绝世、书法绝世、雕刻绝世"三绝之誉，庙内碑刻书画丰富，现存石碑、临崖石刻等360余件，木刻书画217幅，名家圣手，流派纷呈，各领风骚，不少为国内外所罕见，具有较高的历史、艺术和科研价值。如：汉《张表碑》、梁《天监碑》、黄庭坚书《幽兰赋》、苏轼书前后《赤壁赋》、岳飞书前后《出师表》等，素有"文藻胜地"之誉。

庙中还有西周编钟、东周铜剑、汉代车马砖、牢城砖以及新石器时代以来的石、陶、铜、铁、瓷、木刻、玉雕等种种文物350余件，其中不少是具有历史价值及工艺价值之瑰宝。

由于张飞庙原址位于三峡水库淹没范围内，现已搬迁到新县城对岸的狮子岩下。张飞庙现存建筑近90%的构件都是老庙拆迁来的材料，依然保持依山、坐岩、临江的地理特征。这是1949年以来地面文物搬迁级别最高、搬得最远、影响最大的一项工程。而张飞也因此成为三峡库区年龄最大的一位移民。

如今，张飞庙已经成为云阳独具地方特色的一张文化名片。从2009年起，云阳县政府将张飞生日的民间自发祭祀活动，变为一年一度有组织的庙会，除了传统的祭祀活动，还有三国文化主题晚会、乡村旅游精品文艺演出等，渝东北各区县都踊跃参与，实现了庙会与国庆黄金周的文化旅游活动完美结合。

张飞庙之所以1700年来香火不断，是由于张飞一生所展现出的那种大义大勇的浩然之气、威武不屈的顽强精神，恰好与早期巴人忠勇好义、刚烈不屈的品质相吻合。千百年来，斑驳多元的文化在云阳这片土地上经过一代代融合、积淀，已经形成云阳独有的历史文化底色。人们纪念张飞，也是在以张飞精神自励，因而这也成为现代云阳人的一种精神特质。

云阳众多神庙中，供奉最多的就是张飞，在清末时期，全县有上十座张飞神祠，有的叫"桓侯宫"，有的叫"桓侯庙"，有的称"张飞庙"，也有的称"张王庙"，名称各异。其次是关羽，有称"武圣宫"的，也有叫"关帝庙"的，全县也有不下十座。此外，还有供奉刘邦的"高祖庙"，供奉李冰的"川主庙"，供奉岳飞的"武穆宫"，供奉龙王的"龙王庙"等等，凡"古圣名贤，功德昭著……如神禹、关侯、李冰、杜宇之属，有功于民，义得通祀"（见中华民国《云阳县志·卷二十一·祠庙》）。可谓五花八门，不一而足。

张飞庙原址远观

搬迁后的张飞庙

2. 会馆、杂祀

会馆，是中国古代一种特有的文化现象，大约诞生于明朝时期，最初出现在京城。会馆不仅仅是一种建筑，更多的是将同一类人聚集在一起的场所和纽带。

最初的会馆，也被称为试馆，这里的"试"，指的就是古时候的科举考试。全国各地众多学子，在临近考试的时候涌向京城，学子们多数都是第一次出远门。在这种人生地不熟的情况下，难免会在住宿、生活起居等方面遇到困难，尤其是一些家境贫寒的人，更是举步维艰。于是，那些早年间到京城做官或者从商的人，就开始帮助自己的同乡。他们筹措资金，修建场所，集中安置同乡，逐渐就形成了会馆。

随着时间的推移，会馆的功能也不断增加，很多来此经商或者会友的老乡，也开始来到会馆，逐渐形成了同乡或者同行业的不同会馆分布。人在异地，能够遇到自己的同乡或者从事相同行业的人，自然让人倍感亲切。也正因为如此，会馆逐渐就在全国各地分布开来，尤其是那些外来人口流动频繁之地，几乎囊括了各种不同形式的会馆。

在明朝初年和清朝早期两次大规模的"湖广填四川"移民运动中，云阳因为繁荣的井盐产业，吸引了大量外来移民到此定居谋业。"客籍既多，民不忘本，争设宾馆，附祀乡贤，一以联乡情，一以资平议。"（见中华民国《云阳县志·卷二十一·祠庙》）

云阳是一个移民大县，绝大多数人祖籍在外，会馆遍布全县各个乡镇。在清末民初全县50多个会馆中，最为典型的，当首推陕西牮楼。

陕西牮楼位于云安镇最中心位置，是全镇最高的楼房，清嘉庆年间，由云安盐场的陕西籍人集资修建，为长方形五层碉堡式建筑，外以条石青砖垒砌，坚不可摧；内用木料隔为楼层，楼层间以旋转式木梯叠层而上，宛如回廊，直达楼顶。楼顶为一敞亭，中间为东西向八字形分水顶，南北两侧则各覆有宽宽的雨檐，显得高低错落，别有形制。这就是"牮楼"的独特之处。上有屋顶斜覆，下有柱梁撑扶而不欹（倾斜），曰"牮"。这里除了是陕西籍人聚会议事、祭祖祈神的场所，还是用作防盗御匪的堡垒。清道光年间，铸铁钟一口，悬挂在楼顶亭子间，其作用是为全镇报时。牮楼里安排有专职敲钟的人员，以自鸣钟报时为准，每到一个整点，就敲响铁钟。钟声清越响亮，居高而鸣，全镇皆闻。从此，牮楼上的这口铁钟就成云安古镇的灵魂和指挥中心，盐场的工时计数、调班轮值以及居民的生活起居，全都以牮楼的钟声为准。

所谓"杂祀"，供奉之神大多来自民间传说，往往荒诞无据。正如中华民国《云阳县志·卷二十一·祠庙》所言："稗官野议，民听易移，寓言成实，祷禳辄效，荐绅所笑，愚氓所趋，如东汉之白石将军，三吴之五显神庙，流风所渐，不可理喻。"

如云阳城厢（县城）的"紫云宫"，所祀之神为杨泗将军。杨泗将军，在民间不同地方有多种称呼，诸如杨四将军、镇江王爷、平浪王、平水明王、杨泗菩萨等等，被尊为"中国水神"，并在道教诸神中占有一席之地，其尊号为"九水天灵大元帅紫云统法真君水国镇龙安渊王灵源通济天尊"，"紫云宫"因此而成为云阳船帮的公所。在中国古代，各行业都有自己的祖师爷，即守护神的意思，比如陆羽是茶业的祖师爷，而杨泗将军则是水运船帮行业的祖师爷。因为杨泗将军可以斩杀水中作恶的蛟龙而平息水患，沿江上下做生意的商人也视他为保护神，常常入庙祭祀。

云安"五显庙"所奉的五显神，是人人都喜欢的财神。五显神，又称五显公、五通神。据《三教搜神大全》所载，五显神本为五兄弟（另一说是东岳泰山神的五个儿子），最初活动于汉宣帝本始年间，唐末为其立庙，庙号"五通"。宋徽宗大观年间赐庙额曰"灵顺"，宣和年间又封为侯。宋理宗时，再加封为王，第一位叫显聪王，第二位叫显明王，第三位叫显正王，第四位叫显真王，第五位叫显德王。因为都带有一个"显"字，所以称为"五显神"。人们入庙拜神，全为求财，无论灵验与否，人们求财的意愿总是很强，所以香火一直旺盛不断。关于"五显神"的来历，也有一些其他说法，有说是"五显大帝"，有说是"邪神"，但人们更愿意相信是财神。

曾建于云安镇的陕西傩楼

第八章 筚路蓝缕——一路传奇的盐道文化

三峡地区山高谷深、江流湍急，自古以来，众多的天然盐泉从河流切割低处不断渗涌而出，获取食盐的便捷条件，再加上畅通的水上运输，以及四通八达的山区盐运古道，让这里的盐业经济在历史上一直长盛不衰。《水经注》云，北井（今巫溪）盐产为"建平一郡之所资"；朐忍"翼带盐井一百所，巴川资以自给"，由秦汉至三国、两晋以后，三峡地区井盐产业已大成气候，成为以后历朝历代的重要财政支柱，都把盐业视为"国之重宝"。

良好的采制条件，国家的政策鼓励，让三峡地区盐业经济持久活跃，其产、运、销各个环节都得到了进一步的发展。

三峡地区水、陆两路盐运古道，经过数千年的开拓形成和发展演变，凝结着峡江先民们筚路蓝缕的智慧和汗水。

1. 峡江水路

曾经在长江三峡一路观山阅水的杜甫有诗云："众水会涪万，瞿塘争一门"；"风烟渺吴蜀，舟楫通盐麻"。

杜甫以一个诗人独有的视角，将峡江流域内连蜀地、外通吴楚的水上交通状况凝练地表达了出来。随着长江中上游地区经济的不断发展，峡江水路已成为历朝历代最为重要的交通干道之一。这是一条遍布急流险滩的黄金水道。对这条水道经过数千年的不断开发，在满足人们对食盐需求的同时，也推动了峡江文明的不断演进。

巴郡朐忍县，早在秦代即开始凿井取卤煮盐，到西汉武帝时，这里盐业开发已经大有规模，以至朝廷在这里设置了专门的盐官。当时朐忍的辖地，包括现在重庆云阳、开州、万州及重庆梁平、湖北利川的部分县地，幅员广阔。当时，在今天云阳云安场、开州温汤峡谷和万州长滩等地方，盐业开发早已形成规模，因此，将朐忍县治设立在长江北岸的台地"旧县坪"，恰好位于彭溪和汤溪两河入江口之间，其目的非常明确，就是为了更加有效地管理两河流域的盐业生产、销售以及长江上下的食盐转运。自秦汉至北周，朐忍县治在"旧县坪"存续800余年时间，在这期间，云安盐场和温汤井生产的食盐是如何运至"旧县坪"的，又是如何通过长江这一黄金水道运往更多地方的，现在已无从查考。但朐忍在两汉时期一直是巴郡大县，朐忍故城也有"万户城"之称，可以推知，位于长江之滨的这座辖地宽广的县治城市，由于境内盐泉资源丰富、盐业经济发达，一定是人丁兴旺、市镇繁荣，是名副其实的政治、经济、军事、文化中心。

三国、两晋以后，朐忍县一再析置他县，到了北周时期，县境仅剩汉代辖区的十分之三了，与今天云阳县域面积相差无几。此时，朐忍县城迁至汤口，并更名为云安县。这背后原因，当然与汤溪河畔的产盐重镇云安盐场有关。汤溪河经云安盐场南流15千米即于汤口注入长江，这为食盐运输出井提供了很大的方便。为了加强对云安盐业生产和运销的管理，有效地实行官营专卖，迁城是一个必然的选择。

但当时云安生产的食盐究竟是如何运输出井，以及运往何处，我们并不知其详情。到了不久后的唐代，有一位在云安县居住达半年之久的亲历者——杜甫，写过不少有关云安的诗，其中在《十二月一日三首》诗中，有两句诗生动记录了当时汤口盐运的场景：

"负盐出井此溪女"，说的是当地妇女一大早从云安盐场沿汤溪河谷行走15千米，背盐到汤口码头的情景。背盐妇女，大概是盐商所雇的脚力。盐商从云安盐官处购得食盐，再雇人运到汤口码头，装船外运。"打鼓发船何郡郎"，说明这些装上船的食盐是要运往外郡的。而长江上下水道，就是这些装满食盐船只的去向。

（1）长江航线

唐代段成式创作的笔记小说集《酉阳杂俎》中，讲过一个云安本地的得道高士翟乾祐（被称为"天师"）召龙平滩的故事：

> 云安井自大江溯别派（指汤溪支流），凡三十里。近井十五里，澄清如镜，舟楫无虞。近江十五里，皆滩石险恶，难于沿溯。乾祐念商旅之劳，于汉城山上，结坛考召，追命群龙，凡一十四处，皆化为老人，应召而至。天师翟乾祐谕以滩波之险，害物劳人，使皆平之。一夕之间，风雷震击，一十四里，尽为平潭矣。唯一滩仍旧，龙亦不至。乾祐复严敕神吏追之。又三日，有一女子至焉。因责其不伏应召之意。女子曰："某所以不来者，欲助天师广济物之功耳；且富商大贾，力皆有余，而佣力负运者，力皆不足。云安之贫民，自江口（指长江口）负财货至近井潭，以给衣食者众矣。今若轻舟利涉，平江无虞，即邑之贫民，无佣负之所，绝衣食之路，所困者多矣。余宁险滩波以赡佣负，不可利舟楫以安富商。所不至者，理在此也。"乾祐善其言，因使诸龙皆复其故。风雷顷刻，而长滩如旧。

这故事在唐末五代时期杜光庭所著道家故事书籍《仙传拾遗》中也记述过。我们略去其中的神仙故事，可以得到两个信息：一是云安井场至大江三十里，靠云安的十五里"澄清如镜，舟楫无虞"，近大江的十五里则"皆滩石险恶，难于沿溯"；二是"云安之贫民，自江口负财货至近井潭，以给衣食者众"。这前后两个十五里的分界点就是硐村，云安食盐以船运至硐村，再由人力运到县城（清代后期以驮马居多）。正是因为云安盐业兴旺，硐村至县城这十五里沿河山道才有络绎不绝的"佣负"者，"以给衣食者众"。所以，这位"女子"（龙）才"宁险滩波以赡佣负，不可利舟楫以安富商"。

到清代乾隆、嘉庆时期，云安盐井已增加到133眼，灶357座，锅357口，所产食盐配供云阳、开县、新宁（今开江县）、达县、东乡（今宣汉县）、石柱、梁山（今梁平区）、万县、奉节、巫山以及湖北建始、宣恩、利川、恩施、鹤峰等十五州县，按运输道路的不同，由官府发给陆引、水引若干，盐商按计划购盐引，凭引运销。

中华民国《云阳县志·卷十·盐法》记载：

由提拔卡按引装船，上运至万县，计岸分销。又由万县转运梁山、新宁分销。济楚五州、县，由云阳提拔卡，发商舟运三十里至庙矶子，又七十里至夔州府，运判换票，又三十里至大溪口，又六十里至庙耳漕，又二十里至巫山县，又九十里至建始县，又一百十里至恩施县，又九十里至宣恩县。

由此可知，至少从唐代开始，云安井场所产食盐，经汤溪运至县城所在的长江口岸后，通过长江水道，上行可至万县、石柱等处，顺流而下，可达奉节、巫山等地。运往湖北建始、宣恩、利川、恩施、鹤峰等地引盐，大多是经水道运至巫山涪石等处，然后由陆路转运。

长江上的木船

（2）汤溪河航线

云阳盐运水道除了长江这条黄金水道，还有汤溪、彭溪两条主要支流也承载了一定的运输量。汤溪河航线主要有三条：

一是硐村线。"自场，船运南行十五里至硐上，登陆，驮运及背负十五里至县城，交官盐提拨卡。"（中华民国《云阳县志·卷十·盐法》）民国时期，云安至硐村有篷船30余只，每只载重40~60包盐，约2~3吨重；有鳅船50余只，每只载重20~40包盐，约重1~2吨。下水，云安至硐村运盐；上水，则从硐村煤厂运煤至云安盐场。

二是高阳线。云安至水市口一段，有无篷船30余只，每只载重30~50包盐，约1.5~2.5吨重，专为高阳（再经盐渠陆路）转运食盐。

三是沙沱线。云安至南溪、江口、鱼泉、沙沱一线，有木船500余只，每只载重30~50包盐，约1.5~2.5吨重。这些木船也称炭船，主要是运鱼泉煤厂的煤到云安盐场，顺流运煤，逆流多数返空，仅有少量船只运盐，"贩给北乡各甲"。

流经云安的汤溪河

（3）彭溪河航线

据中华民国《云阳县志·卷十·盐法》载：云安食盐"自场，船运北行至水市口登陆，驮运四十五里至高阳，复船运九十里至开县，又六十里至临江市（今开州临江镇），复由陆运至新宁（今四川开江县）。"

澎溪河黄石段

2.巴盐古道

水道运输，以船为载体，从数吨到数十吨不等，这是一种批量运输，只能到达一些重要的集散点，要分散到千家万户消费者手中，还得靠力夫肩挑背扛，经过数千年来由挑夫踩踏出来的密如蛛网、四通八达的山间古盐道，才能"飞入寻常百姓家"。

从产地到消费者，古盐道就是一条人们离不开的生命线。这条穿越千年的盐运古道，成为推动经济、传播文化的重要载体，成为连接不同地域、不同文化的纽带。有历史学者把这一片以三峡云安、宁厂、温汤井等古盐场为中心、呈放射状向四周崇山峻岭间展布、连通川鄂湘黔、长达万里的古盐道，称之为"中国内陆最重要的文化沉积带"。《中国国家地理》杂志更是将它与丝绸之路、玉石之路、茶马古道和古蜀道并称，誉为"中国第五大古道"。

川盐古道分为纵向陆路和横向水路。陆路北起云安、大宁，西起酉（阳）、秀（山）、黔（江）、彭（水），渡过长江，翻越七曜山，进入武陵山区。

这些穿行在崇山峻岭中的古盐道，最早可以追溯到6000年前的新石器时期末，当巴人逐盐而居，从清江流域迁往长江三峡地区，就是从武陵山区的莽莽丛林中穿越而过的。秦汉以后，随着武陵山区经济水平的不断发展，这些穿山越水的山间古道，不少路段都逐渐演变为官道、商道、盐道一体了。到如今，随着公路和铁路的贯通，这些曾经川流不息的川盐古道，也渐渐湮没在历史的尘埃之中。

在云阳县境内，由水市口经盐渠到高阳这一段陆路，现已被公路取代；由碉村至县城的滨河古道，清代以后，改由驮帮以骡马驮盐直接从云安盐场到达县城小河口。另有一条古道，是从盐场通往"旧县坪"古朐忍县治所在地。在北周县城迁往汤口以前，云安盐场所产食盐出厂后，经由一条古称"西大道"运盐大道，具体线路是：出盐场向南，经土垒上山到栖霞，翻过梁家垭口，走鱼儿溪，过野鸭塘，然后到达朐忍县城，全长50多里。在那段历史时期内，云安所产食盐，靠人力肩挑背扛，通过50多里翻山越岭的"西大道"，源源不断转运至朐忍县城，然后再由此经长江水路，运往峡江上下各地。

但在云阳境内，历史更为悠久、运输更加频繁、辐射区域更加宽广的运盐古道，则是"云利古盐道"。

在古代，居住在武陵山区的少数民族（主要包括土家族、苗族、侗族等），对产自云安盐场的"锅巴盐"情有独钟。《水经注》中说："云安盐，粒大者方寸，中央隆起，形如张伞，故因名之曰伞子盐。有不成者，形亦必方，异于常盐矣。"这大概就是指的"锅巴盐"。

锅巴盐是云安盐的特色品种，坚硬成块，咸味十足，便于贮藏。闭塞边远、交通不便的武陵山区少数民族，习惯把锅巴盐放在火塘的灰里埋起来，吃的时候取出来，到锅里头稍稍滚一下，然后又埋回去。这样，食盐就不会融化，不易流失。

而且，锅巴盐还方便运输。由于锅巴盐为块状，盐夫在背运时，不易漏撒，不用包装得特别严密，仅用油纸包裹，再把包好的锅巴盐放到背上的木架子上背行。这种木架子整体呈漏斗形，上面以几根木桩固定住盐，下面有个小木盒靠近背夫腰部，里面一般放火镰和一些贵重物品，这种独特的背盐方式正体现出了锅巴盐运输的地域色彩。

因此，自古以来，无论政府是否允许川盐出川，云阳盐运往施鹤一带武陵山区从来没有间断过，明面上不许，就暗中私运。

云利古盐道，起于重庆云阳县云安盐场，止于湖北利川。从云阳渡过长江后，在云阳境内有两条道，即"上大路"和"下大路"。上大路自新津口、马鞍山、坳口场（今龙角镇）、泥溪、地堡滩（今曜灵镇），翻越七曜山进入利川；下大路自新津口、马鞍山、蕙草、长岭岗、清水塘进入利川。进入利川境内后，沿途经穿心店、棠楸树、野人孔、梅子水、柏杨坝、黄泥坡、朱砂屯、菁口等地，到达利川。

盐大路上一群"背二哥"

　　云利古盐道绵延数百里，多由青石板或麻条石铺成，在一些陡峭的山崖绝壁，则以人力贴着坚硬的崖壁开凿成道。

　　这条盐道曾经是当地社会经济的大动脉，大量客商、挑夫和马帮，在这条道上川流不息。云安盐场的食盐由此运送到湖北利川、恩施、鹤峰甚至更远的地方，而鄂西山区的药材、生漆等土特物产也通过沿江的码头流向世界各地。

　　宋代以前，湖南、湖北都被历朝历代确定为"例食淮盐"的区域，一直严禁川盐过境。直到1000年前的宋真宗年间，朝廷才首次允许川盐销往施州。据清·道光版《施南府志·卷二十二·官师卷》载：

　　侯廷赏为施州巡检使，真宗尝召问蛮事，廷赏言：民无他求，惟欲盐尔。上乃召夔路转运使丁谓措置。

　　由此，朝廷特许利川"以盐易粟"。当时，淮盐虽然生产成本低，但依靠水路长途运输，路遥费高，加上沿途官吏盘剥，价格比川盐要高出许多。所以，即便没有朝廷特许，精明的利川人也很少"例食淮盐"，他们以挑夫和骡马队从三峡地区偷偷运送食盐，早就形成了一条川盐入鄂的民间秘密通道。据史料记载，清道光十七年，湘、鄂两省曾缉查出秘密贩运私盐达到101.4万斤。后来，地方官员见无论盐政如何严苛，私盐都是屡禁不绝，便以利川地区"惯食川盐"为由请奏朝廷，获得特许，以引为凭，由政府统一调拨，最终使秘密盐道演变成了一条光明大道。

云利古盐道的真正鼎盛，来自两次大的国家决策——川盐济楚。

两次川盐济楚，不但让峡江盐城云安迈入从未有过的辉煌，云利古盐道也随之繁荣。云盐运入利川后，除了流向恩施、鹤峰诸州县，还继续向南，经来凤过凤凰，到达湘西、黔北一带。沈从文在小说《边城》中，曾数次写到来自云阳的火制青盐在沱江两岸等候装船的盛况。

一直到新中国成立初期，云利古盐道上仍可见到成群结队的挑夫，一路挥汗如雨，一路吆喝连连，让这条绵延数千年的古道保持着应有的温度。历史车轮，滚滚向前。现在，翻越七曜山的云利古盐道同样被现代化的交通网络所覆盖，高山密林，已难见当年的盐道踪影。

但在云利交界处的云阳耀灵镇境内，因当地政府的大力保护，还存留着一段古老的盐道。从七曜山麓的三岔河谷，到接近山顶的东营沟，全长八千米，麻条石铺就，先是沿着溪沟蜿蜒向前，接着就是贴着山壁一路向上。沿途每隔一段路程，就会有一个小地名，如撑腰石、一碗水、擂鼓石、陡梯子、状元坟、腰店子等等，每一个小地名，都有一个动人的掌故或传说，耀灵镇政府将这些地名、掌故及传说搜集整理后，立碑记述于路旁，将游人的思绪引入缈远的过去。

耀灵境内的这一段古盐道，只是云利古盐道"上大路"中的一小段，也是目前保存最完好的一小段，堪称盐大路遗留的一截"活化石"。其他地方，也还保留着一些遗迹，比如七曜山巅的穿心店、野人孔，利川柏杨镇的梅子水等，也仅剩残壁断垣，依稀可辨。

云利古盐道耀灵段（上大路）

耀灵东营腰店子

七曜山野人孔（利川境内）

3. 盐道文化

在数千年历史的暮鼓晨钟里，巴盐古道穿过一次次战争的硝烟，蹚过一次次移民的浪潮，一直是号子不断，山歌不绝，巴盐的银流如蛛网一般浸漫到武陵山区的各个角落。

作为两次"川盐济楚"的重要运输线，和武陵山区物资进出的重要交通线，著名学者费孝通先生将巴盐古道形容为"武陵山民族走廊"，更是武陵山区内部各族与外界联系的生命线。《中国国家地理》杂志作了如此定义：巴盐古道是继古代中国丝绸之路、玉石之路、茶马古道、古蜀道之后的第五大古道，是维系川渝鄂湘黔边区土家、苗、汉等民族，乃至整个中华民族的又一情感之路、文化之脉。更多的历史学者一致认为，巴盐古道是"中国内陆最重要的文化沉积带"。

云利古盐道，是巴盐古道中历史最悠久、运输最繁忙的一段，南来北往的挑夫、客商以及各种江湖术士川流不息，不同地区不同民族的文化在盐道上汇聚，语言、风俗、建筑甚至歌舞戏剧，多元文化交融。同时，也在沿途催生出许多幺店子、客栈、驿站，进而形成每隔15里就有一个小集镇、每隔30里就有一个大集镇的格局。而且，民间贸易也随之兴旺，当地民众逐渐形成了双日赶大场、单日赶小场的习俗。从云阳大江南岸的新津口起，沿途马鞍山（今普安）、坳口场（今龙角）、薰草、泥溪、耀灵、清水塘、梅子水、柏杨坝、汪营……无一不是因盐而兴。

穿心店，是七曜山巅的一座城堡，在莽莽榛榛的原始森林间一片开阔槽地上巍然而立。这是一处构造奇特的建筑，长逾千米，宽不过二十多米，两边外墙全是以粗砺的磴子石砌成，严丝合缝，不留一处门洞，两头则是高达5米的青石城墙，各有一道条石垒成的拱形卡门。盐大路穿心而过，以路为街，两旁是一家连一家的店铺、餐馆、客栈以及备有草料的骡马店。长途跋涉的挑夫、客商们，在经过土匪出没、危机四伏的七曜山时，有这样一处安全的堡垒，可以让他们放下疲惫，安心歇息一宿。到了夜间，厚重的木门一关，榨上数道粗壮的木杠，石城里灯火辉煌，嘈杂喧嚣，贪婪的棒匪只能望城兴叹。

七曜山穿心店遗址（利川境内）

利川柏杨坝梅子水老街，是云利古盐道的一个重要节点，"路上人不断，锅下火不熄"，长期呈现出一派火热的繁荣景象。抗战时期"川盐济楚"，这里尤其繁忙拥挤。为此，当时的梅子水河工局仿照长江上行驶的轮船，专门建了一栋"船楼"，高3层，长约15米，宽约8米，是当时梅子水的标志性建筑。同时，还建了一个5米高的凉亭，檐牙高翘，回廊转角，画栋雕梁，格局十分讲究。

古盐道山高路险，土匪横行，同时又风情万种，妙趣横生。盐大路以及沿途的集镇、驿站，构成了一个独特的江湖，挑夫、客商、江湖术士，甚至混迹其中的土匪棒老二，在道上结识，也在道上较量。

山歌、民谣，是盐道文化的结晶。挑夫们长年行走在盐道上，一路传唱着家乡的歌谣，也即兴唱出沿途的各种故事，形成一道厚重的盐道文化风景。据说，广为流传的《龙船调》，最初是起源于云阳的龙角、凤鸣一带，后来被盐道上的挑夫唱到利川的柏杨坝，再经柏杨坝传唱到天下皆知，现在柏杨坝就成为《龙船调》的故乡了。

如今，古盐道早已湮没荒芜，沿途民间还流传着不少当年挑二哥们唱过的歌谣。比如，有一首唱的是客店老板娘爱上挑二哥的故事：

挑老二，你莫忙，你忙起回去做哪样？
种田各有你哥和嫂，当家各有你爹和娘。
挑老二，你莫忙，你忙起回去做哪样？
短命挑二你心好狠，欠得姐儿泪汪汪。

更多的歌谣，则是描述挑二哥辛苦的，比如：

桑木扁担两头弯，
上挑漆麻下挑盐。
才从四川打回转，
又要启程下湖南。

第九章　从巴乡清到云安羊杂——
源远流长的饮食文化

（一）名酒之乡

华夏大地的酿酒历史，可以追溯到新石器时期的神农时代。远古时期的酒，是未经过滤的酒醪，呈糊状和半流质。这种酒，不适于饮用，而是食用，所以很多地区，至今还保留着"吃酒"的说法。所用的酒具一般是食具，如碗，钵等大口器皿。

"九月肃霜，十月涤场，朋酒斯飨，曰杀羔羊，跻彼公堂，称彼兕觥，万寿无疆"（《诗经·国风·豳风·七月》），这是夏朝的饮酒文化；"酒池肉林"，是商纣王的奢靡。殷人以酗酒亡国，史书所载，班班可考；到周代，出现了"酒祭文化"，而祭祀用酒，尤其是王室祭天，乃国之大礼，规格最高，必须以酒中圣物——清酒为祭。

清酒之名，最早见于三千多年前的古代文献《周礼》。《周礼·天官·酒正》记载："辩三酒之物，一曰事酒，二曰昔酒，三曰清酒。"成书于春秋中期的《诗经》中，也有关于清酒的记载："清酒既载，骍牡既备。以享以祀，以介景福。"郑玄注曰："清酒，祭祀之酒。……冬酿，接夏而成。"清酒酿造时间长，冬酿夏熟，色清味重，为酒中上品。古代巴人的酒，以"巴乡清"著称于世。《水经注》记载："江水又迳鱼腹县（今奉节）之故陵……江之左岸有巴乡村，村人善酿，故俗称'巴乡清'，郡出名酒。"

这里所云"巴乡村"，在今云阳县故陵镇。"巴乡清"酒，当属中国最古老的白酒品牌了，最早应该是在巴人亡国之前，其酿酒技术已经达到了相当高的水平，到战国时期（巴亡国以后）已名扬海内，饮誉遐迩。据《华阳国志·巴志》记载，秦昭王在与新征服的（巴郡朐忍县）板楯蛮族群订立盟约时，以当地所产清酒为质："秦犯夷，输黄龙一双；夷犯秦，输清酒一钟。"将一钟清酒与一双黄龙（玉璧）作为对等物，可见其名贵程度，堪比黄金玉璧。

清醴之美，始于耒耜。巴人善酿清酒，说明其农业生产已经达到相当高的水平了。《华阳国志·巴志》中，载有几首流传在峡江一带的"巴地歌谣"，其中一首唱道："川崖惟平，其稼多黍，旨酒嘉谷，可以养父。野惟阜丘，彼稷多有，嘉谷旨酒，可以养母。"黍、稷，都是生长在山地的一种旱作粮食植物，其籽实煮熟后有黏性，可以酿酒。故陵及长滩河（古称永谷水）两岸河谷地带，多台地缓丘，盛产黍稷。古代巴人或许是受到煮盐工艺的启发，将谷物经过纯天然发酵，然后高温蒸煮，以获取蒸馏后的酒液，"巴乡清"就这样诞生了。

遍索史籍，"巴乡清"酒应该是在中华史册中最早出现的清酒，至少也是之一。由于工艺繁复、耗时长久，其色更清、质更纯、味更浓，且可长时间保存。因其稀有，所以珍贵，除祭祀外，一般只有天子及贵族才配享用。后来，随着人口增加，经济进一步发展，"巴乡清"酒不但成为达官贵人盛宴必备，也可供普通老百姓燕居小饮了。

到了今天，"川酒"独占国内白酒市场半壁江山，追根溯源，其鼻祖正是三千年前出现在云阳故陵的"巴乡清"酒。

云阳独特的地理环境、丰饶的物产，形成了十分悠久的酿酒历史。遗憾的是，史迹茫昧，巴乡清酒的具体酿造方法以及后来的发展历程，如今已经无从知晓了。作为出现在中国典籍中最古老的一个白酒名称，"巴乡清"早已湮没在历史的尘埃之中。但此后两千多年来，云阳酿酒的历史传统却从来没有中断过。郦道元在《水经注》中所谓"郡出名酒"一语，可谓当之无愧。

到了唐宋时期，云阳所产"曲米春"酒，再次闻名天下。

公元765年（唐永泰元年）8月初，杜甫携家带口在忠州小住月余后，即放船大江，转赴云安（今云阳）县，途中作《拨闷》一诗，云："闻道云安曲米春，才倾一盏即醺人。"诗圣早已听闻曲米春大名，在到达云安之前已自沉醉，"长年三老遥怜汝，捩舵开头捷有神"，以至舟子（川江中称篙师为长年，舵工为三老）听到曲米春之名，也因怜（爱）酒而浑身带劲，捷而有神了。

云安曲米春从唐代一直畅销到南宋时期，至少有四百年时间。到了北宋末年，苏轼被贬儋州时，还曾作诗咏道："天门冬熟新年喜，曲米春香并舍闻。"沉醉过"曲米春"的醇香并在诗文中大加赞赏的，还可以举出黄庭坚、范成大（南宋）等数十位历史文化名人。

中华民国《云阳县志·卷十三·礼俗中》记载：

县酒，有曲米春之目，杜诗称之。故陵巴乡村善酿，号曰"巴乡清"，郦亭传之。云安酒，自昔有名。西坪糟房甚多，七日一作，以瓮头计，酒糟可饲猪，故酿家多并营之。酒清洌，旧习必和以水，水有定剂，有秘法，斟之斗面堆花者良，名"烧酒"。蒸秫浸烧酒内，缸蓄久之，味转甜醇，曰"畬酒"。嗜饮者众，虽榷沽无纪，酒家仍多。近城用高粱，山中以玉蜀黍代之，味较薄。

光阴荏苒，到了中华民国初年，名酒之乡再出新酿：云安人胡海足推出了新一代名酒——胡记"黍子酒"。黍子酒的酿造主料为"黍子"，与巴乡清同出一源。酿好的酒须密封后入泥窖窖藏三年，方开坛饮用。酒色清澈透明，窖香绵甘醇厚，广受饮者追捧，畅销峡江内外。

20世纪80年代，以诗圣杜甫命名的"杜公酒"在云阳诞生。"杜公酒"刚一上市，即受各界广泛好评。诗人、书法家魏传统品酒后，即兴书联："拔闷诗流芳百世，杜公酒香飘千年"。

（二）传统美食

1.云安羊杂

云阳地处四川盆地东部丘陵向山地过渡地带，境内重峦叠嶂、沟壑纵横，气候温润、草肥水美，自古盛产山羊，是全国著名的山羊生产基地县。尤其是作为云阳地理标志产品的"云阳白山羊"，采食面广，不仅能吃到丰茂的牧草、乔灌木枝叶及各种野果，还能采食遍布山野的各种天然中草药植物，还有随处可饮的甘洌山泉，加上山高坡广山羊运动量大，形成了云阳白山羊细嫩紧致的肉质。

自古以来，云阳人爱吃羊肉，但对头蹄、内脏（俗称下水）往往弃之不食。明、清以后，由于云安盐场大量柴、煤及食盐运输，汤溪河船工大增。船工们见沿河两岸不时有弃置荒野的"羊下水"，不忍其暴殄，更喜其味美，经过剖刨洗淘，佐料脍炖，竟成一道特色佳肴，名曰"羊杂碎"，流传千年，盛名至今。

羊杂碎主要以山羊宰杀分割后的头（俗称羊脑壳）、蹄（俗称羊脚脚）、骨、肠、肚、腰、心等下脚料，加工熬制而成。最先是船工们从宰羊处捡来，或是以极低的价格买来，在河边剖淘干净，装进小鼎锅，置于船头一只红泥小火炉上，再放入食盐、生姜、辣椒、花椒等多种调料，后来更是加上八角、茴香、草果、香叶等大料，大火烧到滚开，撇去浮沫，再以微火慢炖，任其咕噜沸腾，直至肉熟汤浓。此时揭开锅盖，浓香扑鼻而来，麻辣鲜香，各味俱全，若再撒上鲜嫩的芫荽（香菜），配上豆腐、粉条、血旺及时鲜菜蔬，简直就是一席五彩缤纷的大餐了，即便是在隆冬野外寒风凛冽的河滩船头，也能吃个酣畅淋漓，暖至脚心。羊杂碎营养丰富，不但能够改善生活，也具有驱寒除湿、养脏补阳、强身壮体的神奇功效。所以，长时间在水中劳作的船工们说，"吃碗羊杂汤，不用穿厚衣裳"。

云安羊杂最初作为贫苦船工利用"弃物"发明的船头便当小吃，后来进入寻常百姓家，成为一道极受欢迎的大众美味。于是，就出现了专门经营羊杂碎的食铺，杂碎汤论碗卖，有大碗、小碗之分。一个忙活了一整天的力夫，天黑收工后来到杂碎铺，来一大碗热气腾腾的羊杂汤，再勾二两烈性老白干，所费不多，吃出一身热汗，吃得心满意足。一身倦乏，也随着满头大汗挥洒而去。

三峡水库淹没前，云安镇卖羊杂碎的多集中在大码头、小四川一带，有杂碎铺几十家。走在街上，扑面而来的是一股浓浓的夹着些许腥膻的羊杂香味，让人食指大动。人声鼎沸中，窄窄的街道两旁，简陋的木桌边，坐满了正在酣畅大嚼的食客。云阳老县城的羊杂碎铺，主要在临江的菜市街及谢家码头一带，街边半人高的煤炭炉上架着一口大铁锅，锅中浓汤翻滚、热气腾腾，南来北往的行旅客商，总要来这里大快朵颐、一解馋虫，以此作为不枉此行的一道仪式。

云安羊杂，是在云阳特殊的地理环境和历史背景下，由底层劳动人民在劳动过程中创造发明的一道特色美食，千百年来，已经融入云阳地域文化之中，成为云阳饮食文化的一道特殊符号。云阳人无论男女老幼，也不分权贵布衣，大多喜好这一口。云安羊杂的独特美味，已经深深植入到云阳人的味蕾基因之中，变得不可或缺。

如今的云阳新县城，饮食业发达，各色餐饮店铺琳琅满目、竞比芬芳，再没有香喷喷的羊杂碎一条街了，但经营云安羊杂的专门铺馆依然存在。大街上栉比鳞次的餐饮招牌间，偶尔会现出"云安羊杂"几字，里面生意依然红火。大街小巷间，时常会听到"羊杂羊杂，云安老羊杂"的叫卖声，流动的三轮车小贩正在送卖即食的羊杂，论斤卖。这是顺应时代发展的又一大特色，人们不用去人声嘈杂的店铺，在家亦可享用正宗的羊杂了。天南地北的云阳人，想吃家乡的羊杂，无论路途多远，只需一两天时间，即可将正宗的云安羊杂快递到手。云阳人去外地探亲访友，往往也会提上一包即食羊杂。

云安羊杂，就是云阳人的"莼羹鲈脍"，已经远远超越了美食的范畴，成为"家乡"的象征，成为"乡愁"的寄托。

云安羊杂

2. 羊肉扣碗

云安羊肉扣碗历史悠久，风味独特，是云阳人最喜欢吃的一种美味佳肴。

羊肉扣碗制作并不复杂，但佐料的配搭却颇有讲究。简单说来，就是先将羊肉切成小块，然后用姜末、辣椒面、胡椒粉、豆瓣等腌刻许，再拌上米面，搅匀，然后放进容器（碗、钵、盆、格）里，需先用洋芋或红薯、芋头垫底，如此，即可上甄，用大火蒸熟。出笼上桌时，再在面上撒点芫荽、葱子，便浓香扑鼻，吊人胃口。

羊肉蛋白质含量较多，脂肪含量较少。维生素 B1.B2.B6 以及铁、锌、硒的含量颇为丰富。此外，羊肉肉质细嫩，容易消化吸收，多吃羊肉有助于提高身体免疫力。羊肉热量比牛肉要高，历来被当作秋冬御寒和进补的重要食品之一。

羊肉扣碗

3. 卤煮羊脚

卤煮羊脚历史悠久，风味独特，营养丰富。

其基本做法是，羊蹄烧去外毛后，连皮刮洗干净，对剖，水开，放些料酒，放下羊蹄焯 5 分钟，捞出洗净，然后取砂锅，放些水，放姜、葱结、八角、桂皮、香叶、辣椒、花椒，再放入羊蹄，加一点醋，放些糖、鲜抽、老抽。大火煮开，小火 2 个钟头左右。当汁快干时，放些盐、糖、胡椒粉，中火煮 3~5 分钟。边煮边不停地搅拌，等汁稠时即可起锅，入口皮质软糯，蹄筋 Q 弹，满口溢香。

羊蹄含有丰富的胶原蛋白质，脂肪含量也比肥肉低，并且不含胆固醇，能增强人体细胞生理代谢，使皮肤更富有弹性和韧性，延缓皮肤的衰老，含有丰富的胶原蛋白质，为美容食品之一。同时，还具有强筋壮骨之功效，老少皆宜。

卤煮羊脚

4.云安豆折

传统的羊骨汤"豆折"，是云安最有特色、最为著名的美食。豆折是以大米、绿豆按3：7开比例浸泡磨浆（绿豆在浸泡中去皮），然后用大铁锅摊成很薄的粉皮，再切约2厘米宽、30厘米长的条，这个粉皮条就是豆折了，浅绿色，散发出淡淡的清香。将切好的豆折盛入碗中，再掺入滚烫的羊骨汤，撒上葱花，一股浓香扑鼻而来。豆折在浓汤中软化，入口爽滑筋道，回味悠长。

正宗的云安豆折，必须以云安上游火脉山的茅草作燃料，一切准备就绪后，一把干枯的火脉茅草在大铁锅下轰然而燃，火苗高高窜起，绿豆浆趁势下锅，再以河蚌壳背沿锅面刮赶均匀，待锅下茅草余势散尽，锅中豆浆已烙成一张薄薄的折大饼。只需再将大饼切成小条，云安特有的豆折就成形了。

只可惜，如今时过境迁，云安豆折已从老人们的回忆渐渐变成一个传说了。

5.霉皮子

霉皮子是云安特有的一种食材。霉皮子的制作，除特殊的工艺之外，对环境、水质和气候、温度的要求也很严格。

其制作的基本工艺是，首先选用本地出产的优质小粒黄豆，以清水（最好是山泉水）浸泡后，用细石磨研磨成豆浆，豆浆以大木盆盛装凉放，不久在豆浆表面会凝结出一层豆油皮子，把这豆油皮子一层一层、一次一次地揭起来做成卷，装入垫有稻草的特制木框，再放进发酵室内一层层码放，使其发酵，几天后就会生出一层如兔毛般绒嘟嘟的纯白菌丝，霉皮子就成了。

霉皮子不但带有黄豆和菌丝的特殊香味，其营养成分也大大超过了黄豆本身。豆油皮经发酵后增加很多特殊的养分，包括皂素、异黄酮、不饱和脂肪酸、卵磷脂、叶酸、食用纤维、钙、铁、钾、维生素以及多种氨基酸、矿物质等。

霉皮子营养丰富，风味独特，其烹调方法也多种多样。其中最受大众喜爱的，就是糖醋霉皮子。首先将霉皮子坯料斜切成约拇指宽的条块，把菜油放在锅里浇至六成热后，放进切好的霉皮子进行翻炸。待炸到色泽金黄酥脆后捞出沥干待用。锅中留少量油，在油中放进生姜末、大蒜、干花椒与适量盐，将干海椒切小段炒香，再倒入霉皮子进行翻炒，最后勾入糖、醋与芡粉水，收汁起锅。一盘色香味俱佳的糖醋味霉皮子特色小菜就做好了。

霉皮子

6. 云安包面

包面，是云阳的一道特色小吃，不少人习惯以它作早餐。

应该说，包面这种形制的食品，全国各地都有。但不同地方有不同地方的特色。因为出身地不同，同样是面皮包肉馅，在形状上、味道上，风格大不相同。北方大多称馄饨，云吞是广东的称呼，重庆称抄手，福建称肉燕，江西称清汤，新疆称曲曲，山东人又称馉饳等等。不过，对于云阳人来说，什么云吞、肉燕，太小不过瘾，抄手皮太厚口感不佳，馄饨太大如同饺子，唯有包面，才是云阳的脾性。

云安包面的独特之处，在于它的皮、馅、汤和调料。云阳包面的皮，以优质面粉多道工序擀制而成，薄得透明，筋道柔韧；云阳包面的馅，取本地土猪肥瘦相间的前腿肉，肉质鲜嫩，以人工剁细，掺以精盐、姜粒、葱花等，香糯可口；云阳包面的汤，大多以猪大骨熬制高汤，清亮醇厚；云阳包面的调料，是最后的点睛之笔，优质小磨芝麻油、酱油、香醋、生姜米、大蒜蓉、花椒油、胡椒粉、山胡椒（又称木浆子）油、油炸辣子、炒芝麻等等，各按不同比例配入碗中，经高汤一冲，汤色红亮，流光涣彩，香气四溢，再将煮熟的包面盛入，撒上芫荽、葱花，一碗热腾腾的地道云阳包面就成了。

20世纪70年代出生的云安人，应该听说过"鬼包面"。当时，云安是一座不夜城，盐厂24小时生产，工人们三班倒，半夜时分交班出来，除了小四川的羊杂碎，还有一位姓陶的老人，挑着担担包面，在大街小巷行走叫卖。因为他总是半夜上街，人们就戏称为"鬼包面"。他担子一头是铁皮炉子和铝锅，另一头的箱笼里则装着包好的包面、各种调料和碗筷，还有两只盛满大骨高汤的保温瓶。当年半夜下班吃过鬼包面的盐厂工人，至今还难忘那热腾腾的鲜美味道。

云安包面

如今美名在外的云阳包面，就是无数像鬼包面这样的前辈一代一代传承下来的。云阳人对面食，有特殊的天赋，制作面食的历史十分悠久，据中华民国《云阳县志·卷十三·礼俗中》载："面条、粉条，皆及食品，亦便赠贻，城乡多制之。"

20世纪80年代，刚刚改革开放的时候，云阳农民率先走出大山，凭着代代相袭的传统技艺，以一把面机闯天下，最先在湖北、江西等地制作鲜面，深受当地人欢迎，挣到了第一桶金。然后，亲带亲，邻带邻，逐渐形成今天20万人的面业大军，在全国200多个城市遍布6万余家云阳鲜面作坊，占据了全国鲜面市场60%的份额，年创产值200多亿元。有诗赞曰：

世人称我玉面郎，金丝银线出作坊。

五湖生根不作客，焉知家乡是云阳。

下篇：凤凰涅槃

渝东盐矿大约沉积于 2.2 亿~2 亿年前。经过一系列地质运动，含盐层位从地平面以下抬升到地平面以上，岩体遭受风化剥蚀后，含盐层暴露地表或有裂隙贯入其中，从而让雨水渗入到含盐层，河流切割低处含卤层或贯通裂隙暴露地表，盐泉就露头了。据专家测算，渝东地区盐泉形成于 3500 万年前。当 200 多万年前最初的人类出现在三峡地区时，丰沛的盐泉已经在这里默默渗涌了 3000 多万年，经历了一个由少到多、又由多到少的渐变过程，盐泉早已进入了衰减枯竭期。人类所能利用的盐泉，不但渗涌量少了，浓度也淡了许多。

即便如此，云阳盐业仍然创造了数千年的繁荣。直到二十世纪末，在全省都在使用岩卤资源的背景下，云阳仍旧停留在 3~5 个波美度的资源上，已无生存空间。与此同时，一个深埋在三峡腹心地下的巨大盐盆被发现了。展布面积宽广，盐体贮量巨厚。

凤凰涅槃，浴火重生。三峡水库的兴建，让云阳盐业实现华丽转身。随着云安古镇的拆除搬迁，在距离云安盐厂不到 30 千米的地方，碧波荡漾的三峡平湖岸边，一座崭新的现代化盐城——云阳盐化，已在巴国故地拔地而起。

现代真空制盐，设计产能每年 60 万吨，实际年产达到 70 万吨，这是云阳盐业在新世纪创造出的新的辉煌。

第十章　云安盐厂的衰落——
古老盐泉的悲壮谢幕

（一）扭转劣势

云安地下卤水资源十分丰富，在整个渝东地区首屈一指。但量上的优势弥补不了质的劣势。

所谓质的劣势，就是卤水浓度太低。渝东地区自古渗涌不绝的天然盐泉，经过几千万年的自然流露，已经变得很淡，仅有 3~4 个波美度，只比海水略高一点。波美度（°Bé），是一种化学检测指标，将波美比重计浸入所测溶液中，所得到的度数，就叫波美度，是表示溶液浓度的一种方法。这个检测方法，是由法国化学家波美（Antoine Baume）发明的，所以以他的名字命名。

卤水浓度越低，生产成本就越高。长时间以来，云安盐场每生产一吨盐，就要耗费 4~5 吨煤。居高不下的生产成本，是整个渝东盐业的先天性不足。云安盐业之所以延续千年而不衰，主要是占了地理上的优势。食盐属于大吨位产品，存在一个销售半径问题。渝东、鄂西地区，崇山峻岭、沟壑纵横，大山之中的崎岖盐道，主要靠人力背负。比如同在四川境内、相隔不过数百千米的自贡，因为是深埋地下的天然黑卤，其波美度高达 10 个左右，加上以天然气为燃料，生产成本比渝东地区要低很多。但在以前交通运输条件十分落后的情况下，自贡的食盐要运送到渝东地区，其运输费用往往要超过生产成本。因此，自贡盐对渝东地区盐业根本就构不成什么冲击。

所以，以前的市场是相互隔绝、相对封闭的。历代王朝根据这一特殊情况，就在盐场周边划定销岸，固定市场，一是相对减少运输成本，二是为了杜绝私盐的泛滥，三也避免相互间的恶性竞争。

到解放后，情况发生了巨大的变化。运输工具改成了轮船、火车、汽车，并且统一了全国盐价。云阳盐厂产量低、能耗高的劣势一下子暴露无遗。于是，年年亏损。为了维持上下游数万产业工人的生计，依靠政府财政补贴勉强度日。以前国家的利源所在，反而成了财政上的负担。

从 1965 年开始，云阳盐厂年产量曾达到 2 万吨以上，1974 年至 1976 年三年间，年产量迭落到万吨以下。从 1968 年到 1989 年 20 多年间，云阳盐厂年年亏损，最多一年亏损额达到 180 多万元。

1978 年，通过技术改造，实行真空制盐，产量有所提高，但由于卤水浓度不高，生产成本一直居高不下。为了从根本上摆脱困境，从 20 世纪 70 年代开始，采取了三大措施：

一是，改造云二井，扩大出卤量。云二井是国家地矿部第二地质大队于 20 世纪 60 年代在云安探查钾盐矿时打的一口探井，井深千余米，属现代机井，卤水浓度比白兔井高 0.8 波美度，但其产卤量只够云阳盐厂生产用卤的一半。改造方法是，利用井内压力越往下越大的原理，先在机井旁挖一口 30 余米深的大口井，然后从井底处开洞，再接上采卤泵，出卤量增加了一倍。至此，云二井的卤水满足了全厂用卤。

二是，通过扩大晒卤面积提高卤水进锅前的浓度。因地势受限，地面无法扩建，只能在原有面积上向空中发展，通过搭建高密枝条架来增加晒卤面积。云安人习称枝条架场地为"晒水台"。晒水台的作用，是用竹子的枝条倒挂在人字形木架的两边，卤水从上面喷洒到枝条上，顺着枝条向下流淌，在流淌的过程中，随着枝条的分岔逐渐分散、细化成极小的颗粒，利用太阳能和风力将卤水浓缩。浓缩效果受温度、风力、空气干湿度三个因素的影响：即气温高、风力大、空气干燥则效果好，反之则效果差。一般情况下，卤水浓度能提高 2 个波美度。

三是，从生产技术上进行革新。1978 年，云阳盐厂建成年产两万吨真空制盐灶，全称是"年产两万吨真空制盐灶带 1500 千瓦热电站"。从生产流程上看，是先用高压气发电，后用低压气制盐，实际上就是利用余热制盐。

但盐厂的主产品是盐，副产品是电，所以，说法要倒过来，叫余热发电。从此，淘汰了全部平锅灶，落后的人工制盐技术成为历史，盐厂迈入到现代制盐技术的新时代，生产过程全由机械操控，工人从繁重的体力劳动中彻底解放出来，全厂面貌焕然一新。

（二）走出困境

通过以上三大技术改造，云阳盐厂产量有所提高，成本也有所下降，当年就减少了亏损，但仍然不能彻底扭亏，更无法实现盈利。因为当时的根本问题，是资源贫瘠（卤水波美度低）。要解决问题的根本，就必须寻找新的优质矿山资源。这一时期，四川省内各盐厂大多在用固体盐卤，浓度在 22~23 波美度，达到了饱和或接近饱和的浓度，吨盐耗煤仅需 100 余千克。只有包括云阳盐厂在内的渝东几个小盐厂，仍然在用 2~4 波美度的原始低浓度卤水生产，其能耗高、产量低的现状严重制约着盐厂的发展。

为寻找新的矿山资源，云阳盐厂在建成两万吨真空制盐灶后，就派人到四川省盐务管理局、国家地矿部第二地质大队、湖北江汉油田等处搜集地矿资料，先后弄到了万县高峰场的东 16 井（川东 16 号井）和万县长滩镇的长 2 井（长滩 2 号井）的地质资料，并拿到了相关矿井的柱状图。根据所掌握的地质资料，云阳盐厂决定利用这两口井的资源来解决云阳盐厂的燃眉之急，随即制定并上报了"二改六"技改方案。

当方案报到北京时，国家盐务总局各有关部门负责人和专家在审查报告时，一致认为长 2 井距江边远、管线长、工程量大，且要翻越大山，施工难度大。加上长 2 井在江南，东 16 井在江北，这样的格局也不便管理。因此，一致做出舍弃长 2 井，另在东 16 井旁边打一口新井的实施方案。

东 16 井是国家地矿部第二地质大队打的一口探井。对地质队来说，打完探井，并整理好技术资料就算完成了任务，井场处于闲置状态。二大队在云安探找钾盐矿时住在云阳盐厂，双方有二十多年的交情。所以，二大队便无偿地把东 16 井送给了云阳盐厂。

1986 年 6 月 3 日，云阳县人民政府下文成立了"云阳县采输高咸卤水办公室"；10月22日，又成立了"云阳县采输高咸卤水工程指挥部"，正式开始输卤工程建设。

1987年1月22日，国家盐务总局审查并通过了云阳盐厂的"二改六"工程设计方案。所谓"二改六"项目，就是将年产二万吨盐的生产能力提升到六万吨的一项"节能技改工程项目"，简称"二改六"。其改造内容只是把原来的低浓度卤水换成高浓度卤水，无须改动原有设备。因为原来的卤水浓度太低，两万吨设备的加热、蒸发面积比正常十万吨的还大，所以，只需把原来的浅井卤水换成岩盐卤，就轻而易举地实现了六万吨的改造。

1988年6月，输卤工程建设完工，云阳盐厂在万县市高峰乡设立采输卤车间。7月，"二改六"工程交付使用。

1989年11月，又进行了六到十万吨的改造，即所谓"六改十"。"六改十"也只是将尾部出盐部分的脱水干燥系统作了适当改造，仍未改动主体设备。"二改六"是在完全不改动设备的前提下让设备吃个大半饱，"六改十"是不改动主体设备的前提下让设备完全吃饱。"六改十"完成后，云阳盐厂就跟上了四川全省盐业的发展步伐，可以说从根本上摆脱了困境。

（三）曙光初现

从万县高峰输卤到明镜滩，转船运至云阳港，再从云阳港通过管道输卤到云安，这是在云阳境内没有找到盐矿之前的无奈之举。在正常情况下，算是一个最差方案。但在当时的特殊情况下，它就成了唯一可行的最佳方案。这个方案虽然增加了运输成本，但却让云阳盐厂现有设备吃饱，产量成倍数增加。高咸卤水一到云安，就立竿见影地产生了效益，一举扭亏为盈。

之所以把万县高峰作为建矿的首选之地，首先是因为整个万县盐体都深埋在地面4000米以下，堪称世界之最。矿体埋藏越深，开采难度就越大。不过，高峰场地下有一个隐伏背斜，地质学上称为"鼻状构造"，将盐层抬高了1000多米，提升至3200米左右，相对减少了开采难度。其次，是有现成的东16井可资利用。

后来，云阳盐厂又从三叠系地层的等深图上了解到，在云阳双江至黄石一线，也有一个相似于高峰的隐伏背斜，比高峰隐伏背斜深 400 余米，埋深在 3600 米左右。恰好在这个时候，石油部门的钻探队在磐石城东北方向的轿顶山上正打一口探井，编号为轿 1 井，位置在万县盐体的边沿上。从盐体的等厚图上得知，这里约有 20 厘米左右的盐层。只要正在钻探的轿 1 井能够见到盐层，不论其厚度多少，都可印证资料的准确性与可靠性。

于是，云阳盐厂派人守在轿 1 井钻探现场，随时掌握井场的钻探情况。最后的钻探结果是，探到了 1 米厚的盐层，远远好于预期。于是，云阳盐厂决定在县内打井。经过专家进一步论证，最后确定在黄石附近布孔。于是，云盐 1 井一举成功。接着，又在 1996 年 11 月，成功钻探"云盐 2 井"，在地下 3163~3185 米处，发现了 22 米厚的岩盐层。

云盐 1 井和云盐 2 井的相继钻探成功，才真正让云阳盐厂见到了曙光。从此，不仅不用再从万县高峰远程输卤，还能够在盐井附近就地建厂，从而形成矿山、车间、码头三位一体的生产格局。这一崭新格局，既便于生产的集中管理，又节约了卤水和产品的运输费用。这种优势，在四川井盐同行业中，可谓独一无二、绝无仅有。

云安大口浅井的盐卤浓度太低，是云阳盐厂一个不可逆转的硬伤，已经预示了云安这个从远古走来的峡江盐城不可避免的衰落命运。尽管依靠远程输卤解决了一时之急，甚至将年生产能力提高到 10 万吨水平，但这实际只是一种"体外输血"式的维持方法。由于长途输卤大大拉高生产成本，在市场竞争中处于劣势，长此以往，必将难以为继。

正是在这样的关键时期，云阳盐厂遇上了两个绝佳的机会：一是在相隔不过 30 千米的黄石乡境内，发现了巨厚的岩盐层，并成功钻探出两口岩盐深井；二是 1992 年 4 月，第七届全国人民代表大会第五次会议审议并通过了《关于兴建长江三峡工程的决议》，三峡工程由论证阶段走向实施阶段，而云阳盐厂恰好在三峡水库淹没范围之内，搬迁已成必然。

利用淹没搬迁的机会，就井建厂，把新厂建到彭溪河畔、黄石岩盐深井附近，形成矿山、车间、码头三位一体的生产格局。古老的云阳盐厂即将凤凰涅槃、浴火重生。

一个华丽的转身似乎呼之欲出。

（四）移民搬迁

1997 年 11 月，云阳盐厂体制改革，被重庆索特集团兼并，更名为"索特集团云阳制盐有限公司"，下辖制盐公司、锅炉安装公司、建筑公司三家企业。

1995 年，在被索特集团兼并前，云阳盐厂已经被纳入《三峡库区万县市云阳县受淹工矿企业迁建规划》之内，并已开始按照规划进入迁建实施阶段。但为了保证食盐供应，采取原企业暂不拆迁、易地重建的办法，首先在新县城兴旺路（今大雁路）修建公司办公大楼，于 2000 年竣工投入使用。

2002 年，索特集团云阳制盐有限公司按照国家政策实施企业改制，分流职工 1445 人。

2003 年 4 月 14 日，公司数百名被分流职工因对企业改制政策不满，强行阻断交通，要求安排工作，导致县内主干道云（阳）江（口）公路中断交通达 11 个小时。

当月，索特集团云阳制盐有限公司宣布停产。至此，云安这座峡江深处汤溪河畔、曾经有过辉煌历史的盐业重镇，其长达数千年的制盐历史，画上了永久的句号。

2005 年 10 月，索特集团云阳制盐有限公司依法破产。

2006 年 1 月，三峡水库一期蓄水，云安镇 100 多口盐井全部没入水中；6 月，盐厂 175 米水位线以下厂房全部拆除。

此后，那些古老的盐井、成片的吊脚楼、幽深的青石板巷子、香烟袅袅的"九宫十八庙"，全都化成了漾漾碧波中的一片幻影。汤溪河畔悠扬嘹亮的船工号子、古盐道上叮叮作响的铃铛、陕西牮楼雄峙在夕阳中的巍峨剪影、盐灶中彻夜不息的熊熊炉火以及卖人街嘈杂鼎沸的人声，也成为人们津津乐道的往事。

第十一章　云阳盐化的崛起——
凤凰涅槃的华丽转身

（一）云阳盐化的诞生

　　四川省盐体分布综合资料显示，在原万县境内地下有一盐体构造，属海相泻湖蒸发沉积矿床，遍布在整个万县复向斜之中，大致呈南西至北东向，沿长江两岸展布，南西端起于忠县永丰场附近，北东端至云阳老县城（云阳镇）西，长约100千米，宽约37千米，展布面积约3700平方千米，远景储量约2860亿吨。岩盐赋存于三叠系中部的嘉陵江组和巴东组，共有六个含盐层位，最大矿层厚度达127.58米，矿物成分简单，主要成分为石盐，共生矿主要有硬石膏，次为少量白云石、菱镁矿、天青石及泥质物等，与各井的卤水成分相吻合，属海相硬石膏——盐岩矿藏，为四川除南充盐体以外的第二大盐体。

云阳盐化有限公司

1996年，在云阳城西黄石镇境内，云盐1井和云盐2井相继钻探成功。

2005年10月，索特集团云阳制盐有限公司依法破产。

2006年6月，云阳盐厂175米水位线以下厂房全部拆除。

2011年1月6日，重庆市盐业（集团）有限公司与湖北兴瑞化工有限公司、神农架恒信矿业有限责任公司共同签署《投资云阳盐化有限公司协议》。

同年 1 月 21 日，云阳盐化有限公司正式成立，公司注册资本 6000 万元。新公司在碧波荡漾的三峡平湖岸边（彭溪河边）的蜀光村破土动工。一座现代化盐业企业在距古老的云安盐场约 30 千米的地方巍然崛起。

此后，云阳盐化有限公司又于 2014 年、2015 年、2016 年、2018 年，先后经历四次股权变更及增资。2019 年，中央企业为支持重庆市盐业体制改革和发展，于当年 4 月 30 日再一次完成股权变更，云阳盐化有限公司加入中国盐业集团。目前，公司注册资本金 21,500 万元，由中盐西南盐业有限公司持有 51% 股份、湖北兴发化工集团股份有限公司持有 35% 股份、重庆江来实业集团有限公司持有 14% 股份。

公司毗邻长江，占地 397 余亩，现有固定资产近 6 亿元，员工 195 人。形成矿山、车间、码头三位一体的生产格局。公司自备岩盐矿山，岩盐矿山储量高达 6.7 亿吨，经历第三方地质机构测明的可信储量达 1.8 亿吨，拥有 30 年采矿权。公司现有卤井 8 口，即 4 组水平对接井组，拥有 3713 米的国内最深的水平对接井卤井，出卤总量 12000 方 / 天。公司拥有设计能力 60 万吨 / 年真空制盐装置 1 套，实现五效真空制盐、自动包装、装袋装箱，机器人码垛的自动化流水生产线，拥有 2400 吨 / 天的原盐生产能力，现产能可达 80 万吨 / 年；自备货运码头，取得港口经营许可证，10000 吨级货船可直达长江黄金水道，食盐仓库毗邻沪渝高速，陆路交通运输便捷。

云阳盐化云普一井

（二）先进的生产工艺

云阳盐化有限公司的制盐生产工艺采用卤水净化处理，五效真空蒸发，逆流进料，分效排盐的节能生产工艺，该套装置在 2011 年由中盐工程技术研究院、渝经能源技术设计研究院设计并开始实施，建设内容包括新建 60 万吨 / 年真空制盐装置一套，配套热电站 75t/h 中温中压循环流化床锅炉＋6MW 抽汽背压式汽轮发电机组，新建 60 万吨 / 年卤折盐采输卤装置一套，以及配套建设包装仓储系统、码头和办公后勤设施一套。项目于 2013 年 12 月竣工投产，2014 年生产固体盐 75 万吨，超出了设计产能。

现代化的生产工艺流程包括：

制盐车间（采输卤工段）将经过处理的精卤输至制盐车间精卤桶；

再用泵送至 V 效蒸发罐；

料液用泵经 V→Ⅳ→Ⅲ→Ⅱ→Ⅰ 各效依次转料；

各效经蒸发浓缩生成的盐浆，经 Ⅰ、Ⅱ、Ⅲ、Ⅳ、V 效分别排盐；

Ⅰ、Ⅱ效和Ⅲ、Ⅳ、V 效盐浆分别排入 A、B 线盐浆桶；

进入离心机脱水后，湿盐经皮带送去干燥床；

干燥后的食用盐原盐，根据技术的规范要求，送去包装车间计量分装、堆码、储存；

工业用盐，则由输送皮带送至码头直接上船。

云阳盐化生产车间一角

云阳盐化生产线盐输送皮带

云阳盐化生产线，输送皮带送盐至码头直接上船

（三）系列产品及销售区域

云阳盐化公司主要有"天一井""晶心"两大品牌，其系列盐产品包括：两碱工业盐、食用精制盐、加碘食用盐、深井精纯盐、深井臻纯盐、绿色食用盐、低钠盐、海藻碘盐、肠衣盐以及饲料盐、金属钠盐等十余种。公司取得了国家《食盐定点生产企业证书》（编号：SD–075）和《食品生产许可证》，通过了 ISO9001 质量体系认证、HACCP 体系认证，并于 2019 年获得高新技术企业证书，生产的加碘食用盐被中国绿色食品发展中心认定为绿色 A 级产品，授权使用绿色产品标志，生产的高品质工业盐质量达到了国内同行业领先水平。

公司依托母公司中盐西南公司的销售渠道网络体系和仓储物流配送资源，

将"天一井"食用盐销往重庆、贵州、四川、湖北、湖南、广东、广西等省市的千家万户。离子膜盐销往湖北兴瑞、重庆天原、重庆映天辉、四川宜宾天原、江苏锦港等用户，纯碱盐销往江苏华昌、重庆碱胺等用户。

2020年，云阳盐化公司启动鹿小井"非化学"清洗新品牌，向全国市场全渠道开发拓展。

云阳盐化多品种堆放

云阳盐化仓储

（四）公司荣誉

云阳盐化公司秉承中盐集团建设世界一流的"国家盐业公司＋优秀化工企业"的核心价值观，坚守"品质保证和安全放心"的国企责任底线，以创建一流盐化工企业为己任，致力于员工队伍建设、营销网络建设、生产保障体系建设和组织建设。

自建成投产以来，公司先后获得以下荣誉称号：

（1）重庆市安全生产协会授予的"职业安全健康管理规范化企业"；

（2）重庆市技术监督局授予的"标杆锅炉"；

（3）重庆市科技局授予的"高新技术企业"；

（4）重庆市经信委授予的"市级绿色工厂示范企业"和"重庆市专精特新中小企业"；

（5）云阳县委、县政府授予的"优秀工业企业""十大纳税大户"；

（6）重庆市总工会授予的"工人先锋号"；

（7）中国盐业协会授予的"企业信用评价 AAA 级信用企业"。

云阳盐化食用盐品种展台

附录

一、云安盐业望族发家史简述

清初，为恢复因长期战争带来的经济衰退，朝廷采取了一系列优厚政策，在盐政的管理上也大开绿灯。

顺治十七年（1660年），鼓励私人凿井熬盐。盐业是利润丰厚的行业，在"湖广填四川"的大潮中，许多移民涌入云安投资盐业。

康熙七年（1668年），湖南巴陵（今岳阳）人柳在寅到云安投资开发盐业。随后，黄州人陶之富、黄冈人陶应纲于康熙十年（1671年）加入云安盐业开发行业。柳在寅、陶之富、陶应纲三人短短数年间经营盐业致富的消息传回原籍，引来更多人。

至乾隆九年（1744年），到云安投资盐业并大获成功的，有四川高县的陈元武、湖北黄冈的陈启臣、福建汀州的陈世宽、湖南岳州的曾兴韩、湖南武陵的裴正已、湖南长沙的胡正临、福建莆田的林宗等。

咸丰《云阳县志》亦载："邑人食盐利多，男女负贩"。云阳盐业逐渐兴旺，不少投资者因经营盐业而成望族。清朝咸、同年间至民国时期，在激烈的商业竞争中，几经沉浮，最终形成了以陶、郭、汪、唐为代表的"四大家族"。

下面，就这"四大家族"的情况作一个简单的介绍。

1. 陶氏家族

陶氏迁云始祖共三支。一支是康熙年间由湖北黄州迁云始祖陶之富，一支是同时由湖北黄冈迁云的另一始祖陶应纲，还有一支是嘉庆年间由湖北黄冈迁云的陶辟。陶氏来云后，繁衍至数千口，俗有"陶三千"之说。

前两支于康熙十年（1671年）迁到云安后即从事盐业。

乾隆二十四年（1759年），陶氏后裔陶正邦对制盐工艺进行革新，去彭水县（今彭水苗族土家族自治县）郁山盐场学习"烧垄法"，将单灶改为垄灶，即先用卤水拌土制成泥砖，然后将泥砖垒成"垄"形，最后在表面铺以煤渣。这种灶能充分利用余热烧卤浓缩，产量大增。陶家很快致富，在盐渠等地购置田地与房产，修建了豪华的陶家大院，当地群众称其为"花楼门"。

致富后，陶氏更加注重人才培养。乾隆三十六年至四十五年（1771~1780年），陶启驹、陶启骏、陶启骙先后中举，被称颂为"一门三举人"。嘉庆十一年（1806年），陶家还聘请远在湖北黄冈的宗人陶辟来云安开馆教授，先后弟子百数人。其子陶寿朋，岁贡生，有文名，著《云安场风土记》，流传至今。孙陶晟，郡诸生，曾孙懋鑫，光绪癸卯（1903年）顺天乡试举人。

嘉庆元年至光绪三十年（1796年~1904年）百余年间，陶氏族人岁试取入17人，科试取入13人，拨入府学10人。有恩贡3人、拔贡4人、岁贡3人、生员23人（不含贡生）。

嘉庆年间，云阳白莲教徒在高阳白岩山起事。尔后湖北、四川达州、开州白莲教军亦汇聚云阳，数万清军开赴云阳进行围剿，云阳成为白莲教军与清军厮杀的主战场之一。云安盐业受到重创，盐工纷纷外逃避乱，井歇灶熄。陶家因此破产。

陶之富后裔陶启潢，字汉章，天赋卓越，刚直豪爽。嘉庆乱后，全家一贫如洗，于是去儒从商，只身从盐渠来到云安重振家业。他颇善管理与经营，先贩盐集聚资本，再以所得投资盐业生产。不数年，遂阜其家，成为云安盐业的首富。道光年间，他捐资建立云安中渡，成为云安当时最繁华的渡口。

咸丰元年（1851年）1月11日，洪秀全在广西金田村宣布起义，建号太平天国。咸丰三年（1853年），太平军建都南京，淮盐被阻。过去食淮盐的湘鄂等省居民深受无盐淡食之苦，于是清廷饬令"川盐济楚"。陶启潢抓住这千载难逢的契机，增设井灶，扩大生产，并遣其二子陶鸣琼在土垒经营煤业。此时，石棹甲（今故陵镇）人李昭科（字云程）家贫，来云安场下苦力挣钱谋生，经人引荐入陶氏吉庆煤窿挖煤，不几年便掌握了全套挖煤技术，受到陶氏重视。同治元年（1862年）蓝朝鼎率农民起义军占领云安，吉庆煤窿其他雇工先后逃逸，独李昭科仍坚持挖煤。陶氏"大惊慰，益礼重昭科，悉以窿事属之，为综莞（"莞"即"管"）者五六十年"。因用人得当，陶氏家族煤业亦大盛，岁赢万余金。

咸丰、同治年间，云安盐场极盛，有煎锅349口，额行水、陆引1479张，又利川引 78 张，例配盐 8 万多斤。但此时商运法大坏。万县商人崔光裕、崔文裕将云阳盐引暗配富顺、犍为盐厂。开县商人熊元霖亦效尤，将后河水、陆引 395 张图利别配，致使云盐积滞无售，井灶、煤船大批工人失业，常千百为群，寻衅生事，场人深感不安。此时，启潢为众商之望，他安慰灶户说："工人们闹事是因为盐政腐败，奸商改配盐引，被迫失业，衣食无着所致。我已将改配事由，报部定案。只要大家同心协力，必达目的。"

他陈情县、郡，官方同意撤引归场，但引商仍延抗不遵。他又亲赴成都，向川督"至诚吁诉"。引起川督的重视，于是下令提讯剖决，终于革除了商弊，平息了乱局。场人得以安居乐业。

启潢捐千金，修祠纂谱，置户长、族长、房长以统摄之。他十分节俭，"布衣疏食"，家居孝友。母年 90 余，极尽赡养之责。兄弟 6 人多不禄，他抚孤让产，宦学婚嫁，均倾力援助。孤稚无依者资助之，俊异者立义学以教之，于嫠孤贫困尤加意恤助，每年还制作不少棺木送给无力埋葬的贫困人家。

清朝末年，陶氏家族又再次对制盐工艺进行改革，将垄灶加长为长条形，单灶单锅变为单灶 4 锅。

1914 年，改"垄灶"为"田灶"，即改"烧卤"为"灌卤"，增长灶身，开辟烟孔，在原"垄"的位置用泥砖垛叠成田畦形，上铺盐泥，中间砌埂隔为四方。"田"间是进火道，后面开出烟孔。灶膛长 2.33 米，宽 1.17 米，安大锅二口，紧挨烟巷分岔成"两条河"，俗称"一马双箭"。由是盐产量大增。陶氏家族维系了云安盐场首富的地位，在云安建设了"陶家祠堂"和多处四合院。

到了中华民国时期，由于陶氏家族人口大增，族中贫者日众，需要富裕者周济。陶启潢二子鸣璘"以长厚称，而好善犹笃，……岁赢万余金，辄以施济，挥霍净尽，犹时在债中。"三子鸣琼，比其兄更甚，经营"掘煤获利，岁赢万余金。辄以施济"。这些施济行为作为传统道德的善行，固然可嘉，但大大削弱了家族的经济实力。加之部分族人忧于享乐，徇欲无纪，习惯于挥金如土的"破坏性消费"，使陶氏家族逐渐衰落，失去了昔日的辉煌。

此时陶氏家族在盐业生产上虽不甚景气，但却出现一些出类拔萃的人物。

如陶懋鑫，光绪二十九年（1903 年）癸卯顺天乡试举人，后任四川省资阳县知事，卸任后东渡日本，就读弘文学院。回国后历任夔府联立中学校长、云阳县劝学所视学、四川省视学、江苏省教育厅科长，对地方教育事业的发展做出了重要贡献。

又如陶闿，1932 年就读于南京中央大学，此时"一·二八"事变爆发，他组织学生声援上海抗日将士。回云后，创办《国难周刊》，相继在南京钟山中学、福建安溪矿务专业学校、厦门中学任教，从事党的地下工作。尔后受中共上海中央局派遣，回云组织"一一·九"工农武装起义。起义失败后，被留在上海从事秘密工作，曾受到周恩来同志的高度评价。1939 年逝于成都。

2. 郭氏家族

始迁祖郭维贞于乾隆三十六年（公元 1771 年）由湖北黄冈迁云安，其后人有言洪、言纶、言国三系，人丁茂盛，有"郭八百"之说。皆经营盐灶起家，因经营得当，成为富户。

郭言洪，伉直任侠，为众所宗。此时，盐法多已败坏。朝廷为"优恤盐商报效"，让其完全垄断了盐的收买与运销。盐商分为"场商"与"运商"。"场商"主收食盐，"运商"行销食盐。"运商"又分为"引商"和"运商"，引商世袭为业，垄断盐引的购买大权，再出卖盐引，坐收窝价，运商则垄断食盐的运输及销售地区的引岸权。

食盐的生产者和消费者受到盐商的任意剥削，引起广大灶户、工人和消费者的反对。但当局"辄兴大狱"，进行镇压。郭言洪即因受到别人盐案的牵连而银铛入狱。

言洪之子郭在凤（字德辉，别号竹泉）德器少成，弘有智略。对云安盐政及家族发展皆有贡献。他一方面去到离云安 30 里地的县城监狱探望父亲，多次用巨资贿赂狱方人员，请求脱免，几乎用尽了家产。一方面殚精竭虑，组织和管理盐业生产。等到父亲释放归来，郭家的产业不但未衰败，反而增加了一倍多。

道光丙戌年（1826 年），其叔郭言纶又"以事系狱，力辩不得直"，被定罪遣送到山西戍守。在凤将叔父送至县城长江之边，"相对泣下"。在凤发誓，一定照顾好婶娘及其孩子，希望叔父保护好自己。

回家后，立即将婶娘及孩子接到自己家中一起生活，他不但赡养婶娘，还将叔子培养成人，并为其完成了婚姻大事，历经二十余年。其间，虽出现许多闲言碎语，他皆坦然置之，为其管理财产，岁有盈余，则购买田、卤，增加了收入。郭在凤伯父的儿子亦受此案牵连被捕入狱，诸弟年幼不能自立。在凤为其谋划，使其母子兄弟"咸无失所"。

由于他刚劲有胆，足智多谋，盐场商民对他十分信任，连"县中要政，常待其一言以决。"

道光八年（1828年），郭氏在南溪乡青云村购进田产及李家大院一座，重新整修，更名郭家大院。此院为复合四合院布局，分前、中、后三厅，占地1154平方米，建筑面积2000平方米。

此时，族人郭鑫华在白水滩捐置了义渡。

咸丰元年（1851年）1月11日，洪秀全在广西金田村正式宣布起义，建号太平天国。咸丰三年（1853年）朝廷下令"川盐济楚"。云安盐业迎来大发展的机会。此时，云安有盐井37口，盐灶212处，日产盐750余包。而郭氏家族拥有浣沙井20股，滚轮6·5架，日产盐130包；石龙井20股，滚轮8·5架，日产盐170包；大毛井4股，滚轮5架，日产盐20包，合计320包，几占全场产量之半。

这是郭氏家族治盐最辉煌的时期。

但到同治、光绪之际至中华民国时期，郭氏盐业逐渐走向衰微。如言国之子郭存魁，资性过人，弃儒理盐，场人重其才能，被推任为"灶户甲首"，却因盐滞价贱，亏累千金而退出了盐业。

此后郭氏族人多从政从文，颇有建树。郭在凤长孙策勋，谱名厚忠，字莅臣，竭选得知县，分发湖北，总督张之洞令其管理江夏南路清丈事，后报捐道员，分发云南。清季政治腐败，"上下沓泄相蒙饰"，他刚直不欺，多与同僚不和，于是弃官归家。晚年"惟利济乡党，动辄千金"，在江西街侧建郭家祠堂，占地3000平方米。1914年，曾在此修建"公垣"两座，一名"坤生林"，一名"乾兴盛",作为储盐仓库,后改称"盐垣""公仓"。

新学渐起,郭策勋思想守旧,逆潮而行,自办"维心学堂",教人读"经",其事迹被国史馆录入《遗民传》。

其子郭文珍博观强记,尤擅文笔,贯通典籍,"虽近世吴、楚饱学之士,无以过也"。家富藏书,在南溪郭家大院创办了私人藏书室,为渝东之最。中光绪壬寅顺天乡试举人,留学日本。归国后入黑龙江巡抚周树模幕,任佐理员,后应内阁中书、著名政治家、学者张国淦之召,入京担任内阁主计局佥事。辛亥革命后,奉父命归家。

时蜀盐久冗不治,晏安澜任四川盐运史,决心整理盐政,久知文珍之贤,路过云阳时专邀文珍一同赴泸州,商议改革四川盐政之策。在泸州两年多,为晏安澜出谋划策,赞治有方,深得晏的倚重。晏针对盐商欺行霸市、盐利大量外流等情况,制定了集中散盐、筹设专卖机构、改官运为私运等办法,达到了"产有所归,销有所受,近无积盐,远无淡食"的目的,云安盐场灶户深受其益。

为践行盐业新政,文珍回云后,与同人集资20万元,筹划设立万、巫、楚计岸济楚运盐公司,他倾其所蓄,孤注不计。后因公司破产,损失2万余金,亦毫无后悔。后助刘贞安主纂中华民国版《云阳县志》。

民国时期,郭氏后裔郭嗣汾奔赴抗日前线,在长沙、宜昌、滇缅等地抗击日寇,后成为著名作家,曾任台湾"中国文艺协会理事长",著作等身。他编写了100余万字的《锦绣中华》,深受大陆和台湾读者的欢迎,在大陆出版发行的有《雪泥》《三毛的世界》等。

另有后裔郭林,原名郭嗣麟,号詠公,1938年赴延安,精心培育革命干部的子弟。中华人民共和国成立后在教育部工作,参与筹建中央教育科学研究所,任研究部副主任,曾任全国小学语文教学研究会会长等职。

云安镇郭家大院遗址

3. 汪氏家族

始迁祖汪久富，于道光末年从湖北黄州府黄冈县（今黄冈市）与族人汪久扬一道，来云安谋生。因家庭贫困，受雇于回川的木船老板，充当纤夫，出卖苦力，只求免费随船而行。历尽艰辛，月余方达云安。

在云安定居后，开设"猪行"（猪在屠宰前与其主人在此暂住一日或数日，收取人、猪的食宿费，即"猪旅馆"）。猪行生意不错，已能温饱，汪久富娶李姓女为妻。二十年间，育有一女三子。

天有不测风云。光绪初年，一场大火烧光了他的家业，夫妻先后在贫病交加中去世。其大女出嫁张家，大儿子外出谋生，不知所终。

10余岁的小儿子汪春霆为了生活，被迫去盐井当拽水工。

他为人直爽，急公好义，能说善辩，逐渐成为"井工头目"。25岁左右与云安望族郭姓女子结婚。光绪二十六年（1900年）前后，与朋友汪三太、张小云合伙烧一小锅盐灶，日产盐8包（每包100斤）。一年后分配盈利，发生纠纷，合伙失败。遂独资租赁井、灶，率大儿汪笃平、二儿汪命三煮盐，灶号"汪春发"。

父子3人既当老板，又当工人，齐心协力，艰苦创业。大子笃平就曾亲自背盐，步行山路30里，到县城销售。经过近20年的努力，家道开始小富，由小灶烧到大灶，日产盐近20包。先后购置盐灶1座、卤水1股，住宅1幢，年收租50石的田产两处。声誉渐起。

中华民国七年（1918年），幺儿汪季宣结婚，借此将井、灶产权析为3

份，全交给 3 个儿子经营，自己退居"二线"当顾问。3 个儿子抓住当时盐业萧条、资金短缺，但发展潜力巨大的机会，以田产作抵押，借贷白银 1500 两，又动员家属拿出"私房钱"银元约 600 元，投入盐业扩大再生产，盐灶增至 2 灶，利润更是成倍增长。

由是将灶名更为"汪鑫发"，取三金财多之意。

汪春霆去世后，3 个儿子又紧紧抓住抗战时期第二次"川盐济楚"的机遇，继续将"汪鑫发"做大做强。至抗日战争胜利前夕，"汪鑫发"总资产有大井、子井、浣泉井卤水股权 80 股、盐灶 8 座、煤窑 6 座、桐油储量 85 吨、田产年收租 500 石、住宅 3 栋、店铺 5 座、房屋面积达 3360 平方米，成为原料（卤水）、燃料（煤炭）、厂房设施（盐灶）、后勤供应（粮食）一条龙的闻名全县的独资制盐企业。

因盐致富的"汪鑫发"决心冲出云安小盆地，走向大长江，投资本县素享盛誉的大宗出口业——桐油业。1946 年在县城成立"昆怡永"油号，建有三层大楼 1 幢、库房门店 1 间，在万县设置分店，并派员长驻武汉。至 1949 年的三年间，利用长江水道将数十万吨桐油运往武汉、上海销售，取得可观的经济效益。

解放前夕，国民政府在内战中节节败退，物价飞涨，一日数变，民怨沸腾。"汪鑫发"盐、煤二业极不景气，亏损严重，汪氏家族被迫关闭正欣欣向荣的"昆怡永"油号，将所余 17 万多斤桐油卖掉，将其资金抽回"汪鑫发"，维持盐、煤生产，保证数百盐、煤工人不至失业。1951 年"减租退押"时，从此资金中拿出 6000 万元、黄金及其制品 60 两、银元 500 多元及其他物品共折价 12000 万元，并将所有田产、卤水、盐灶、煤窑、房舍等契约文书上交人民政府，起到很好的带头作用，受到镇、县两级政府的好评。1955 年 4 月，"汪鑫发"积极响应政府号召，主动接受社会主义改造，加入公私合营云阳盐厂。汪成廉被任为"云阳私营盐业公私合营董事会"三位董事长之一、汪锦堂被任为副厂长、汪子言出任生产股股长。

"汪鑫发"在清末和中华民国时期异军突起，成为云安盐业的后起之秀。他们高瞻远瞩，抽出大量资金培养家族子女。刚刚小富，即不惜花费重金，聘请名师在家设馆教授。民国时期还要求三大房所有后代必须接受现代教育，完成高中及大学学业。

如汪氏第四代汪成智，毕业于唐山交通大学土木工程系，新中国成立后曾参加成渝、宝成、川黔铁路建设。

汪义民，派名成勇，武汉大学土木工程系三年级肄业，在江口中学任教达28年。

汪成廉，北京大学经济系毕业，1949年12月，云阳和平解放不久，云安反动残余势力盘踞李家坝与我军对峙。他受党组织委派，冒着生命危险，深入敌巢，反复宣传党的政策，使残匪最终放下武器。后历任云阳县各界代表大会副主席、川东行署委员会常务委员、云阳中学副校长、云阳县副县长、云阳县政协副主席、云阳县人大常委会副主任。

汪国宾，派名成禄。8岁启蒙读旧学，18岁时在重庆求精中学接受新式教育，一年后，即回家从事盐业。1941年至1948年，被推举为云安镇镇长。在地下党员王勋典、赖德国、刘云成、刘子俊等人影响下，阅读了大量进步书籍，为老百姓办了不少实事，如全力筹办"辅成中学"，担任常务校董。大力资助云安地下党创办的"云安民众阅报室"。县委统战部为他落实政策时，称其为"党外朋友，爱国人士"。

汪锦堂之女汪周琼，就读于重庆文德女子高级中学，刚解放即参军，在中国人民志愿军148师后勤医院做护士，1952年11月24日在医院遭敌机轰炸，为抢救伤员，壮烈牺牲，被追认为一等功臣。1993年初，《中国青年报》发表了介绍其英雄事迹的长篇战地通讯。

4. 唐氏家族

其先辈系湖北黄州府人，康熙年间随"湖广填四川"的移民大潮迁徙到成都西门外。

清中叶，其中一支再迁至江津城郊落户，以务农为生。同治十年（1871年），江津唐家幺儿国政出生，他自幼聪敏强记，恭敬知礼，遂得父亲钟爱，年少即送至族学搭馆读书，直至娶妻。父亲病故后，兄弟分家析产，因他对唐家作出的贡献不多，所得最少。为生存计，他决心破釜沉舟，另谋出路，到外部码头"闯天下"。

他听朋友说云安盐场十分繁华，被称为"银窝子"，加上自己的一位远房姑母嫁给了云安的陶家灶户，他决定到云安打工兴业。

光绪十九年（1893年），恰好一个武术杂耍艺人班子要到云安演出，他便带着妻子为班主挑道具、背行李，只求免费食宿。一路顺江东下，终于到了他心中想念的云安。他去到远房姑父陶家，希望能找到一份工作，但此时陶家盐业已很不景气，加之姑母去世多年，且未给陶家留下一儿半女，姑父遂将他举荐给陕西陈姓老板家。

陈老板接纳他作拽水和制盐的临时工，他不畏劳苦，备尝艰辛。

在盐灶熬盐时，他结识了陈家灶房来自湖北黄州的"照火师傅"张老倌，张老倌身怀制盐绝技，唐国政对他如同父辈，恭敬有加。张老倌被他的诚心所感动，将自己长期积累掌握的制盐技术的"不传之秘"和经营管理经验悉数传给了唐国政。

打工一年期满，陈老板发现唐国政有文化、悟性高、办事踏实，正式录用他为"下河管事"，负责采购和原煤运输，第三年委任他为"灶房管事"，成为陈家盐业的生产负责人，第六年，升任为"大管事"。他在陈氏盐业任职达10年之久。

陈氏是由陕入川的老灶户，在后起之秀的陶、郭、周、林等盐商的竞争下渐入困境，加之清末时局多变，陈氏决定回陕守护祖业，遂以较低的价格将两个盐灶和盐井股份转让给唐国政。

于是，唐国政由打工仔成为业主，初圆创业梦。他将自己的企业命名为"唐恒茂"，意为"唐氏盐业恒久茂盛，世代相传"。

1915年唐国政逝世。不久，长子唐大乾亦逝。国政之妻王氏迎难而上，督促二子含章、三子善之昼夜轮流下灶带班作业，参加劳动。

1920年云安发生地震，各盐井的卤水浓度发生变化。唐氏兄弟暗中从几口盐井中提取卤水检测其浓淡，秘而不宣。他们以低浓度卤水的价格购进大井、子井、浣沙井等高浓度卤井的股权，大赚了一把。

随后又投入资金，在汤溪河上、下游开挖煤窑，自产燃煤。他们还组建了自己的船队，大大降低了盐、煤营运成本。

此时，"唐恒茂"已由两灶发展到5灶，日产盐50担（每担为100斤），很快发家，超过陶、郭等灶户，成为云安盐业的翘楚。

1921年，从成都岷山专科学校毕业的唐国政小儿子唐星甫（字大德）在外工作一段时期后，回云安担任团练局团总。他在政商两界人脉很广，信息灵通，也参与了"唐恒茂"的业务。

当他得知红狮、故陵等地煤炭储量丰富的消息后，与唐氏兄弟调集大量资金，由他负责开拓在红狮、故陵等地的长江沿岸煤炭市场。至1931年，建成"大兴""大发""大有""大开""大同"等煤矿，成立了"永谷煤矿公司"，自任总经理. 这是云阳县第一家登记注册的工业企业。是年即产煤6450吨。

该公司不仅在故陵、九龙建设了两个码头，为过往轮船加煤，还将大量煤炭运往万县、宜昌、沙市、武汉等地销售. 这是云安走出峡江谷地的第一家企业。在激烈的商战中，永谷煤炭公司曾与实力强大的民生轮船公司在故陵的煤炭开采权发生纠纷，唐星甫运用法律手段，与民生公司"对簿公堂"，维护了自己的权益。胜诉后，他化"敌"为友，与对手言和，邀请民生公司董事长、实业大王卢作孚两次到家作客，成为民生公司的股东和长期稳定的煤炭供应商。

1937年抗日战争爆发，江淮产盐区逐渐沦陷。国民政府决定"川盐济楚"（史称"第二次川盐济楚"）。唐氏家族召开议事会，决定抓住机遇，扩大生产规模。到1942年末，"唐恒茂"发展至鼎盛时期。制盐脚灶发展到10灶（其中1灶系承包租赁），被云安人称为"唐十灶"，有制盐工人200余人，年产食盐6000余吨。其属下的"永谷煤矿公司"在万县、宜昌、沙市设置了"唐恒茂"分号和办事处。唐氏家族还在汤溪河上游的鱼泉、黄龙嘴、协合，下游的洞村、鸡冠石、泡耳脉、宏兴隆拥有8处煤矿。在张枫岭、田湾、塔棚、李家坝、三墩坡、金鸡垒购置6处田产，年收租谷800石（9.6万斤）。

以上煤矿和田产均由二房唐子肃、唐竹筠和三房唐汝民、唐恣懿共同管理。房舍除祖业老屋外，先后在云安修建或购买四合大院 3 处、小宅院 2 处，在云阳县城修建两楼一底住宅大院 1 处。另有故陵、云阳、万县、宜昌、沙市等处"唐恒茂"分号办公用房和云安高马头大办公房及田庄附属房屋若干间。唐氏家族还拥有田湾炼铁厂和铁矿开采权，与陈复顺、汪鑫发等"七户八股"合资兴办的位于玄天宫山下的铸錾厂。拥有鹅船、鳅船 15 艘。

由是，"唐恒茂"已实现农工商一体化，具有现代化企业的雏形。

在国民政府遏制私有企业做大的政策背景下，唐氏家族决定将企业化大为小，分而治之，以保存实力。

"唐恒茂"盐业老五灶由二房唐子肃和唐竹筠管理；新四灶命名为"恒兴合"，由三房唐汝民、唐恣懿、唐仲周管理；"永谷煤矿公司"由五房唐菊生管理；汤溪河上、下游煤矿及家族的 6 处田产由唐汝民、唐恣懿、唐竹筠、唐仲周管理。这样，既规避了国民政府"节制资本"的风险，还合理避税，增加了收入，同时实现了所有权和管理权的分离，有效地切割和防止家族内部矛盾的滋生和恶化。在经济形势极度艰难的情势下，在云安众多盐商破产倒闭的状况中，"唐恒茂"所属企业在困难中发展，直至抗日战争胜利。

解放战争时期，国民政府滥发纸币，造成通货膨胀，物价腾飞，税负加重，市场萎缩。加之唐家实行传统家族式管理制度，主张"长幼有序，嫡庶有别"，不能因才用人，个别家族成员因富而骄，奢靡无度，管理缺陷日益凸显，使"唐恒茂"陷入困境，举步维艰。

1946 年 11 月，唐星甫遭受政治陷害，被万县驻军绑架。

1949 年初，国民党在云安的驻军绑架了唐氏 3 名子女。

两次绑架，敲诈了唐家大量银元，使"唐恒茂"更是雪上加霜。

唐善之、唐鸿轩审时度势，召集各房商议，决定分家。是年暮春，顺利完成分家事宜。

1949 年 12 月 7 日，云安镇和平解放。

1950 年初，"唐恒茂"盐号重新登记注册为"私营鸿坤裕制盐厂""私营恒兴合盐厂"，分别由唐子肃、唐祀休任经理。

1951 年 8 月，私营恒兴合盐厂改为国有。

1955 年 7 月，"鸿坤裕"与"怡生"等 7 家灶户联合成立"公私合营云安制盐厂"。1957 年 1 月并入"四川省国营云阳盐厂"，唐菊生、唐松生成为该厂高级管理人员。

由是，晚清至中华民国时期云阳最大的商号"唐恒茂"退出了历史舞台，融入新中国的社会主义经济体系之中。

"唐恒茂"十分重视企业接班人的培养，可谓人才济济，其第三代有 11 人受过高等教育，其中学习法律、商业的就有 7 人。

第二代幺房唐星甫，光绪二十四年（1898 年）出生，1915 年毕业于成都岷江政法学校法律科，注册律师。曾先后担任成都国民社评议员、云阳县一等警佐、云安镇团练局团总、云安盐厂评议公所议长、云阳县团务局、参议局参议等职。1931 年创建永谷公司，成为全县第一家登记注册的工业企业。抗日战争时期，他积极投身抗日救国活动，带头认购"战时公债"达 200 万元，轰动全川。他多次慷慨解囊，将认购的公债悉数捐出，作为辅成中学的建设基金，后出任该校董事长。他还利用各种关系，聘请多名地下党员和进步知识分子来校任教，为国家培养了大批有用之才。

他还资助、掩护过刘孟伉、林向北、李绍敏等地下党员。

（本篇由胡亚星撰稿）

云安镇唐家大院遗址

资料来源：

《云阳县志》陈 崑总纂 咸丰四年（1854年）重修

《云阳县志》 刘贞安总纂、郭文珍主任编纂 1935年9月于南京印刷

《云安镇志》（2009年12月）云阳县云安镇志编纂委员会编

《千年盐都·古镇云安》李建春主编 团结出版社2016年10月第一版第
一次印刷

《云阳县盐业志》官箴九主编 1995年8月第一次印刷（云文字008号）

《我家的故事》（1995年12手抄本）汪国宾著

《云阳唐恒茂家族志》（2016年12月打印稿）唐梅林、唐建华主编

二、历代诗文选录

拨闷

唐·杜甫

闻道云安麴米春，才倾一盏即醺人。

乘舟取醉非难事，下峡消愁定几巡。

长年三老遥怜汝，榜柁开头捷有神。

已办青钱防雇直，当今美味入吾唇。

十二月一日三首

唐·杜甫

今朝腊月春意动，云安县前江可怜。

一声何处送书雁，百丈谁家上水船。

未将梅蕊惊愁眼，要取楸花媚远天。

明光起草人所羡，肺病几时朝日边。

寒轻市上山烟碧，日满楼前江雾黄。

负盐出井此溪女，打鼓发船何郡郎。

新亭举目风景切，茂陵著书消渴长。

春花不愁不烂漫，楚客唯听棹相将。

即看燕子入山扉，岂有黄鹂历翠微。

短短桃花临水岸，轻轻柳絮点人衣。

春来准拟开怀久，老去亲知见面稀。

他日一杯难强进，重嗟筋力故山违。

万州下岩二首（并序）

宋·黄庭坚

唐末有刘道者，定州无极人。闻道于云居道膺禅师，为开岩第一祖，法号道微。自凿石龛，曰："死便藏龛中，不用时日。"门人奉其命。二百年矣，来游者题诗，不可胜读，莫能起此开岩者。故予作二篇表见之。其一用杨子安韵，其一用王定国韵。

空岩静发钟磬响，古木倒挂藤萝昏。

莫道苍岩锁灵骨，时应持钵到诸村。

寺古松楠老，崖虚塔庙开。

僧缘蚕麦去，官数荔枝来。

石室无心骨，金铺称意台。

若为刘道者，拽得鼻头回。

夔州竹枝歌九首·其一

宋·范成大

五月五日岚气开，南门竞船争看来。

云安酒浓麹米贱，家家扶得醉人回。

泊云安下大风骤雨作柏梁体一篇

宋·邵博

晴空赤日飞丹霞，扁舟春热汗且呀。

寒温之候无乃差，朝犹挟纩暮著纱。

祝融暴横势莫加，骤将炎赫移韶华。

东皇游冶穷豪奢，未终节序还其家。

忽惊猛吹扬白沙，烟云四起相邀遮。

空中轳辘鸣雷车，枞枞白雨悬乱麻。

风师雨将相矜夸，千刀万槊争嚣哗。

玄旌皂纛何纷葩，势摇两蜀掀三巴。

须臾雨止云停挝，苍云扫尽天无瑕。

恍如脱兔离轻罝，回头已见羲轮斜。

山开水静风色嘉，喜翔燕誉嬉鱼暇。

红颠白倒纷残花，披张林叶舒草芽。

阴阳变化谁咄嗟，风云乃乐相喧拏。

大哉一气通幽遐，彼苍高远安能涯。

倚峰吟望心目赊，碧云千里号归鸦。

下岩避暑留题

宋·杨迈

古寺重来兴转添，舟中午暑正炎炎。

野僧引客登山阁，稚子穿云映水帘。

热得清凉身暂健，老便闲静意难厌。

人间劫火方撩乱，法雨如何为普沾。

云安龙脊滩

宋·杨济

洞庭老龙时出没，万斛舟航俱辟易。

此龙脊背已铁石，肯逐时好作人日。
我呼邦人来踏碛，恍然如见河图出。
大巫鸡卜占云吉，小巫竹枝歌转激。
飘石扬沙障江色，尘埃何处不相袭。
摩挲石刻聊偃息，恐有老人来横笛。

龙君祠祀汉扶嘉墓

清·杨埄

乱世能潜草莽中，叩关容易庆遭逢。
三秦早劝高皇定，百里先叻采邑封。
似与中原同逐鹿，偏于大泽一占龙。
至今汲绠分余润，市井鱼盐又一宗。

演易台怀宋邵康节先生

清·秦焜

八百年来几变更，荒台犹认向阳坪。
惟公善易能传易，此地逃名竟得名。
断肠朗际明御史，芳邻遥接汉儒生。
简中流寓知多少，转眼云山传莽荆。

题桥赋

（以"望在云霄，居然有异"为韵）

唐·李远

昔，蜀郡之司马相如指长安兮，将离所居，意气而登桥有感，沉吟而命笔爰书。傥并迁莺，将欲夸其名姓；非乘驷马，誓不还于里闾。原夫别骑留连，乡心顾望。铜梁杳杳以横翠，锦水翩翩而迸浪。徘徊浮柱之侧，睥睨长江之上。神催下笔，俄闻风雨之声；影落中流，已动龙蛇之状。观者纷纷嗟其不群，染翰而含情自负，挥毫而纵意成文。渥泽向（原选文者注："向疑作尚"）遥，滴沥空瞻于垂露；翻飞未及，离披且睹其崩云。盖以立誓无疑，传芳不朽。人才既许其独出，富贵应知其自有。潜生肸蠁之心，暗契纵横之手。于是名垂要路，价重仙桥，离离迥出，一一高标。参差鸟迹之文，旁临采槛；踊跃鹏抟之势，下视丹霄。既而玉垒经过，金门宠异，方陪侍从之列，忽奉西南之使，乘轺电逝于遐方，建节风生于旧地。结构如故，高低可记。追寻往迹，先知今日之荣；拂拭轻尘，宛是昔时之字。想夫危梁藓剥，渍墨虫穿。长含气象，久滞风烟。几遭凡目之见嗤，徒云率尔；终俟瑰姿之后至，始觉昭然。所谓题记数行，寂寥千载，何搦管而无惑，如合符而中在。警后进而慕前贤，亦丁宁而有待。

云安监劝学诗（并序）

宋·王日翚

汤溪之滨，编户千数百家，云安监在焉。其山岌而高，蹲踞相揖，环合四面。其溪洪且远，清甘湛碧，潆洄曲折，皆秀美也。

绍兴己卯八月，潼川王日翚捧檄而来。周览气象，因谓知监程公曰："予闻山深而猛兽藏，水广而巨鱼游，地灵则杰人出，盖理之常也。观兹气象，必有当时闻人者出焉。"

程公曰："唐之季有希元者，官至上柱国。伪蜀时有寅逊者，仕为侍郎，皆辛氏也。"

予曰："子言岂不信哉！"

程公曰："自是贤能之书，亦几绝矣。"

予曰："百步之内，必有芳草。岂有千数百家而无一贤一能之可书者耶？非父兄不能教子弟，则子弟不能从父兄之教矣。"

程公曰："此地有三牛、马岭二山，旧传'三牛对马岭，不出贵人出盐井'。土人用是不以仕进为业，唯货利之从，意者非山川所宜，虽皓首穷经无益矣。"

予曰："此谁氏语邪？"

程公曰："按石刻，汉廷尉扶嘉之语。嘉母媪遇龙而娠嘉，故其言人信之。"

予不觉喟然曰："传者既误，载诸石者，犹识之浅也。其言鄙俚如是，可传以为信邪。且廷尉既生于灵异，必亦贤哲之士，安得鄙俚之语哉？盖田夫、野老之言，后世指以为嘉言，非也。使其言而可信，则辛氏二人，得生此土邪？斯民不知前贤之慕，而惟俚言之信，则亦记诸石者之罪矣！君子不言则已，苟有言焉，必将有补于世。今以鄙俚之言，为贤哲之言；诬贤哲之言，塞人才之路，吾知斯人必无后也。且蜀之东有盐泉县，今隶绵州，而初隶梓州，见《国史》，亦盐监之类也。有射策为天下第一者，曰苏易简。蜀之西仙井监，地曰三嵎，亦'三牛'之类也，亦有射策为天下第一者，曰何栗。二人皆至宰相。又，仙井、盐泉所出尤多，而贵人亦多，至今显宦、名儒，相继不绝，岂谓井之所出，则无贵者出邪？"

程公曰："然！愿书以为训！"

予曰："石刻之传不废，则汤溪之士不振！予其可以不敏辞哉！然士者，亦不可不勉。凡人之学，所以'修身'而已，非先期于必贵而后学也。诚能修其天爵，则人爵虽不从，不失为君子，岂可以贵不可必，而遂至于不学，非惑欤！扬子曰：'人而不学，虽无忧，如禽何'。且夫地之美者生嘉禾，而农事不至，则禾不生。山川虽秀，而士不知学，则贵人不出。公须广谕而劝之。俾父诏其子，兄诏其弟，舍锥刀之末利，祈高大于门闾。为子弟者，从父兄之教，勿荒于嬉、勿诡于随；隆师亲友，虽远不惮，博学力文，始终不辍，则磨以岁月，必有英才儒士，为时而出。中才者亦必能取科第、邀富贵，贪利之风，化为衣冠之俗矣！"

程公曰："诺！"乃退。而为诗四十韵。其诗曰：
观风至云安，古者汤溪滨。无室不盐烟，无民不樵薪。
士子独稀少，锥刀事艰辛。我因捧檄来，暇日聊咨询。
溪山秀且清，湛碧高嶙峋。衣冠杳不报，敢问夫何因。
盛言汉廷尉，有语诒乡邻。三牛对马岭，有井无贵人。
斯言既笃信，诗礼不复闻。我闻为咨嗟，此语深非仁。
儒风一旦扫，有甚遭烧焚。因言廷尉者，其生岂不神。

259

既禀神灵姿，宁非圣贤伦。安得鄙俚语，千载愚斯民。

斯民有辛氏，贵岂无足尊。唐皇上柱国，伪蜀掌丝纶。

遗诰尚可考，苗裔亦诜诜。后生宜可畏，况逢尧舜辰。

如何三百年，自弃甘煨尘。前贤不知慕，俚语常书绅。

不知非格言，野老相因循。为言听我语，蜀民初顽嚚。

文翁有益州，化蜀与维新。英才出王马，继世扬子云。

词章蔼当世，至今耀清芬。自尔吾蜀土，文学多彬彬。

乃知汤溪上，未必无国珍。琢磨始成器，匪即为荆榛。

我虽非文翁，志使风俗淳。亦非好辩者，示劝聊谆谆。

公侯宁有种，自致唯斯文。蜀学乃孤陋，师友须隆亲。

又当听我言，既学须能勤。不勤如不学，勤学始成身。

穷兮世巨儒，达兮国名臣。唯恐学不至，学必无沈沦。

如不学为名，不如复前熏。十室有忠信，见者希能遵。

会观集岁后，俊选来闾阎。一成诗礼乡，举充观国宾。

橘官堂记

宋·李埴

云安，汉朐忍县地，隶巴郡。故城在县西三十里。按班固《地理志》，有盐官。厥后吏于此者，大抵汩汩于货殖，日治盐筴，商较析秋毫，独橘官则废已久矣。三江张子建来治县之明年，政修民听，于是即治所之西偏建堂，榜之曰"橘官"。亮爽宏致，绝出故堂，而圭黍不以烦民，又市橘数十本植于堂下，绿叶蕃荣，郁然可喜。至者无不嗢前之芜薾，而愕今之美奂也。会予自夔府罢官西归，道所从出，叙舟留浃日，子建觞于堂上，而属予记。今夫官于巴峡之地者，以夫饮食之淡泊，使令之朴鄙，遐睎近瞩，荒梗而萧寂，则皆有侘傺不自安之心，往往愁居潜处，数日而觊去。是以见于事，为卤莽因循，无持久之计，政之不举，而民被其患，常必由之。夫地有远近内外，然均天子之郡邑也。有社有民，有禄赐以霑饫，有徒隶以犇属，则亦何嫌之有。顾可薄其官而怠于事哉？夫人之情，苟惟其欲之所自肆，虽极耳目之丽，犹不餍于厥心，惟秉德有常，不以外物异其守者，则随所遇而安，虽投之于寂寞之墟，内之于荒遐之域，彼其中未尝不超然自得也。矧惟是邑，自后周肇易今名，历隋、唐弗改。至我国朝开宝六年，始升为军。建炎中兴，宣抚使承制，乃复改为县，隶于夔。然犹存使名，故官仪乃备太守之略，而时节得以嵩章自达于朝，他邑莫得而比也。尝试与子建登斯堂而望，见夫崇山复岭之相缪，剧湍迅洑之相叞，危栏复屋，上下而层出，来樯去楫，倏驶而交通，嘉树挺而奇石峙，云烟蔽亏，昏旦晦明，其变无穷，其乐无涯也。间而歌屈平之颂，所谓苏世独立横而不流者，仰思昔人，意之所存，岂不达乎。凡所以寓赏心而适旷怀，虽通邑大都，环壮绝特之观，亡以易之，又岂止身寄于巴峡也耶。盖子建于其一邑之事，秩秩焉理之，皆各有其序。于官征之所急，不得而已者，徐徐鼓劝之。于世之所忍弃不省者，虽一草一木之微，靡不留意焉，而况于其民乎，是可嘉也已。虽一堂之成，亦乌足记。然使后之人，能推子建之意，无徒骛于不当为，无废所当为者，益知尽心焉。则民之蒙赐，岂有艾耶，是安可以无传，故余喜为之书。子建名绅。庆元五年秋九月记。

张桓侯庙记

宋·安刚中

汉自建安以来，皇纲废弛，神鼎震覆，奸雄观衅，实生豕心。本初、孟德之徒，磨牙厉吻，血视生灵，期于吞噬，不留遗种。昭烈忼慨为国，志在拔拯。一时英豪，徇义蜂起，相与提挈，共成大事。诸葛、关、张，实为之最。凛冽威风，万夫之雄。荆州之役，群盗鼎来，公为后拒，毕力尽死，以抗群丑，奋髯张目，横戈一叱，蛇豕异类，褫魄逃遁。虞渊之日，覆耀西南，繄公之功，迄今千载。英灵之气，森耸如在，庙食百世，在礼固宜。飞凤之山，下瞰大江，公之神爽，实是寓焉。自古迄今，长在祀典。舟行上下，与兹士民，奔走奉祀，敢不虔至。九谷嘉生，连被原隰，舸椊往返，安流无恙，阴相之功，在国与民。天朝累封，进爵为王。惟是庙宇，兴建岁久，行廊烂额，往来咨嗟，力莫能振。郡守李公，向者趋朝，祇谒祠下，再拜祈祷，厥应如响。至郡未几，首议修缮，自捐金帛，众趋成之。功费虽多，了不病民。撤去卑陋，增饰轮奂，开展地基，比旧加倍。是役也，议兴于庚午之冬，落成于辛未之春。惟公既有以利其民矣，又有以奉其神，民和神安，福禄来宜，行将以是贺公。刚中忝吏是役，知之为详，具以记。

云安场记

清·邓希明

去云阳县北十五里，渡小河，又进五十里至洞口。洞口之形势，两岸犟崒，不类三峡、五丁之巉立，鲜生趣。中有一线水，可行舟。挽之，进十五里，始达云安场。余尝驾一叶往来其间，值昭暾暹山，则旭光夺目；芬菲映水，则碧色亲人。欸乃空谷传声，鸣鸟啼猿应答。云安场得卤泉者二，创自汉高祖屯褒中时。汉高之来云，因访扶嘉。扶嘉昔居汉城山，在场之左。汉高次宿营基，名汉王台，在场之右。云民思汉高开井利民，建庙洞口，血食至今。宋时有处士邵尧夫，自河南入蜀，演《易》于场左之小山，名曰演易台，仁宗三征不就。有明三百年，科第尤迈前朝。至崇祯之甲申岁，绿林蜂起。张献忠入蜀之后，姚、黄乱于江后，余、李乱于江前，群贼互相出没，士民逃亡殆尽。乙巳年之春，余解绶归里，仅存灶民一十二家。余筑室于邵公演易台下，日与之游，越一十三年。丁巳岁，逃徙者渐归，凿井者益众，除文、武、绅、衿、灶民二十二家。总之地静俗和，抚绥得人，生聚自易，虽沧桑易变，代不乏人。有客从旁议之曰："子之所纪者事，而未详山水之由。如荆、吴、徐、越，水胜也，不以水为奇，必得山而奇；秦、蜀、滇、黔，山胜也，不以山为奇，必得水而奇。此山发脉于秦岭，绕铁山、剑阁而东之，崴嵬巉曲，似水为山阻，至此独开一面，让水从容放达，周旋云场，此山之奇也。此水源出万顷池，绕桃花洞、雪泡山而南下，左右碨碟沮洳，似水为山速，至此独缓潜数十里，俾舟得载薪、运盐，以活居民，此水之奇也。凡卜居此者，不知种稑而食，不暇蚕织而衣，治可聊生，乱可避寇，高士可以养廉，小民得以食力，山水之奇，孰有过于此者乎？不经道破，若遇春雨秋霖，瀑水骤盈，动经旬日，洞口云安，无能飞度，游人倦厌，不几作水穷山尽观耶！"余曰："子之言是矣。昔邵康节先生所居之处，即名为安乐窝，此或其一乎。"时邑宰邹君，名应泗，字东桥，循良有声，民乐其治，因而并记。

云安场风土记

清·陶寿朋

云安场，古汤溪也。山环水绕，为川东形胜之地。其西则为演易台，窿然与古汉城相接。每一登临，觉邵尧夫之流风余韵犹有存者。而其北空翠玲珑，石泉流注如悬帘，则滴水寺也。逸人韵士每乐为之流连。东望牛头山，其角俨可扣而歌，殆天之所造以塞水口者欤。南瞩马岭，横亘二三里，土人因所宜木，多植松柏，苍翠茂密，纷披如马鬣。岭之麓有文峰塔，塔高七级，若中流之砥柱。然由塔而前，闾阎交错，居民以煮盐为业。

盐泉之井，古有一百二十八眼，今之存者不过强半，其最大者为白兔井。父老云，昔汉樊哙射猎于此，见一白兔，逐之，乃没匿于地，地即井所在也，故因以名。其汲水用绠，绠施辘轳，两头各系一桶，桶之出入，任人之上下其手耳，至引卤入灶，以竹为杆，或近或远，其支分派别者，皆厘然不紊。老杜"白帝城西万竹蟠"之句，可移为此景咏也。每灶拽水之人，轮流递更，昼夜共三十六轮。轮以尺香为限，香尽则锣鸣。每锣鸣时，人声欢腾，犹想见太平之歌舞。所可异者，汤溪水滨，有大码头、高码头、火码头。码头崇二丈许，广亦如之，皆灶出煤灰积累而成者，其中有火，四时不熄。每当隆冬盛寒，丐乞多坐卧其上，且能因其热以作食。至五六月，雨甚，河水暴涨，灰堆为水所冲击，硼然有声，声闻数里，如雷之震。前任醝政直隶杨公有《灰雷诗》，一时和者甚众，惜其稿皆散失，不复存而记之。

考之前《志》，有谓此地"不耕而食，不织而衣"，此语诚不欺我也。以今观之，富家大族，无论矣，即一切工作，自食其力，皆可日获百钱，其多者或倍之。且穷嫠妇孺，以拾煤为生计，虽蓬首垢面，终日坐于涂炭而嘻，嘻然不自知其苦者，良以利源所在，取携甚便耳。河之南北，不下数千户，熙来攘往，嘈杂之声，虽夜分无殊白昼，人民辐辏可谓盛矣。宋贤居此，称"安乐窝"，即谓统阖境言之也可。但其习尚颇奢，冠、婚、丧、祭，无论有无，但求观美。岁时伏腊，偶一宴会，味必备山、海，甚有费数十千而犹以为寡色者。识者谓风俗之纷华,视乎有群之猬集是郡,五方杂处,各以异乡相耀成之耳。予则窃怪。夫草化为萤,逐乎时者,既可由腐而之灵,橘变为枳,移于地者,亦可由美而之恶,风土殆与有权焉,然而未可概论也。

间尝于群萃州处区别人物,其蠢而愚者,犹多守本分;其桀而骜者,犹多畏国法;其老成通达者,犹多崇文教而重师儒;其聪明俊秀者,犹多说诗、书而敦礼让。岸南岸北,比屋而居,弦诵之声不绝于耳,岂既富方谷欤?抑亦其所由来者,运欤。

谨记之,以备采风者之一览云。

汉高祖庙碑记

清·袁闻性

自古帝王庙,统建京师,其余或帝乡、或旧都、或侧微之所经、或巡幸之所历。居其土者,觐耿光而仰盛烈,往往建庙装像,以崇禋祀。有举莫废,遂延之千万世而无穷者,此亦事理之常,外此则罕有闻者。云邑北十五里,地名洞村,独有汉高帝庙像,巍然在焉。

夫高帝发祥于丰乡,定鼎于长安,何有蜀之一隅?所谓遐陬僻壤者也。且汉初及今,几二千年矣!而帝王之尊,又非草芥下民所得而俎豆者,然则此土之建有汉高帝庙也,殆必有自矣。故老相传,或云扶嘉先生,隐居汉城,汉王访之。先生劝定三秦,王喜,谓"扶持汉室,其志可嘉",因以赐姓名焉。后拜廷尉,食邑朐忍,所自来也。惜汉史邑乘,悉多阙略。而邑乘兵燹火烟,仅得抄本。予昔戊子阅之,稍识其概,此本后为杜令君携去,予更无所考矣。或云帝王汉中时,安车、路阳二村,为樊将军哙屯田地。又厂之盐井,创自汉初。或云今所祀三庬之神,即舞阳侯像,之二说者,予未信之。惟是此地沂流而上,台也以汉王名,碑也以汉王名,山也亦以汉成名,且相距不数十里。迤逦庙祀者,所在而是,岂其无因而至此哉?苟非经营过化之区,必其井养前民之利,兹土之建此庙也,必当有由矣。庙址颇狭,其势耸峻,雄峙一方。周遭阶砌,犹自完整,而碑碣苔封,字迹漶灭,不可复辨。正殿三楹,宏厂钜丽,已是百年间物。圣像庄严,如睹当年豁达之概,第历年已久,色泽黯黯,有衰明威。

军民府宪杨公，往来对越之下，恝焉伤之，爰输清俸，倡率袆者，重加丹艧，今已金碧满堂，气象万千矣。住持僧人续愿，丐记于余，勒之贞珉。余因纪其盛，并叙巅末，用为继此踵事增华者之一劝焉。是为记。乾隆二十二年丁丑立碑。

补修元天宫记

清·周密

汉城山巅，有元天宫，其来甚古。考汉时扶嘉故宅，为今云安场。想汉高访嘉，驻跸其上，后复创建梵宇，于以妥神明而资瞻眺，遂名为汉城。魏、晋以来，轶事无传。炎宋时，翟乾祐栖止其间，筑坛遣神疏通河道，汤溪十八滩始行船只，则古迹而兼仙境矣。宋末，以形胜所至，江州杨宜家捧橄守之土，保全乡井，更名铁槀城。有明来，仁寿侯郭公应煌御寇于此，复整山城，修建三殿，成巨观焉。越我朝嘉庆初，教匪猖獗，臅梫板壁，半析为薪。

邑侯梁公谕令筑城保护。城垣虽经修砌，而殿宇未暇辉煌，加以多历年所倾圮过半，后殿基址仅存，余亦危如累卵。仆率诸友读书其中，徘徊瞻仰，殊深"晋代衣冠、吴宫花草"之感。爰约同人共襄厥举。适李公其来主醮政，极力至成，得首事若而人酿金数百。鸠工督匠，俾废者兴之，缺者补之，不致古迹沦亡焉耳。若夫更新旧制，恢宏栋檀，措此境为云安第一名胜，则不能不厚望乎来者。

修云安场文昌宫碑

清·王寿桐

云安场，古云安监。有泉焉，可煮以为盐。居民食其利者，且数千家。朝廷设大使董之。道光中，我先伯祖小谢公，莅官于此。与郡人士创建文昌宫于汤溪水上，民和而神降之福。其庭中所植桂树，今已合抱。秋时花开，香闻数里，父老以比召伯之棠，迄今六十余年矣。丹青剥落，拏梁倾颓，上雨旁风，灌莽极目。予以光绪十有九年，承乏其后。感神明之降鉴，抚先人之手泽，爰捐薄俸，并募商民。凡攲者、缺者、漶漫者，皆理而新之。此固官司之责，抑亦继志者之所有事也。昔昌黎《滕王阁记》曰："无侈前人，无废后观。"其于江山之好，登望之乐，犹惓惓若此，而况神灵式凭、垂诸祀典者哉。夫地有时而裂，山有时而崩，日月甚长，土木无不朽之寿，修废举坠，是又在后人矣。工既讫功，予亦将南归，故记其事于石。光绪二十有四年春正月既望。司云厂盐场事杭州王寿桐记。

游滴翠寺记

清·程理权

邑东北三十里，云安盐场故址也。夹溪二山，曰铁梁，曰玄天宫。两峰对峙，其间有山岿然，剔透玲珑，飞泉流注若晶帘，苍翠杳霭中，隐隐闻梵呗声者，滴翠寺也。

予尝越五峰，历硐村，舍骑而舟，沂白水滩而上，遥见闾阎云连，万灶烟浮，浑浑冥冥，连绵不绝者，场民煮盐之区也。乃荡桨于子房溪畔，弃舟而步，江干多碎石。石尽处，平田沃衍，菽麦园蔬，菁葱蓬勃，寺僧斋供所出也。田以上，多历代僧塔，森森若玉笋，矗立相望，径出其中。塔尽坦途数步，石壁斗绝。游人缘石梯拾级以登，梯尽始得寺门。迤北一带，修竹万竿，缭以矮垣，径百余尺。寺上下层崖叠巘，树接云表，花生石缝，因苔补罅，垂萝成帷，凸凹断续，莫可名状。前殿列诸天佛像，间以洞门，折而北，可十余武，短石横水，小桥通焉。水清鉴须眉，鱼蚌鳅虾，鳞集仰流。度桥入重门，中为正厅，左右皆客寮，纵丈余，横可三丈。厅后甃池放生，清泉由正殿暗流临池，龟鲤游泳，其出如云。斋时僧雏击木鱼，以椰瓢浇饭沉之。鳞介之族，扬鳍奋鬣，争唼水面，唇急泡圆，身掉波响，洵静观也。客至，汲泉瀹茗，老僧一二出奉客，间以山果。既导客览诸神殿，履声橐橐然，盖中空也。左右石梯翼之。上为正殿，祀弥勒像。殿后石径数武，达大士院。径左右小池各一，深不没胫，水自石罅流出。左入一石门，内为方丈、为仓储、为藏经之室，为参禅之所，寺左诸胜，尽于此矣。其右僧舍云连，客廊栉比，斋厨之精洁，器物之屯聚，寺右之观，于斯为极。已乃辞僧房，遵草径、攀藤萝、陟绝顶，南望牛头，北瞻马岭；眺演易之荒台，经白兔之遗井；峰峦错杂，波涛汹涌；草木行列，阴阳变幻；清风徐来，尘念全芟。乃慨然曰："此固樊将军之所经营，邵尧夫之所流连。遗泽高风，芬人齿颊，何幸斯游，而得其梗概也。"后之游者，如徒玩其结构之玲珑，佛相之庄严，娱乎花鸟之幽闲，美其殿宇之壮丽者，又乌在其能游滴翠寺也？

主要参考文献

1.《山海经校注》袁珂 巴蜀书社 1993 年 9 月第 1 版

2.《华阳国志》（晋）常璩 辑撰 重庆出版社 2008 年 3 月第 1 版

3.《从远古走向现代——长江三峡地区盐业发展史研究》任桂园著 四川出版集团巴蜀书社 2006 年 10 月第 1 版

4.《三峡盐业考古研究》任桂园著 中国言实出版社 2009 年 6 月第 1 版

5.《渝东盐史文集》刘卫国著 科学出版社 2019 年 6 月第 1 版

6. 新版中华民国《云阳县志》刘贞安总纂、郭文珍主任编纂 云阳县地方志编纂委员会 2002 年 10 月第三版

7.《云安镇志》（2009 年 12 月）云阳县云安镇志编纂委员会编

8.《千年盐都·古镇云安》李建春主编 团结出版社 2016 年 10 月第 1 版

9.《云阳县军事志》2000 年云阳地方志办公室出版

10.《云阳县盐业志》官箴九主编 1995 年 8 月第一次印刷（云文字008 号）

11.《云阳史略》云阳县地方文献丛书 第一辑 云阳县地方志办公室编

12.《云阳大事记》云阳县地方文献丛书 第二辑 云阳县地方志办公室编

13.《云阳人物》云阳县地方文献丛书 第三辑 云阳县地方志办公室编

14.《云阳人物》云阳县地方文献丛书 第四辑 云阳县地方志办公室编

15.《抗战时期的云阳》云阳县地方文献丛书 第五辑 云阳县地方志办公室编

后 记

为将云阳独特丰厚的盐文化准确、生动地融入长江国家文化公园，按照云阳县委要求，由云阳县委宣传部、云阳县文联策划和组织了本书的编写。

初稿完成后，云阳县文联邀请市、县多位专家对书稿进行审阅，纠错正误，挂漏补阙，使书稿更趋完善。其中，尤其要感谢刘卫国先生和胡亚星先生两位前辈。

刘卫国先生先后担任过云阳盐厂厂长、万县盐务管理局副局长等职务，退休后投身到渝东盐业史研究领域，取得了非常丰硕的学术成果，是一位得到学术界高度认可的盐业史专家。为了本书的编写，刘卫国先生不辞辛劳，以八十二岁高龄，从他居住的万州多次亲赴云阳，与作者当面交流，钩沉稽古，发微抉隐，从历史和专业的角度，对书稿提出了很多宝贵的修改意见。书中有关盐矿形成和分布的插图，即由刘卫国先生提供。胡亚星先生是云阳地方文史学者，学养深厚，他以严谨的学术态度，对书稿提出了细致入微的指导。书中附录《云安盐业望族发家史简述》一章，即胡亚星先生亲自撰写。本书得以顺利完稿，刘卫国先生和胡亚星先生功不可没。

同时，重庆师范大学罗玲教授、重庆市文物考古研究院牛英彬研究员、云阳党史办原主任黄汉生先生、云阳县志办主任叶仁军先生、云阳县文管所副所长陈昀先生，都对书稿提出了十分中肯的修改意见。云阳籍学者任桂园教授的两部学术专著《三峡盐业考古研究》《从远古走向现代——长江三峡地区盐业发展史研究》，是本书编写的重要参考文献。书中照片主要由云阳县文管所、云安镇等单位及云阳摄影家协会部分摄影家提供，由冯克琼搜集选编。在此一并致谢。

本书是围绕"云阳盐文化"这个主题，在历史资料和现有学术成果基础上，进行梳理、归纳和总结，从而面向大众的一本普及读物。

　　衷心感谢所有为本书编写付出过辛劳的专家、领导和工作人员。

作者

2023 年 11 月 9 日